Glossaire bilingue des termes littéraires

français-anglais

Mireille QUIVY
Maître de conférences
à l'Université de Rouen

Remerciements
Un grand merci à Aïda SY-Wonyu, Maître de conférences à l'Université de Rouen, pour ses encouragements constants, ses conseils et suggestions avisés, et sa relecture si précise et si précieuse.

ISBN 2-7298-1661-5

© Ellipses Édition Marketing S.A., 2004
32, rue Bargue 75740 Paris cedex 15

Le Code de la propriété intellectuelle n'autorisant, aux termes de l'article L.122-5.2° et 3°a), d'une part, que les « copies ou reproductions strictement réservées à l'usage privé du copiste et non destinées à une utilisation collective », et d'autre part, que les analyses et les courtes citations dans un but d'exemple et d'illustration, « toute représentation ou reproduction intégrale ou partielle faite sans le consentement de l'auteur ou de ses ayants droit ou ayants cause est illicite » (Art. L.122-4).
Cette représentation ou reproduction, par quelque procédé que ce soit constituerait une contrefaçon sanctionnée par les articles L. 335-2 et suivants du Code de la propriété intellectuelle.

www.editions-ellipses.com

> *An enormous geography awaited me, even though the repertoire was modestly sized. Through the ear and in the mind's eye each piece expanded, like a Japanese paper flower dropped into water and which opens and wonderfully blossoms.*
>
> Ronald Frame, *Permanent Violet*.
> Edinburgh : Polygon, 2002, p. 21

Préface

Fleurs de rhétorique, figures de style, tropes, structures rythmiques, effets sonores, visuels, stylistiques, figures de mots, figures de pensée, figures du discours, nombreuses ont été les étiquettes proposées pour symboliser les manifestations de la vie du langage dans l'écriture. Nous avons choisi de les regrouper ici sous le vocable de « termes littéraires » afin de n'en exclure aucune *a priori* et de montrer que toutes participent à leur façon de cette matière vivante qu'est le texte.

Que ce soit dans des ouvrages fondateurs comme le *Traité des tropes* de du Marsais, *Les Figures du discours* de Fontanier, ou encore *Les Figures de style* d'Henri Suhamy, ou bien dans des ouvrages encyclopédiques et historiques comme le *Penguin Dictionary of Literary Terms and Literary Theory* de J.A. Cuddon, la richesse du champ invite le chercheur à l'exploration.

Ce glossaire ne prétend pas être exhaustif et il n'a pas pour objet de proposer une classification nouvelle ; il s'est choisi pour tâche de recenser et définir les mots essentiels qui peuvent aider un amateur des textes à les commenter, les analyser, les faire siens.

S'ouvrent alors de multiples perspectives qui emmènent ce chercheur sur les terrains de la linguistique, de la pragmatique, de la littérature, de la phonologie, de l'art graphique, scénique, des écoles et des mouvements, rendant le travail de définition semblable au tissage d'une toile d'araignée en plusieurs dimensions, dont les fils touchent à tout sans s'attacher à rien.

C'est alors que la tâche est rude, car il faut choisir, sélectionner, isoler ce qui rendra le mieux compte de cette multiplicité sans pour autant enfermer et réduire.

Définir, c'est en quelque sorte passer du kaléidoscope des représentations à une invariance symbolique qui les éclaire toutes et chacune à la fois, c'est passer du spécifique au générique.

Pour ce faire, il faut parfois avoir recours à l'étymologie, ou partir de sens premiers et montrer leur évolution dans le temps, ou bien encore faire état de divergences d'utilisation d'un même mot dans des langues différentes. Il faut tour à tour faire confiance aux structuralistes, aux formalistes, aux avant-gardistes, aux surréalistes, aux déconstructionnistes, et autres « *-istes ».

Car il n'existe pas de structure fixe de la définition, ni de cadre immuable qui puisse la codifier une fois pour toutes. C'est cette mouvance même, cette échappée du

Préface

linéaire et du figement qui fait de la définition un outil et non une fin en soi. Le risque du cloisonnement est grand et il est essentiel de souligner qu'un même outil d'analyse peut fonctionner à plusieurs niveaux et dans plusieurs langues. Le métalangage qu'illustrent les « termes littéraires », comme le concept ou le symbole, ne connaît pas de frontières.

La bibliographie générale située en fin d'ouvrage témoigne de la multiplicité nécessaire des points de vue, et le recensement des auteurs et ouvrages desquels sont extraits les exemples rend plus tangible l'immensité du champ d'investigation qu'il reste à couvrir.

Par ailleurs, il a semblé souhaitable que les entrées de ce glossaire soient présentées en français et en anglais afin de permettre aux lecteurs d'horizons différents de se retrouver sur le terrain de la stylistique. Certains exemples sont en français, d'autres en anglais, afin de stimuler la curiosité des uns et des autres et d'inviter le lecteur à trouver par lui-même d'autres citations qui viendront enrichir ce premier corpus établi à partir des œuvres connues de l'auteure.

La transcription phonétique qui accompagne certains termes anglais s'appuie sur les conventions en vigueur dans le dictionnaire de prononciation de Wells.

Il ne reste plus qu'à espérer que ce glossaire soit un outil de travail efficace, une source d'information, un facteur d'enrichissement, et qu'il donne à son lecteur le désir de connaître toujours plus.

Mireille Quivy

A

abécédaire n.m.
En français, l'adjectif « abécédaire » implique seulement que les éléments constitutifs d'un ensemble sont rangés suivant les lettres de l'alphabet. Il ne réfère pas à une forme poétique constituée.

En anglais, le poème appelé *abcedarian poem* est constitué de vers dans lesquels chaque vers, voire chaque mot, commence par une lettre suivant l'ordre alphabétique.

> S.M. Young, *Circle of Deception* (2003)
> *Radial symmetry*
> *touches us,*
> *vivid with xericity.*
> *Your zircon attitude bruises*
> *constellations,*
> *diametrically*
> *exposing foolish gems*
> *hidden in jaded kisses,*
> *Libra Moon.*
> *No one pardons quickly.*

accentués, vers ~ / *accentual verse* [əkˈsenʧuəl ˈvɜːs]
Les vers français, comme les vers anglais peuvent être construits à partir de l'accent aussi bien que du nombre de syllabes. L'alexandrin a le plus souvent deux accents : l'un à la sixième syllabe, l'autre à la douzième. Quant aux vers de dix syllabes, ils comportent un accent à la quatrième syllabe et un à la dixième.

En anglais, la composition en *accentual-syllabic verse* est le système « métrique » le plus utilisé depuis le XIVe siècle. Un pentamètre iambique contient par exemple cinq syllabes accentuées sur dix.

acéphale, vers ~ / *acephalous line* [ˌeɪˈsefələs]
Le vers acéphale est tronqué à son commencement. Il lui manque en général une syllabe en début de vers, mais il se peut également que ce soit sa structure grammaticale qui soit amputée de ses éléments initiaux.

> Milton, *Paradise Lost*, II, 879
> *On a sudden open fly*
> *With impetuous recoil and jarring sound*
> *Th'infernal doors, and on their hinges grate*
> *Harsh thunder.*

acrostiche n.m. / *acrostic* [əˈkrɒstɪk]
Poème dont la première lettre de chaque vers entre dans la composition d'un message vertical. Cette structure poétique date du IVe siècle. Si ce sont les lettres médianes du vers qui se lisent verticalement, on parle alors de mésostiche

(*mesostich*), et de télestiche (*telestich*) si ce sont les lettres finales. Quand les lettres initiales et finales de chaque vers se lisent verticalement, on utilise le terme de double acrostiche (*double acrostic*).

➢ Guillaume Apollinaire, « Adieu ! », extrait de « De toi depuis longtemps... » in *Lettres à Lou* (4 fév. 1915)

Lettres ! Envoie aussi des lettres, ma chérie
On aime en recevoir dans notre artillerie
Une par jour au moins, une au moins, je t'en prie

Lentement la nuit noire est tombée à présent
On va rentrer après avoir acquis du zan.
Une, deux, trois... À toi ma vie ! À toi mon sang !

La nuit mon cœur la nuit est très douce et très blonde.
O Lou, le ciel est pur aujourd'hui comme une onde.
Un cœur, le mien, te suit jusques au bout du monde.

L'heure est venue. Adieu ! l'heure de ton départ
On va rentrer. Il est neuf heures moins le quart
Une... deux... trois... Adieu de Nîmes dans le Gard

© Éditions Gallimard.

actant n.m., rôle actanciel / *actant*

Dans le cadre de la narratologie, le schéma actanciel de Greimas distingue plusieurs rôles assumés par des actants : le sujet (*subject*) (le héros, la force pensante et agissante qui réussit à prendre possession de l'objet) / l'objet (*object*) (le bien recherché, objet ou personnage) / le destinateur ou donateur (*sender*) (celui qui confie une mission au sujet et arbitre l'action) / le destinataire (de l'action) ou le bénéficiaire (qui reçoit l'objet) (*receiver*) / l'opposant (*opponent*) (agresseur, ennemi du sujet) / l'adjuvant (*helper*) (auxiliaire du sujet). L'épreuve qualifiante permet de reconnaître le sujet en tant que héros. Il entreprend ensuite l'épreuve principale qui lui apporte la possession de l'objet. L'épreuve glorifiante voit le héros remettre l'objet au destinataire.

Un même personnage peut remplir plusieurs rôles actanciels. L'actant est un moteur du récit, pas seulement un personnage. Il est possible de représenter ainsi le schéma actanciel :

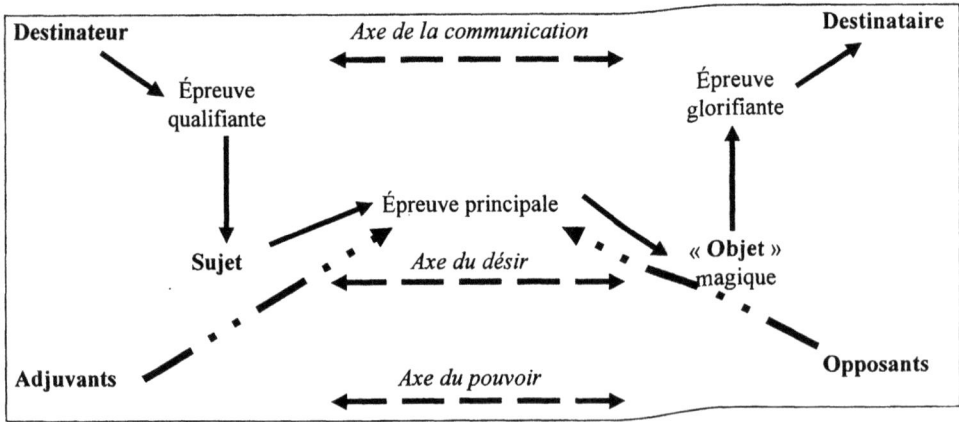

action dramatique n.f. / *plot* [plɒt]
Suite des événements qui se passent sur la scène du théâtre. L'équivalent anglais le plus proche serait le mot *plot* qui a cependant un sens plus large.

adjuvant n.m. / *helper*
Un auxiliaire du sujet dans le schéma actanciel de Greimas.
⇨ **actant (rôle actanciel)** / *actant*

alexandrin n.m. / *alexandrine* [ˌælɪɡˈzændraɪn]
Encore appelés vers héroïques, ou tétramètres, les alexandrins sont des vers de douze syllabes (*twelve-syllable or six-foot line*) recevant un accent sur la sixième et la douzième syllabe. Ce sont les vers les plus utilisés dans la poésie française, et ce, depuis le XVIe siècle. Les premiers alexandrins ont été relevés dans *Le Pèlerinage de Charlemagne à Jérusalem*, chanson de geste du XIIe siècle. Le nom lui-même vient probablement d'un poème de la fin du XIIe siècle, *Le Roman d'Alexandre*, encore appelé *Alexandre le Grand*.

Au XVIIe siècle, l'alexandrin s'impose en poésie comme au théâtre. Sa composition en douze syllabes en fait un cadre souple qui autorise les variations internes et impulse un rythme binaire (deux hémistiches de six syllabes) ou ternaire (trois fois quatre syllabes). La césure (*caesura*) tombe théoriquement après un mot à sémantisme plein dépourvu de <e> muet.

➢ Racine, *Phèdre* (1677), I, 3
Mon mal vient de plus loin. À peine au fils d'Égée
Sous les lois de l'hymen je m'étais engagée,
Mon repos, mon bonheur semblait être affermi,
Athènes me montra mon superbe ennemi.
Je le vis, je rougis, je pâlis à sa vue ;
Un trouble s'éleva dans mon âme éperdue ;
Mes yeux ne voyaient plus, je ne pouvais parler ;
Je sentis tout mon corps et transir et brûler ;
Je reconnus Vénus et ses feux redoutables,
D'un sang qu'elle poursuit tourments inévitables
Par des vœux assidus je crus les détourner :
Je lui bâtis un temple, et pris soin de l'orner ;
De victimes moi-même à toute heure entourée,
Je cherchais dans leurs flancs ma raison égarée.

Les poètes anglais ont critiqué ce vers, le trouvant trop long, comme par exemple Pope dans *Essay on Criticism*.

➢ Pope, *Essay on Criticism* (1709)
A needless Alexandrine ends the song,
That, like a wounded snake, drags its slow length along.

A

allégorie n.f. / *allegory* ['æləgɚ‿|i]

Proposition à double sens, sorte de métaphore continuée qui présente un discours dans son sens propre, tout en cachant son sens voilé. On considère généralement que l'allégorie représente une entité abstraite sous une forme concrète, en utilisant en particulier la personnification. Les personnages ne sont souvent en effet que des représentations de qualités abstraites telles que l'espoir, la fierté. L'allégorie la plus célèbre en littérature anglaise est certainement *The Faerie Queene* d'Edmund Spenser (1590).
Cependant, des œuvres telles *Fables of Our Time* de J. Thurber (1952) ou encore *Animal Farm* de G. Orwell (1945) se rattachent aussi au genre. L'apologue (la fable) et la parabole sont en effet des variantes de l'allégorie.

allitération n.f. / *alliteration* [əˌlɪtə'reɪʃən]

Répétition d'un phonème consonantique. L'allitération est surtout utilisée pour provoquer des effets rythmiques ou emphatiques, le son suggérant l'idée.

> Racine, *Andromaque* (1667), Oreste, V, 5
> *Hé bien, filles d'enfer, vos mains sont-elles prêtes ?*
> *Pour qui sont ces serpents qui sifflent sur vos têtes ?*

> Ted Hughes, « Mayday on Holderness », *Lupercal* (1960)
> *This evening, motherly summer moves in the pond.*
> *I look down into the decomposition of leaves—*
> *The furnace door whirling with larvae.*

allusion n.f. / *allusion* [ə'luːʒən]

Figure de rhétorique qui consiste à dire une chose qui fait penser à une autre. Référence indirecte à une personne, un endroit, une figure littéraire ou historique, un événement particulier, l'allusion peut être historique, mythologique mais peut également être interprétée comme perfide (trait d'ironie), ou laudative (éloge). Elle peut aussi servir à synthétiser une pensée complexe ou des émotions indescriptibles en une image interprétable. Elle crée ainsi souvent une connivence implicite entre auteur et lecteur (ou spectateur), l'auteur espérant que son public pourra relever l'allusion et comprendre ainsi le sens caché de son message.

ambiguïté n.f. / *ambiguity* [ˌæmbɪ'gjuː‿ət|i]

L'ambiguïté est proche de l'équivoque et du double sens. Elle implique plusieurs sens possibles, tous présents dans le mot (ou l'expression) concerné(e). Quand un segment est ambigu, l'un de ses sens peut sembler évident (dénotation) alors que l'autre relève souvent de l'allusion (connotation).

amphigouri n.m. ou amfigouri n.m. / *amphigouri or amphigory*

Écrit burlesque, dépourvu de sens, souvent satirique de l'excès de recherche de certaines formes poétiques. Par généralisation, des propos amphigouriques sont des paroles sans ordre ni sens.

➤ Racine, « La plaidoirie de Petit-Jean », *Les Plaideurs* (1668), III, 3
PETIT-JEAN. — *Oh ! Monsieur, je sais bien à quoi l'honneur m'oblige.*
DANDIN. — *Ne te couvre donc pas.*
PETIT-JEAN, *se couvrant.* — *Messieurs... Vous, doucement ;*
ce que je sais le mieux, c'est mon commencement.
Messieurs, quand je regarde avec exactitude
l'inconstance du monde et sa vicissitude ;
lorsque je vois, parmi tant d'hommes différents,
pas une étoile fixe, et tant d'astres errants ;
quand je vois les césars, quand je vois leur fortune ;
quand je vois le soleil, et quand je vois la lune ; ;
quand je vois les états des Babiboniens
transférés des Serpans aux Nacédoniens ;
quand je vois les Lorrains, de l'état dépotique,
passer au démocrite, et puis au monarchique ;
quand je vois le Japon...

amplification n.f. / *amplification* [ˌæmplɪfɪˈkeɪʃən]

Figure qui consiste à étoffer l'expression par divers procédés (répétition, hyperbole, etc.) afin de renforcer le propos.

anacoluthe n.f. / *anacoluthon, -ia* [ˌænəkəˈluːθ|ən]

Forme de déconstruction syntaxique, elle peut marquer une rupture, la phrase commençant d'une façon et se terminant d'une autre « syntaxiquement » incompatible avec la première (en grammaire, ce mot peut concerner l'utilisation d'une relative sans antécédent. Exemple : je vais où tu vas).
Exemple : Racine, *Athalie* (1691), la rupture de construction entre l'apostrophe « vous... » et l'emploi du sujet « le sang » dans la proposition suivante.

➤ Racine, *Athalie* (1691), II, 5
ABNER. — *Hé quoi ! Mathan, d'un prêtre est-ce là le langage ?*
Moi, nourri dans la guerre aux horreurs du carnage,
Des vengeances des rois ministre rigoureux,
C'est moi qui prête ici ma voix au malheureux !
Et vous, qui lui devez des entrailles de père,
Vous, ministre de paix dans les temps de colère,
Couvrant d'un zèle faux votre ressentiment,
Le sang à votre gré coule trop lentement !
Vous m'avez commandé de parler sans feinte,
Madame : quel est donc ce grand sujet de crainte ?
Un songe, un faible enfant que votre œil prévenu
Peut-être sans raison croit avoir reconnu.

anacréontique / *anacreontic* [əˌnækrɪˈɒntɪk]

Se dit d'une poésie épicurienne écrite dans le style d'Anacréon, poète grec du VIe siècle avant notre ère. Les *Anacreontea* (soixante poèmes sur l'amour, le vin et les chansons) ont inspiré, entre autres, Ronsard et Belleau (1528-1577).

> Rémy Belleau, « Si tu veux que je meure… », *La Bergerie*
> *Si tu veux que je meure entre tes bras, m'amie,*
> *Trousse l'escarlatin de ton beau pellisson*
> *Puis me baise et me presse et nous entrelassons*
> *Comme, autour des ormeaux, le lierre se plie.*
> *Dégraffe ce colet, m'amour, que je manie*
> *De ton sein blanchissant le petit mont besson :*
> *Puis me baise et me presse, et me tiens de façon*
> *Que le plaisir commun nous enivre, ma vie.*
> *L'un va cherchant la mort aux flancs d'une muraille*
> *En escarmouche, en garde, en assaut, en bataille*
> *Pour acheter un nom qu'on surnomme l'honneur.*
> *Mais moy, je veux mourir sur tes lèvres, maîtresse,*
> *C'est ma gloire, mon heur, mon trésor, ma richesse,*
> *Car j'ai logé ma vie en ta bouche, mon cœur.*

> Abraham Cowley (1618-1667), « 1. Drinking », *Anacreontics*
> *The Moon and Stars drink up the Sun:*
> *They drink and dance by their own light,*
> *They drink and revel all the night:*
> *Nothing in Nature's sober found,*
> *But an eternal health goes round.*

Le poème de Francis Scott Key, « The Star-Spangled Banner » (1814), fut composé sur la musique d'une chanson populaire d'alors, « To Anacreon in Heaven », écrite par John Stafford Smith. Cet ensemble devait devenir l'hymne national des États-Unis.

anacrouse n.f. / *anacrusis* [ˌænəˈkruːs|ɪs]

Utilisation d'une ou deux syllabes non accentuée(s) en début de vers.

anadiplose n.f. / *anadiplosis* [ˌænədɪˈpləʊsɪs]

Reprise en début de phrase d'un mot, ou d'une suite de mots, qui vient de clore la phrase précédente. Ce procédé est très utilisé en rhétorique car il permet de reprendre une idée et de la ré-évaluer tout en insistant sur elle. Il assure également la cohésion discursive et suscite un rythme interne au discours. Une suite d'anadiploses est une concaténation (*concatenation*).

> Pierre Choderlos de Laclos, *Les Liaisons dangereuses* (1782), Lettre LXXXIV.
> Le vicomte de Valmont à Cécile Volanges
> *Ce sont ces petits détails qui donnent la vraisemblance, et la vraisemblance rend les mensonges sans conséquence, en ôtant le désir de les vérifier.*

> Oscar Wilde, *The Picture of Dorian Gray* (1891)
> *No artist has ethical sympathies. An ethical sympathy in an artist is an unpardonable mannerism of style.*

anagramme n.f. / *anagram* [ˈænəgræm]

Se dit d'un mot (ou d'une expression) créé(e) à partir des lettres d'un autre mot ou d'une autre expression. « Nacre » est une anagramme de « rance ». Les anagrammes étaient parfois utilisées pour cacher un nom propre et permettre le pseudo-anonymat d'un auteur : Arouet L.J. / Voltaire. Elles peuvent aussi suggérer des liens symboliques entre des mots : *death / hated – heart / earth*. Quand quelques lettres seulement doivent être inversées, l'anglais préfère utiliser le terme de « *spoonerism* » (venant du Révérend W.A. Spooner), qui connote un trait d'humour particulier. Exemple : *the queer Dean / the dear Queen*.

À ne pas confondre avec la contre-petterie (contrepèterie) dans laquelle, et le plus souvent à des fins humoristiques, seules certaines lettres doivent être inversées, donnant alors un sens différent au message. Exemple : ce chat est tout rose / ce rat est tout chose.

analepse n.f. / *analepsis* [ˌænəˈlepsɪs]

Retour en arrière qui peut remonter plus loin que ne porte le temps de la narration (analepse externe / *external analepsis*) ou s'inscrire dans le passé narratif (analepse interne / *internal analepsis*).

analogie n.f. / *analogy* [əˈnælədʒ|i]

Rapport de ressemblance entre plusieurs éléments qui permet de clarifier ou d'expliciter des éléments restés obscurs. On peut ainsi par analogie expliquer le fonctionnement du cœur humain en le comparant à une pompe.

À ne pas confondre en anglais avec l'analogue qui est un écrit fondateur dont plusieurs réécritures ont été faites en d'autres langues et littératures. Les fables d'Ésope, de La Fontaine et de John Gay en sont un bon exemple.

anamorphose n.f. / *anamorphosis* [ˌænəˈmɔːfəs|ɪs]

Technique picturale par laquelle un tableau ne prend de sens qu'en fonction de la place occupée par le spectateur et du point de vue adopté (cette technique s'est répandue quand elle a été appliquée sur des tasses et soucoupes : un motif apparaît déformé sur la surface plane de la soucoupe alors qu'il est parfaitement construit sur le cylindre miroir de la tasse).

☞ Holbein, *Les Ambassadeurs* (1533).

anapeste n.m. / *anapaest* [ˈænəpiːst]

En poésie grecque et latine, un pied composé de deux brèves et une longue, soit trois syllabes : ∪ ∪ — (adjectif : anapestique). En anglais, les deux premières, à l'inverse de la troisième, ne sont pas accentuées.

anaphore n.f. / *anaphora* [əˈnæfərə] *or anaphor* [ˈænəfɔː]

En grammaire, expression d'une relation endophorique entre un segment de texte et un segment appartenant au « déjà » explicite ou implicite du texte.

En rhétorique, répétition d'un mot ou d'un groupe de mots en tête de phrase, de proposition, de vers, créant un réseau d'échos et de parallèles entre les mots.

A

> Victor Hugo, *Les Châtiments* (1853), IV, 9
> *Ceux qui vivent, ce sont ceux qui luttent ; ce sont*
> *Ceux dont un dessein ferme emplit l'âme et le front,*
> *Ceux qui ont un haut destin gravissent l'âpre cime,*
> *Ceux qui marchent pensifs, épris d'un but sublime,*
> *Ayant devant les yeux sans cesse, nuit et jour,*
> *Ou quelque saint labeur ou quelque grand amour.*

> Franklin D. Roosevelt, discours du 7 décembre 1941
> *last night Japanese forces attacked Hong Kong*
> *last night Japanese forces attacked Guka*
> *last night Japanese forces attacked the Philippine Islands*
> *last night the Japanese attacked Wake Island*

anastrophe n.f. / *anastrophe* [əˈnæstrəfi]

En grammaire, l'anastrophe désigne le renversement de l'ordre des éléments dans une structure syntaxique habituelle. L'effet est généralement poétique.

> Alfred de Vigny, « La Maison du Berger », II, *Poèmes philosophiques* (1864)
> *La barbarie encor tient nos pieds dans sa gaine.*
> *Le marbre des vieux temps jusqu'aux reins nous enchaîne,*
> *Et tout homme énergique au Dieu Terme est pareil.*

> Franklin D. Roosevelt, discours du 7 décembre 1941
> *Always will be remembered the character of the onslaught against us;*

⇨ hyperbate / *hyperbaton*

antagoniste n.m. / *antagonist* [ænˈtæɡənɪst]

L'antagoniste peut être humain ou n'être qu'une abstraction, un personnage, des circonstances, une divinité (l'adjectif « antagonique » est absent du *Littré*). Il lutte contre l'opposant, le pouvoir, une force quelconque et suscite la montée de la tension dans laquelle naît le conflit. Il empêche en général le héros de mener à bien sa vie.

☞ Iago dans *Othello*, Shakespeare (1622).

antanaclase n.f. / *antanaclasis* [ænˈtænæklɑːsɪs]

Répétition rhétorique d'un même mot pris dans des sens différents. Cette figure entre souvent au service de l'humour. Exemple : une souris a mangé le fil de ma souris.

> Pascal, *Pensées* (1660), IV, 277
> *Le cœur a ses raisons que la raison ne connaît point ; on le sait en mille choses.*

antihéros n.m. / *antihero* [ˈæntiˌhɪərəʊ]

Anglicisme. Un personnage qui présente les caractéristiques inverses du héros. Il n'en a ni la bravoure, ni l'audace et peut se complaire dans la procrastination et l'apitoiement.

☞ Joseph dans *Un simple soldat* de Marcel Dubé (1967) ; Hamlet dans *Hamlet* de Shakespeare (1589).

antimétabole n.f. ou antimétathèse n.f. / *antimetabole* [æn'tımətæbəli] or *antimetathesis*

Renversement structurel. Elle concerne tout d'abord le renversement de deux ou plusieurs lettres à l'intérieur d'un mot : digue / guide. Elle en vient ensuite à caractériser le renversement des mots dans la même phrase, comme le ferait le chiasme en poésie. Exemple : *All work and no play is as harmful to mental health as all play and no work.*

➢ Jacques Derrida, *Marges* (1972)
La philosophie, comme théorie de la métaphore, aura d'abord été une métaphore de la théorie.

antiphrase n.f. / *antiphrasis* [æn'tıfrəsıs]

Proche de la contre-vérité, l'antiphrase permet de dire le contraire de ce que l'on pense, ou bien d'utiliser un mot dans un sens contraire à son emploi ordinaire. Cette figure a souvent une valeur ironique. Exemples : c'est vraiment parfait ! *a giant of three feet four inches.*

antistrophe n.f. / *antistrophe* [æn'tıstrəfı]

Répétition d'un même membre de phrase, l'antistrophe était une division particulière dans la poésie lyrique grecque : la strophe désignait ce que chantait en premier le chœur, en se tournant à droite, du côté des spectateurs, et l'antistrophe était la stance suivante, que ce même chœur chantait ensuite, mais en se tournant à gauche (du grec *anti*, « contre » et *strepho*, « se tourner »).
Exemple : le discours de Franklin D. Roosevelt lors de l'attaque de Pearl Harbor.

➢ Franklin D. Roosevelt, discours du 7 décembre 1941
In 1931, ten years ago, Japan invaded Manchukuo —without warning. In 1935, Italy invaded Ethiopia —without warning. In 1938, Hitler occupied Austria — without warning. In 1939, Hitler invaded Czechoslovakia —without warning. Later in 1939, Hitler invaded Poland —without warning. And now Japan has attacked Malaya and Thailand —and the United States —without warning.

⇨ épiphore / *epiphora*

antithèse n.f. / *antithesis* [æn'tıθ|əsıs]

Figure qui consiste à rapprocher ou juxtaposer deux mots, deux expressions, deux idées dont les significations s'opposent.

➢ Oscar Wilde, *The Picture of Dorian Gray* (1891)
When critics disagree, the artist is in accord with himself.

antonomase n.f. / *antonomasia* [æn'tɒnə'maːsi̯ə]

Figure qui consiste à remplacer un nom commun ou un adjectif par un nom propre, ou un nom propre par un nom commun, afin d'en exprimer le caractère symbolique.

A

Exemples : c'est un vrai *harpagon* ; Monsieur *Je-sais-tout* vient de lever la main ; *The Bard* (Shakespeare) ; *A Don Juan*.

antonymie n.f. / *antonymy* [æn'tɒnəm|i]
Relation d'opposition entre deux termes de sens contraire.

aparté n.m. / *aside* [ə'saɪd]
Terme de dramaturgie ; les paroles adressées *a-parte* (adverbe) par un personnage, alors qu'il est en situation de dialogue ne sont pas censées être entendues des autres personnages sur la scène ; le public est supposé les surprendre par hasard. Les apartés donnent au public des informations vitales concernant l'intrigue et permettent ce que le roman traduirait par la focalisation interne.

aphérèse n.f. / *aphaeresis* [æ'fɪərəsɪs]
Figure de grammaire qui consiste à omettre une syllabe ou une lettre au début d'un mot. Peu utilisée aujourd'hui, elle marque un style relâché ou caractérise certains idiolectes régionaux. Exemples : M'est avis que… ; *'twas* (for *it was*).

aphorisme n.m. / *aphorism* ['æfə rɪzəm]
Maxime très concise contenant beaucoup de sens, percutante et souvent incisive.
➢ La Rochefoucauld, *Maximes* (1665-1678), 218
L'hypocrisie est un hommage que le vice rend à la vertu.
➢ Oscar Wilde, *The Picture of Dorian Gray* (1891)
All art is quite useless.

apocope n.f. / *apocope* [ə'pɒkəpi]
En grammaire, le retranchement d'une lettre ou d'une syllabe à la fin d'un mot. Exemple : *morn* pour *morning*.
➢ Alfred de Vigny, « La Maison du Berger », II, *Poèmes philosophiques* (1864)
La barbarie encor tient nos pieds dans sa gaine.
Le marbre des vieux temps jusqu'aux reins nous enchaîne,
Et tout homme énergique au Dieu Terme est pareil.

apologue n.m. / *apologue* ['æpəʊlɒg]
Représentation allégorique d'une vérité morale ou moralisatrice. À fonction didactique, il utilise des animaux ou des abstractions pour enseigner à l'homme des valeurs permettant de réguler son comportement. La fable, la parabole sont des formes d'apologue.
☞ G. Orwell, *Animal Farm* (1945) ; J. Thurber, *The Thurber Carnival* (1945).

aporie n.f. / *aporia* [ə'pɔːri ə]
Expression explicite du doute qui hante un personnage et qu'il ne parvient pas à résoudre (Hamlet en est certainement la meilleure incarnation au théâtre : *To be or not to be, that is the question*).

Derrida lui donne un sens particulier, faisant de l'aporie une sorte d'impasse entre rhétorique et pensée dans « Le passage des frontières », conférence du 15 juillet 1992, *Cahier de l'Herne*.

> Jacques Derrida, « Le passage des frontières » (conférence du 15 juillet 1992), *Cahier de l'Herne*
> *Parce que philosopher c'est apprendre à mourir, apprendre à s'attendre, s'attendre à la mort, t'attendre à ta mort, passer, trépasser, tracer le seuil dans le geste-même qui le rompt... Seuil de la mort, deuil de l'ami, le carrefour problématique où la question se noue, se disjoint dans le même mouvement. Plus de question qui tienne à l'approche de ce point. Il y va peut-être de la question philosophique par excellence, et ce faisant de la question comme ce qui lui échappe le plus : l'impasse. Pas de porte. À l'approche de ce point, point d'approche possible. La possibilité de l'impossible arrive. C'est la mort.*

apostrophe n.f. / *apostrophe* [ə'pɒstrəfi]

Figure de rhétorique : la personne qui parle interrompt brutalement son discours pour s'adresser à quelqu'un d'autre, de façon généralement vive. L'apostrophe n'est pas, comme elle peut l'être en anglais, synonyme d'invocation.

archétype n.m. / *archetype* ['ɑːkitaɪp]

Forme symbolique renvoyant à l'expérience humaine en dehors de toute spécificité culturelle. Pour C.G. Jung, les archétypes sont la matière constitutive de l'inconscient collectif, système de représentations universel inné.

En littérature, les personnages, images et thèmes qui représentent symboliquement ou allégoriquement l'expérience universelle de l'homme sont considérés comme des archétypes. Il en va ainsi des descentes aux enfers, des initiations et autres quêtes symboliques.

assonance n.f. / *assonance* ['æsənən(t)s]

Répétition d'un phonème vocalique. Consonance imparfaite.
Le *Littré* distingue entre rime parfaite et assonance :
> *France* et *rance* sont deux rimes parfaites ; mais *France* et *franche* ne sont que des rimes imparfaites, des assonances.

L'assonance peut être initiale (*all the awful auguries*) ou interne (*holy smoke*).

asyndète n.f. / *asyndeton* [æ'sɪndɪtən]

Procédé de disjonction, l'asyndète engendre une absence de mot de liaison (en général le coordonnant « et ») entre des segments contigus de la chaîne parlée ou écrite. L'asyndète provoque le plus souvent l'apparition de la virgule en lieu et place du coordonnant et impulse à la phrase un rythme plus soutenu, disjoignant ce qui aurait pu être joint. Exemple : Je suis venu, j'ai vu, j'ai vaincu.

aubade n.f. / *aubade* [əʊ'bɑːd]

Concert, chant ou poème généralement exécuté à l'aube, sous la fenêtre de la femme aimée. Exemple : la chanson de *Cymbeline*.

A

➤ Shakespeare, *Cymbeline* (1613), II, 3, ll. 22-30
Hark! Hark! The lark at heaven's gate sings,
And Phoebus' gins arise,
His steeds to water at those springs
On chalic'd flowers that lies;
And winking Mary-buds begin
To ope their Golden eyes:
With everything that pretty is,
My lady sweet, arise!
Arise, arise!

auteur n.m. / *author* [ˈɔːθə]

Le mot peut désigner deux instances : l'instance réelle, la personne à l'origine de l'écriture de l'œuvre littéraire, mais aussi l'auteur tel qu'il s'écrit dans l'œuvre, l'instance qui parfois communique en aparté (ou en digression) avec le lecteur.

autobiographie n.f. / *autobiography* [ˌɔːtəʊbaɪˈɒgrəf|i], *autobiographical novel*

La biographie d'une personne écrite par cette même personne.

bacchius / *bacchius* [ˈbækjəs]

La poésie bacchiaque est une poésie grecque ou latine faite de « bacchius », c'est-à-dire de pieds composés d'une brève et deux longues.

ballade n.f. / *ballade* [bæˈlɑːd] **or** *ballad* [ˈbæləd]

La ballade (*ballade*) se compose d'une série de strophes enchaînées sur un rythme simple. Du XIVe au XVIe siècle, la forme se rigidifie et la ballade s'apparente à un poème comportant trois strophes et demie, de sept ou huit vers chacune, ne présentant pas plus de trois rimes semblables et finissant par le même vers servant de refrain.

Les plus célèbres ballades sont celles de François Villon, dont voici un exemple fameux : « Ballade des dames du temps jadis ».

➢ François Villon, « Ballade des dames du temps jadis »

Dites-moi où, n'en quel pays,
Est Flora la belle Romaine,
Archipiades, ne Thaïs,
Qui fut sa cousine germaine,
Echo, parlant quant bruit on mène
Dessus rivière ou sur étang,
Qui beauté eut trop plus qu'humaine.
Mais où sont les neiges d'antan,
Où est la très sage Héloïs,
Pour qui fut châtré et puis moine
Pierre Abélard à Saint Denis ?
Pour son amour eut cette essoine.
Semblablement, ou est la royne
Qui commanda que Buridan
Fût jeté en un sac en Seine ?
Mais où sont les neiges d'antan ?
La reine Blanche comme lis
Qui chantait à voix de sirène,
Berthe au grand pied, Bietris, Alis,
Haremburgis qui tint le Maine,
Et Jeanne, la bonne Lorraine
Qu'Anglais brûlèrent à Rouen ;
Où sont ils, où, Vierge souvraine
Mais où sont les neiges d'antan ?
Prince, n'enquérez de semaine
Où elles sont, ni de cet an,
Que ce refrain ne vous ramène :
Mais où sont les neiges d'antan ?

Au XIXe siècle, la ballade ne désigne plus qu'une poésie narrative dont le sujet est inscrit dans le folklore et se rapproche alors du genre anglais *ballad*. Verlaine et Baudelaire ont utilisé ce genre. Le schéma des rimes suit le plus souvent l'ordre canonique mais peut, comme chez Verlaine, subir quelques altérations.

➤ Paul Verlaine, « Ballade, En rêve, Au docteur Louis Jullien »

J'ai rêvé d'elle, et nous nous pardonnions
Non pas nos torts, il n'en est en amour,
Mais l'absolu de nos opinions
Et que la vie ait pour nous pris ce tour.
Simple elle était comme au temps de ma cour,
En robe grise et verte et voilà tout,
(J'aimais toujours les femmes dans ce goût.)
Et son langage était sincère et coi.
Mais quel émoi de me dire au débout :
J'ai rêvé d'elle et pas elle de moi.
Elle ni moi nous ne nous résignions
À plus souffrir pas plus tard que ce jour.
Ô nous revoir encore compagnons,
Chacun étant descendu de sa tour
Pour un baiser bien payé de retour !
Le beau projet ! Et nous étions debout,
Main dans la main, avec du sang qui bout
Et chante un fier donec gratus. Mais quoi ?
C'était un songe, ô tristesse et dégoût !
J'ai rêvé d'elle et pas elle de moi.
Et nous suivions tes luisants fanions,
Soie et satin, ô Bonheur vainqueur, pour
Jusqu'à la mort, que d'ailleurs nous niions.
J'allais par les chemins en troubadour,
Chantant, ballant, sans craindre ce pandour
Qui vous saute à la gorge et vous décou
Elle évoquait la chère nuit d'Août
Où son aveu bas et lent me fit roi.
Moi, j'adorais ce retour qui m'absout.
J'ai rêvé d'elle et pas elle de moi.
ENVOI
Princesse elle est sans doute à l'autre bout
Du monde où règne et persiste ma foi.
Amen, alors, puisqu'à mes dam et coût.
J'ai rêvé d'elle et pas elle de moi !

Par *ballad*, l'anglais désigne un poème narratif accompagné de danses et de musique, originellement anonyme et transmis par la tradition orale. Les histoires se modifiaient au fil du temps, variant selon le contexte dans lequel elles étaient produites et les publics (généralement illettrés) qui les écoutaient. La plupart de ces *ballads* traitent d'épisodes de la vie de tous les jours, de folklore, d'amour et de mort, parfois aussi de surnaturel.

➢ Anonyme, « The Great Boobee » (c. 1640), extrait
"To A PLEASANT NEW TUNE; or, Sallenger's Round"
My friend, if you will understand my fortune what they are,
I once had Cattel, House, and Land, but now I am never the near;
My Father left a good estate, as I may tell to thee,
I couz'ned was of all I had, like a great Boobee.
I went to School with good intent, and for to learn my book,
And all the day I went to play, in it I never did look;
Full seven years, or very nigh, as I may tell to thee,
I could hardly say my Christ-Cross-Row, like a great Boobee.

La *ballad* connut son âge d'or au Moyen Âge mais inspira certains poètes du XVIIIe comme Coleridge ou Keats qui lui redonnèrent vie dans leurs écrits poétiques.

☞ *The Rime of the Ancient Mariner* (1798) pour le premier et « La Belle Dame sans Merci » pour le second.

Quant à la *Broadside ballad*, elle était imprimée au recto d'une feuille de papier et distribuée ou vendue au coin des rues à la fin du XVIe et au début du XVIIe. Cette feuille portait mention de l'air qui l'accompagnait. Ce type de *ballad* servait également à informer voire à endoctriner le peuple et à répandre la propagande religieuse.

barde n.m. / *bard* [bɑːd]

D'origine celtique, le mot désigne un compositeur de vers, sorte de poète officiel, chargé de célébrer les événements nationaux ou les hauts faits des dieux et des héros. Les bardes écossais et irlandais formaient une caste particulière qui survécut au Pays de Galles jusqu'au XIXe siècle, organisant des rassemblements connus sous le nom de *Celtic revivals*. La tradition perdure en Bretagne où elle trouve encore son expression par la voix de chanteurs comme Alan Stivell ou de poètes comme Myrdhin (*Pierres sonnantes*, recueil de poèmes bardiques, 1981).

Le mot, en anglais, renvoie aussi par antonomase à Shakespeare, connu comme étant *The Bard of Avon*, et à Robert Burns, *The Bard of Ayrshire*.

baroque / *baroque* [bəˈrɒk]

L'adjectif « baroque » (du portugais *barroco*) est apparu en France en 1531. Terme de joaillerie, il désigne une « perle de forme irrégulière ». Au cours du XVIIIe siècle lui sont associés les sens figurés et souvent péjoratifs de bizarre, grotesque, extravagant, insolite.

C'est entre Renaissance et classicisme, au début du XVIIe siècle, que la poésie dite baroque a trouvé son essor, alors que sévissaient les guerres de religion. Truffée de clichés, de réminiscences de la Pléiade et de Pétrarque, elle relève d'abord d'une poétique de l'imitation plus que de la création. Ensuite, à la recherche d'une forme qui surprenne voire provoque, les poètes baroques ont souvent grossi le trait, désireux tout autant de libérer l'expression que de l'enrichir.

➢ Pierre de Marbeuf, « Les cheveux d'Amaranthe »
Beaux cheveux, filets d'or, rayons d'ambre et de flamme,
Doux geôliers de mon cœur, doux chaînons de mon âme,
Si par travail s'acquiert votre riche toison :
Et aux feux et aux fers j'exposerai ma vie ;
Puis retournant vainqueur du dragon de l'envie,
Mériterai-je pas d'en être le Jason ?

L'un des plus célèbres poètes baroques anglais fut William Crashaw (1613-1649). Ses poèmes religieux firent de lui un poète métaphysique très influent.

☞ « Steps to the Temple », 1646.

Plus tard, cet adjectif en vient à ne plus désigner qu'un style architectural très décoratif qui s'écarte des règles de la Renaissance classique.

bathos / *bathos (bathetic)* ['beɪθɒs]

Mot d'origine grecque, le bathos est souvent synonyme de chute du sublime vers le ridicule ou l'absurde. Introduit pour la première fois par Alexander Pope dans son traité *Peri Bathous or the Art of Sinking in Poetry*, il est la plupart du temps employé pour caractériser le ridicule d'une poésie qui prétend s'élever mais retombe en fait dans l'absurde ou la vulgarité.

Le terme est parfois utilisé en anglais comme synonyme de *anticlimax* (chute / retombée) ou antonyme de *pathos* (source sublime de la catharsis).

blanc, vers ~ / *blank verse*

La forme poétique appelée en anglais *blank verse* réfère à une composition souple qui fait écho au rythme naturel de la langue anglaise.

Ce serait Henry Howard, Earl of Surrey, qui l'aurait le premier utilisée, vers l'an 1540. Les poèmes sont écrits en pentamètres iambiques (*iambic pentameters*), vers incluant cinq accents, dépourvus de rime (*rhyme*). Cette forme devint rapidement la forme d'élection de l'écriture théâtrale anglaise, tout spécialement à l'époque élisabéthaine.

➢ William Cowper (1731-1800), « The Task », Book 1, « The sofa », v. 150-158
Thou know'st my praise of nature most sincere,
And that my raptures are not conjur'd up
To serve occasions of poetic pomp,
But genuine, and art partner of them all.
How oft upon yon eminence our pace
Has slacken'd to a pause, and we have borne
The ruffling wind, scarce conscious that it blew,
While admiration, feeding at the eye,
And still unsated, dwelt upon the scene.

Cette forme ne doit pas être confondue avec l'écriture des vers libres (*free verse*), totalement dépourvue de contraintes métriques, et autorisant par là même toutes les variations.

> William Wordsworth (1770-1850), « The Rainbow »
> *MY heart leaps up when I behold*
> *A rainbow in the sky:*
> *So was it when my life began;*
> *So is it now I am a man;*
> *So be it when I shall grow old,*
>   *Or let me die!*
> *The Child is father of the Man;*
> *I could wish my days to be*
> *Bound each to each by natural piety.*

⇨ **vers libres** / *free verse*

brachylogie n.f. / *brachylogy* [bræˈkɪlədʒi]

À l'origine, un défaut d'élocution marqué par la brièveté et la concision extrême de l'expression. Le mot désigne ensuite une expression condensée, quasi-elliptique, qui rend le discours obscur. La brachylogie est parfois considérée comme un hyperonyme de l'amphigouri. L'asyndète et le zeugme en sont des figures constitutives éventuelles.

brisure de la rime n.f. / *broken rhyme or split rhyme*

Afin de pouvoir rimer avec la suite, un mot se voit coupé en fin de vers, sa seconde partie étant rejetée au début du vers suivant. Ce procédé se rencontre plus particulièrement dans la poésie légère et génère un effet comique ou humoristique, surtout quand la partie initiale du mot restée en fin de vers peut à elle seule avoir du sens.

> Gerard Manley Hopkins (1844-1889), « To Christ our Lord », *The Windhover*, v. 1-8
> *I caught this morning morning's minion, king-*
> *dom of daylight's dauphin, dapple-dáwn-drawn Falcon, in his riding*
> *Of the rólling level únderneath him steady áir, & stríding*
> *High there, how he rung upon the rein of a wimpling wing*
> *In his ecstasy! then off, off forth on swing,*
> *As a skate's heel sweeps smooth on a bow-bend: the hurl & gliding*
> *Rebuffed the big wind. My heart in hiding*
> *Stirred for a bird, —the achieve of, the mastery of the thing!*

bucolique / *bucolic* [bjuˈkɒlɪk]

Dans la prosodie ancienne, le vers bucolique (du grec, signifiant berger) était un hexamètre dont la césure se faisait entre le quatrième pied et le cinquième pied. Théocrite et les autres poètes bucoliques l'employaient tout particulièrement. Les « Bucoliques » sont des poésies pastorales dont les plus célèbres sont certainement celles de Virgile. Elles évoquent la vie des bergers, leur existence supposée paisible et préservée de toute corruption.

⇨ **pastorale** / *pastoral*

burlesque n.m. / *burlesque* [bɜːˈlesk]

Dérivé de l'italien, le mot burlesque connote le ridicule et le comique. Transposant en style bas des sujets élevés, il est souvent constitutif d'un comique outré visant à ridiculiser ou parodier épopées et héros. L'épopée burlesque apparaît en France au milieu du XVIIe siècle. Le burlesque attaque alors aussi la préciosité et met en scène des personnages du commun dans des situations grossières frisant parfois la débauche. Il s'exprime avec un réalisme qui a pour objectif de dépeindre au plus près la vie de tous les jours et c'est au théâtre qu'il trouve son expression la plus courante.

Par exemple, le traitement que fait Shakespeare de Pyramus et Thisbe dans *A Midsummer Night's Dream*. Ou encore les premiers mots du Cyrano de Rostand qui, dès qu'il ouvre la bouche, utilise une langue pour le moins « fleurie » :

➢ Edmond Rostand, *Cyrano de Bergerac* (1897)
Je vais être obligé de te fesser les joues !
Bon ! je vais sur la scène, en guise de buffet
découper cette mortadelle d'Italie.

ou encore :
Si cette Muse, à qui, Monsieur, vous n'êtes rien,
avait l'honneur de vous connaître, croyez bien
Qu'en vous voyant si gros et bête comme une urne,
Elle vous flanquerait quelque part son cothurne.

Le burlesque permet aussi de discuter de sujets sérieux en termes triviaux ou de sujets triviaux en termes exaltés, la dérision et l'imitation hyperbolique entrant alors au service de son écriture.

➢ William Blake (1757-1827), *An Island in the Moon*, chap. 1
In the Moon, is a certain Island near by a mighty continent, which small island seems to have some affinity to England. And what is more extraordinary the people are so much alike and their language so much the same that you would think you was among your friends. In this Island dwell three Philosophers Suction, the Epicurean, Quid the Cynic, and Sipsop, the Pythagorean.

I call them by the names of these sects tho the sects are not ever mentiond there as being quite out of date however the things still remain, and the vanities are the same. The three Philosophers sat together thinking of nothing. In comes Etruscan Column, the Antiquarian and after an abundance of Enquiries to no purpose sat himself down and described something that nobody listend to.

La comédie burlesque du XXe siècle a, elle, choisi pour cibles les croyances et les institutions, incluant toujours dans sa construction le grivois et le grotesque.

☞ S. Beckett, *En attendant Godot* (1949) ; J. Romains, *Knock* (1923).

C

cacophonie n.f. / *cacophony* [kəˈkɒfən|i]

La cacophonie résulte de la juxtaposition de sons en rupture avec l'harmonie (*disharmonious*). Certains poètes en font usage pour exprimer la discordance, ou simplement la dureté de certaines tonalités associées à des actions parfois violentes. Les vers qui en résultent sont souvent difficiles à prononcer.

➢ Walt Whitman, « The Dalliance of Eagles »
"SKIRTING the river road, (my forenoon walk, my rest,)
Skyward in air a sudden muffled sound, the dalliance of the eagles,
The rushing amorous contact high in space together,
The clinching interlocking claws, a living, fierce, gyrating wheel,
Four beating wings, two beaks, a swirling mass tight grappling,
In tumbling turning clustering loops, straight downward falling,
Till o'er the river pois'd, the twain yet one, a moment's lull,
A motionless still balance in the air, then parting, talons loosing,
Upward again on slow-firm pinions slanting, their separate diverse flight,
She hers, he his, pursuing.

cadence n.f. / *cadence* [ˈkeɪdᵊntz]

Cadence mineure (*falling cadence*) : alliée au rythme d'une phrase, elle désigne un decrescendo dans la longueur des groupes grammaticaux qui composent la phrase.

➢ Montesquieu, *Les Lettres persanes* (1721), Lettre CLXI de Roxane à Usbek
Mais c'en est fait : le poison me consume ; ma force m'abandonne la plume me tombe des mains ; je sens affaiblir jusqu'à ma haine ; je me meurs.

Cadence majeure (*rising cadence*) : la cadence majeure manifeste le phénomène inverse et désigne un crescendo dans la longueur des groupes rythmiques.

➢ Montesquieu, *Les Lettres persanes* (1721), Lettre XCII d'Usbek à Rhedi
Mais le régent, qui a voulu se rendre agréable au peuple, a paru d'abord respecter cette image de la liberté publique, et, comme s'il avait pensé à relever de terre le temple et l'idole, il a voulu qu'on les regardât comme l'appui de la monarchie et le fondement de toute autorité légitime.

calligramme n.m. / *calligramme*

Le calligramme est un poème disposé sur la page de façon à symboliser le sujet qu'il aborde en faisant correspondre le texte avec sa représentation mentale. Il matérialise le lien entre forme et sens.

C

➢ Guillaume Apollinaire, « Poème à Lou » (1915)

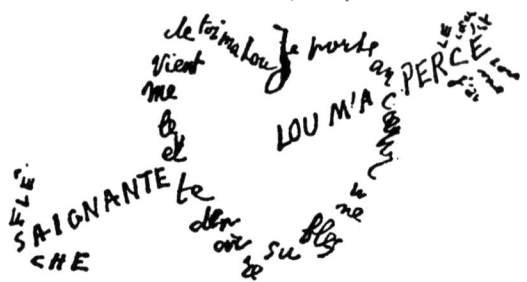

© Éditions Gallimard.

canon n.m. / *canon* [ˈkænən]

Le mot « canon » est le plus souvent utilisé comme terme générique désignant les règles et décrets établis par les conciles et ayant pour préoccupation la réglementation de la foi et de la pratique religieuse. On parle couramment de canons de l'Église, de droit canon ou encore de canon des Écritures.

Chez les grammairiens d'Alexandrie, le canon prenait la forme d'un répertoire des auteurs pouvant être considérés comme des modèles d'écriture.

Par la suite, le mot a référé à toute liste regroupant les écrits d'auteurs dont la production était parfois suspectée de ne pas être authentique. Le canon devient alors une sorte de certificat d'authenticité et de propriété intellectuelle.

La composition d'un tel canon est discutée, par exemple, par Sabine Loucif dans *À la recherche du Canon Perdu* (PUNM, 2001).

Aux États-Unis, le regroupement des œuvres littéraires considérées comme majeures est connu sous le vocable de *Western Canon* ou, du côté de ses détracteurs « *the DWEM Canon* » (*Dead White European Males*). Ce n'est qu'à la fin du XXe siècle que les femmes écrivains et les écrivains dits ethniques ont commencé à y figurer.

caractère n.m. / *type* [taɪp]

Ensemble des traits distinctifs d'une personne : physiques, moraux, psychologiques. Aristote le considérait comme l'une des six composantes constitutives de la tragédie, avec le chant, l'élocution, la fable, la pensée et le spectacle. Théophraste d'Érèse, son successeur au Lycée, dressa quant à lui dans *Le Petit Livre des Caractères*, des portraits descriptifs de la vie de la bourgeoisie grecque à la fin du IVe siècle, parmi lesquels le fourbe, le flatteur, le moulin à paroles, le rustre, le flagorneur, la fripouille.

➢ Théophraste d'Érèse, « L'effronté », *Le Petit Livre des Caractères*

L'effronterie, pour la saisir en une définition, consiste à n'avoir cure d'une réputation honteuse, en ne visant que le seul profit. L'effronté est du genre, d'abord, à se rendre chez celui-là même qu'il ne rembourse pas, pour lui demander un emprunt. Il est homme, ensuite, à dîner chez autrui après avoir offert un sacrifice dont il a fait retirer les viandes pour les mettre en saumure. Il appelle son serviteur et lui donne la viande et le pain qu'il a chipés sur la table, en disant à la cantonade : « Régale-toi, Tibios ! »

La Bruyère, après avoir popularisé la traduction du *Petit Livre des Caractères*, a renouvelé le genre avec ses propres *Caractères* (1696), dans lesquels il dresse un tableau caustique des mœurs de ses contemporains, en seize chapitres : « Des ouvrages de l'esprit », « Du mérite personnel », « Des femmes », « Du cœur », « De la société et de la conversation », « Des biens de fortune », « De la ville », « De la Cour », « Des grands », « Du souverain et de la république », « De l'homme », « Des jugements », « De la mode », « De quelques usages », « De la chaire », « Des esprits forts ». Le thème fédérateur de ses portraits est la dénonciation de l'hypocrisie et la recherche absolue de la vérité, du vrai.

➤ Jean de La Bruyère, VIII, « De la Cour », *Caractères* (1696)

L'on est petit à la Cour, et quelque vanité que l'on ait, on s'y trouve tel ; mais le mal est commun, et les grands mêmes y sont petits. [...]

La Cour ne rend pas content, elle empêche qu'on ne le soit ailleurs. [...]

C'est beaucoup tirer de notre ami, si ayant monté à une grande faveur, il est encore un homme de notre connaissance. [...]

Je crois pouvoir dire d'un poste éminent et délicat, qu'on y monte plus aisément qu'on ne s'y conserve. [...]

L'on dit à la Cour du bien de quelqu'un pour deux raisons, la première afin qu'il apprenne que nous disons du bien de lui ; la seconde afin qu'il en dise de nous. [...]

Il est aussi dangereux à la Cour de faire les avances, qu'il est embarrassant de ne point les faire.

caricature n.f. / *caricature* [ˈkærɪkətjʊə]

Terme de peinture, la caricature grossit volontairement le trait et rend ridicule l'objet (personne ou scène) qu'elle représente. Elle associe humour, dérisoire et satire. En matière littéraire, le « caricaturier » est l'écrivain qui, avec les mots, esquisse à gros traits des portraits souvent sarcastiques et satiriques.

➤ Mme de Sévigné, *Lettres*, à Coulanges, 22 juillet 1671

La divine Plessis [...] me contrefait, de sorte qu'elle me fait toujours le même plaisir que si je me voyais dans un miroir qui me fît ridicule, et que je parlasse à un écho qui me répondît des sottises. J'admire où je prends celles que je vous écris.

Exemple : le personnage de MacFlecknoe dans *MacFlecknoe*, de Dryden, représente en fait Thomas Shadwell, nouveau poète lauréat (*poet laureate*), triste successeur du précédent dans une longue série dominée par *the monarchy of nonsense*.

➤ Dryden, *MacFlecknoe* (1678), ll. 17-24

Shadwell alone, of all my sons, is he
Who stands confirmed in full stupidity
The rest to some faint meaning make pretence,
But Shadwell never deviates into sense.
Some beams of wit on other souls may fall,
Strike through and make a lucid interval;
But Shadwell's genuine night admits no ray,
His rising fog prevails upon the day.

C

carnavalisation n.f. / *carnivalisation* [ˌkɑːnɪvəlaɪˈzeɪʃən]

Ce mot vient d'une fête donnée avant que ne commence le jeûne de carême (*the Lenten fast*) durant laquelle il était encore autorisé de consommer de la viande.

La carnavalisation provoque un renversement total des situations conventionnelles. Construite sur le principe de l'inversion, elle dote de masques précieux et de riches costumes des fêtes populaires traditionnellement simples ; elle transforme le comique en tragique, le drame sanglant en grotesque.

> ➤ Joanna Poppink, *Saturnalia and the Feast of Fools*
>
> *In pre-Christian Rome, Saturnalia recognized this reversal in nature in a wild and grim revelry each December. All restraints of law and morality were unleashed. All class distinctions were abolished. The Feast of Fools began. Masters served their slaves. The community selected one person to be King of Saturnalia. [...] The King of Saturnalia became a clown in the Middle Ages, transformed into the Lord of Misrule, the spirit of festive anarchy. He ordered the people to sing bawdy verses and drink to blind drunkenness. He commanded them to dance obscenely and for men to wear women's clothes. This harlequin king had many names in many countries: King of the Bean in England, The Abbot of Unreason in Scotland, The Abbe de la Malgouveme in France. The Catholic Church ended this bacchanal in the 16th Century as Reformation approached... But people still revel at Christmas...*

Synonyme de perturbation de l'ordre établi, d'inversion de toute hiérarchie, elle libère également, en matière littéraire, l'auteur de toute convention littéraire et lui permet d'envisager dans son écriture une multiplicité de points de vue. C'est Mikhaïl Bakhtine qui a le premier théorisé la « carnavalisation littéraire ». Dans *Problèmes de la poétique de Dostoïevski* (1929), il défend une conception translinguistique du texte littéraire reposant sur le principe de la polyphonie des voix constitutives du discours.

Selon Bakhtine, le carnaval emblématise la culture populaire et le réseau complexe de relations tissées entre les hommes, superposant dans le discours les instances antagonistes du « même » et de l'« autre ». L'être humain vit deux vies simultanées, hétérogènes, la première empreinte de respect pour les conventions sociales, la seconde une vie de carnaval dans laquelle il se sent libéré de toute entrave.

Les différentes couches sociales ayant chacune leur langage, Bakhtine donne au discours écrit une fonction idéologique dans la mesure où il est l'outil de l'interaction interpersonnelle. Le langage littéraire devient alors une sorte de synthèse de toutes les voix sociales et permet par là même l'expression de chacune.

carpe diem n.m. / *carpe diem* [ˌkɑːpiˈdiːem], *seize the day*

Cette expression latine est empruntée à l'*Ode* I-XI d'Horace dans laquelle il utilise de nombreuses métaphores agricoles pour enjoindre ses contemporains à cueillir chaque jour qui passe et à profiter de tous les plaisirs qui s'offrent à eux.

➤ Horace, *Ode* I-XI
Tu ne quaesieris — scire nefas — quem mihi, quem tibi
finem di dederint, Leuconoë, nec Babylonios
temptaris numeros. ut melius, quicquid erit, pati !
seu plures hiemes, seu tribuit Iuppiter ultimam,
quae nunc oppositis debilitat pumicibus mare
Tyrhenum. Sapias, vina liques, et spatio brevi
spem longam reseces. dum loquimur, fugerit invida
aetas : Carpe diem, quam minimum credula postero.

Le thème fut repris par Ronsard dans les *Sonnets pour Hélène* (1578).

➤ Ronsard, *Sonnets pour Hélène*
Quand vous serez bien vieille, au soir, à la chandelle,
Assise auprès du feu, dévidant et filant,
Direz, chantant mes vers, en vous émerveillant
« Ronsard me célébrait du temps que j'étais belle. »
Lors, vous n'aurez servante oyant telle nouvelle,
Déjà sous le labeur à demi sommeillant,
Qui au bruit de Ronsard ne s'aille réveillant,
Bénissant votre nom de louange immortelle.
Je serai sous la terre, et, fantôme sans os,
Par les ombres myrteux je prendrai mon repos
Vous serez au foyer une vieille accroupie,
Regrettant mon amour et votre fier dédain.
Vivez, si m'en croyez, n'attendez à demain
Cueillez dès aujourd'hui les roses de la vie.

Ce type de poésie met l'accent sur la brièveté de la vie et recommande le culte du plaisir ici et maintenant.

➤ Robert Herrick (1591-1674), « To the Virgins, to Make Much of Time »
Gather ye rosebuds while ye may,
  Old time is still a-flying:
And this same flower that smiles to-day
  To-morrow will be dying.
The glorious lamp of heaven, the sun,
  The higher he's a-getting,
The sooner will his race be run,
  And nearer he's to setting.
That age is best which is the first,
  When youth and blood are warmer;
But being spent, the worse, and worst
  Times still succeed the former.
Then be not coy, but use your time,
  And while ye may go marry:
For having lost but once your prime
  You may for ever tarry.

C

catachrèse n.f. / *catachresis* [ˌkætəˈkriːsɪs]

Du grec *katakhrêsis* (abus), la catachrèse permet de pallier l'absence de mot pour désigner un élément du réel. Pour ce faire, elle détourne un mot existant dans le lexique de son sens propre et lui confère un sens figuré, comme le ferait une métaphore. Une fois la catachrèse reconnue culturellement, elle devient métaphore éteinte tout en demeurant le seul outil linguistique permettant la référence au réel qu'elle désigne. Il en va ainsi des ailes du moulin, des pieds de la table, des feuilles de papier, etc. En littérature, ce procédé de métaphorisation par analogie est courant et la fonction poétique permet l'extension de son champ d'application. Exemple : la langue d'Hamlet, « *I will speak daggers to her* » ou encore « *To take arms against a sea of troubles* » (Shakespeare, *Hamlet*).

Certains auteurs dénomment catachrèse une métaphore complexe dans laquelle plusieurs processus de représentation se confondent (*mixed metaphor*) sans qu'il y ait reconnaissance culturelle de leur usage. Exemple : *She kept a tight rein on her boiling temper.*

Il est rare que la catachrèse se traduise de la même façon en français et en anglais, ce qui en fait une figure marquée culturellement (*the sails of a windmill* se traduit en français par *les ailes d'un moulin*).

Exemple : les « ailes du temps » chères à La Fontaine.

➢ Jean de La Fontaine, « La jeune Veuve », VI, 21
La perte d'un époux ne va point sans soupirs ;
On fait beaucoup de bruit ; et puis on se console :
Sur les ailes du Temps la tristesse s'envole,
Le Temps ramène les plaisirs.

catalectique / *catalectic* [ˌkætəˈlektɪk], *catalexis*

Se dit d'un vers auquel il manque une syllabe à la fin. Il se termine abruptement car le dernier pied se réduit à une voyelle longue unique, la dernière ou les deux dernières syllabes ayant disparu. Ce phénomène entraîne une pause. Si le vers est complet, il est acatalectique (*acatalectic*).

catalogue n.m. / *catalogue verse* [ˈkætəlɒg]

Se dit d'un poème dans lequel sont énumérés les noms de personnes, personnages, lieux, etc., de façon à faire ressortir ce qu'ils ont en commun. Ce genre de poésie a le plus souvent un but didactique.

☞ Dans *Paradise Lost* (I, 377 et suiv.), Milton évoque les noms des divers anges déchus et diables, commençant son énumération par Moloch et Chemos.

☞ Autre exemple : V. Hugo (1802-1885), « Booz endormi », *La Légende des Siècles*.

cataphore n.f. / *cataphora* [kəˈtæfərə]

Opération qui consiste à utiliser un élément de discours pour en annoncer un autre, qui lui sert de référent. Ce rôle est essentiellement dévolu aux proformes (*pro-word / grammatical substitute*). Exemple : Devant elle, Marianne voyait s'écouler sa vie ; *I'm going to tell you this : if you do it again, I'll...*

La proforme nominale « elle » a ici une valeur cataphorique (encore dite endocataphorique) tout comme « *this* » annonce ce qui suit (en revanche, « *it* » effectue ici un renvoi anaphorique).

catastrophe n.f. / *catastrophe* [kəˈtæstrəfi]

Dans la tragédie grecque, la catastrophe est la dernière des quatre parties constitutives de l'œuvre. Le héros y subit un châtiment qui conduit généralement à sa mort. Le but de la tragédie est de faire naître chez le spectateur une émotion véritable à la vue du destin funeste du héros.

C'est ainsi qu'Aristote définit la Tragédie dans *La Poétique* :

➤ Aristote, *La Poétique*, I, VI
La tragédie est l'imitation d'une action grave, entière, étendue jusqu'à un certain point, par un discours revêtu de divers agréments, accompagné dans ses diverses parties de formes dramatiques, et non par un simple récit, qui, en excitant la terreur et la pitié, admet ce que ces sentiments ont de pénible. Je dis un discours revêtu de divers agréments : ces agréments sont le rythme, le chant et le vers. Je dis dans ses diverses parties, parce qu'il y a des parties où il n'y a que le vers, et d'autres où il y a le vers et le chant musical. Puisque c'est en agissant que la tragédie imite, il est nécessaire premièrement que le spectacle, la mélopée, les paroles, soient des parties de la tragédie : car c'est par ces trois moyens que la tragédie exécute son imitation. J'appelle paroles la composition des vers, et mélopée ce dont tout le monde sait l'effet. En second lieu, puisque c'est une action que la tragédie imite, et qui s'exécute par des personnages agissants, qui sont nécessairement caractérisés par leurs mœurs et par leur pensée actuelle (car c'est par ces deux choses que les actions humaines sont caractérisées), il s'ensuit que les actions, qui font le bonheur ou le malheur de tous tant que nous sommes ont deux causes, les mœurs et la pensée. Or l'imitation de l'action est la fable : car j'appelle fable l'arrangement des parties dont est composée une action poétique. J'appelle mœurs ce qui caractérise celui qui agit, et pensée, l'idée ou le jugement qui se manifeste par la parole. Il y a donc nécessairement dans toute tragédie six parties : la fable, les mœurs, les paroles, les pensées, le spectacle, le chant ; deux de ces parties sont les moyens avec lesquels on imite ; une est la manière dont on imite ; trois sont l'objet qu'on imite. Il n'y a rien au-delà. Il n'y a point de tragique qui n'emploie ces six parties, et qui n'ait spectacle ou représentation, fable, mœurs, pensées, paroles, chant. Mais de ces parties, la plus importante est la composition de l'action. Car la tragédie est l'imitation non des hommes, mais de leurs actions, de leur vie, de ce qui fait leur bonheur ou leur malheur. Car le bonheur de l'homme est dans l'action. La fin même est action et n'est pas qualité. La qualité fait que nous sommes tels ou tels ; mais ce sont les actions qui font que nous sommes heureux, ou que nous ne le sommes pas. Les poètes tragiques ne composent donc point leur action pour imiter le caractère et les mœurs, ils imitent les mœurs pour produire l'action : l'action est donc la fin de la tragédie. Or en toutes choses la fin est ce qu'il y a de plus important. Sans action, il n'y a point de tragédie : il peut y en avoir sans mœurs. [...] On peut coudre ensemble de belles maximes, des pensées morales, des expressions brillantes, sans produire l'effet de la tragédie ; et on le produira

si, sans avoir rien de tout cela, on a une fable bien dressée et bien composée. Enfin ce qu'il y a de plus touchant dans la tragédie, les reconnaissances, les péripéties, sont des parties de l'action. [...] L'action est donc la base, l'âme de la tragédie, et les mœurs n'ont que le second rang. Elles sont à l'action ce que les couleurs sont au dessin : les couleurs les plus vives répandues sur une table feraient moins d'effet qu'un simple crayon qui donne la figure. En un mot, la tragédie imite des gens qui agissent : elle est donc l'imitation d'une action. La pensée a le troisième rang. [...] La pensée est ce qui indique ce qu'une chose est ou n'est point, ou plus généralement ce qui indique quelque chose. La diction suit les pensées. J'entends par diction, comme il a été dit ci-devant, l'interprétation des pensées par les mots. Elle a le même effet, soit en vers, soit en prose. La cinquième partie est la mélopée. C'est des agréments de la tragédie celui qui fait le plus de plaisir. Quant au spectacle, dont l'effet sur l'âme est si grand, ce n'est point l'affaire du poète. La tragédie subsiste tout entière sans la représentation et sans le jeu des acteurs. Ces deux choses sont plus spécialement du ressort des ordonnateurs du théâtre que de celui des poètes.

catharsis n.f. / *catharsis* [kəˈθɑːs|ɪs]

La catharsis, mot qui vient du grec « purgation », est supposée, dans l'utilisation qu'en a fait Aristote, permettre aux spectateurs de se libérer de leurs passions dans l'espace créé par la fable, le lieu théâtral de sa représentation et la succession des états émotionnels ressentis par le spectateur. La catharsis est à la fois collective et individuelle. Plaçant le spectateur entre identification et distanciation, la catharsis le libère de la terreur des dieux et de la pitié envers le héros sacrifié ; elle est ainsi supposée lui permettre de mieux faire face aux épreuves du quotidien et de mieux assumer sa place dans la cité. Mais si ce rôle libérateur est primordial, il n'occulte cependant pas le plaisir intellectuel qu'en retire le spectateur.

cento / *cento* [ˈsentəʊ]

Poésie constituée de morceaux empruntés à des auteurs célèbres dont le collage crée souvent un effet humoristique dû au changement de sens des morceaux dans un contexte différent de leur contexte d'origine. Sorte de *patchwork*.

césure n.f. / *caesura* [sɪˈzjʊər|ə]

En versification, coupure du vers imposée par le mètre qui peut être ou non matérialisée par un signe de ponctuation. Elle peut être médiane (*medial caesura*), initiale (*initial caesura*) ou finale (*terminal caesura*) ; dans les deux derniers cas, elle est proche du début ou de la fin du vers. Une césure masculine intervient après une syllabe accentuée, une césure féminine après une syllabe ne portant pas l'accent.

chanson de geste(s) n.f. / *song of deeds*

Apparue dans les dernières années du XIe siècle, la chanson de geste(s) en langue d'oïl concurrence la poésie lyrique des troubadours en langue d'oc. La plus ancienne chanson de geste, *La Chanson de Roland* (c. 1098), fut popularisée par le premier troubadour de renom, Guillaume IX, comte de Poitiers et duc d'Aquitaine.

Le mot *geste* (nominatif féminin singulier *gesta* confondu à une époque avec le neutre pluriel *gesta*, du participe passé de *gero*) évoque de hauts faits, des exploits, situés généralement à l'époque carolingienne. La chanson de geste est un poème narratif composé de laisses (strophes de longueur variable), de décasyllabes, puis, vers le début du XIIIe siècle, d'alexandrins. La composition en laisses, avec les ruptures et répétitions qu'elle implique, contrariait la linéarité potentielle du récit et permettait augmentations et retranchements au gré du « jongleur » qui l'exécutait.

La chanson de geste était destinée à être récitée sur les places publiques aussi bien qu'à la cour, ce qui laissait une large part à l'improvisation.

chant n.m. / *canto* – *Chant Royal* n.m.

Comme un chapitre dans un roman, un chant (*canto*) correspond à une division dans un poème long, généralement narratif.

☞ Alexander Pope, *The Rape of the Lock : An Heroi-Comical Poem in Five Canto's* (1714).

Dans le théâtre grec, ce terme désigne le texte (poétique) de la *choreia*. C'est un des six éléments de la tragédie, selon Aristote.

⇨ catastrophe / *catastrophe*

Le *Chant Royal* est quant à lui une forme élaborée de ballade comprenant cinq strophes de onze vers, un envoi de huit vers et cinq rimes construites sur le modèle *ababccddede*.

chiasme n.m. / *chiasmus* [kaɪˈæzməs]

Figure qui consiste en une construction inversée de deux termes ou de deux segments de phrase, au niveau syntaxique ou sémantique, reflétant la forme de la lettre grecque *chi* (X). L'antimétabole est une sorte de chiasme.

➤ Jacques Prévert, « Chanson d'amour », *Paroles* (1945)

Quel jour sommes-nous
Nous sommes tous les jours
Mon amie
Nous sommes toute la vie
Mon amour
Nous nous aimons et nous vivons
Nous vivons et nous nous aimons

chœur n.m. / *chorus* [ˈkɔːrəs]

Dans le théâtre grec, le chœur est formé par un groupe de personnages représentant la cité. L'intervention des choreutes (*chorists*), dirigés par un coryphée (*coryphaeus*), est appelée *choreia*. Le chœur prend collectivement part au dialogue et commente l'action. Par extension, le mot désigne aussi les chants du chœur qui meublaient le passage d'un acte à l'autre dans le théâtre latin.

C

chorégraphie n.f. / *choreography* [ˌkɒriˈɒɡrəfi]

La chorégraphie était à l'origine l'art de diriger les chœurs. Depuis le début du XVIIIe, le terme renvoie à la composition des danses et figures ou pas accompagnant la représentation théâtrale.

choreia / *choreia*

Dans le théâtre grec, la *choreia* manifeste l'intervention chantée, dansée ou récitée du chœur.

cliché n.m. / *cliché* [ˈkliːʃeɪ]

Image – au sens rhétorique (métaphore, comparaison), ou au sens large – qui s'est figée culturellement avec l'usage.

Voici quelques définitions extraites d'un ouvrage collectif, *Palimpsestes* 13, *Le Cliché en Traduction*.

➢ *Palimpsestes 13, Le Cliché en traduction (2001)*
> *Le cliché pris au sens strict du terme [est une] figure lexicalisée tombée dans l'usage commun. (Ruth Amossy, 9)*
>
> *Les origines typographiques du terme cliché nous éclairent peut-être : la reproductibilité à l'identique, mécanique, d'une image grâce à une matrice. Le cliché serait le prêt-à-porter de la pensée ordinaire [...] qui nous permettrait de ne pas penser par nous-mêmes. (William Desmond, 56)*

comédie n.f. / *comedy* [ˈkɒmədǀi]

De façon générique, la comédie peut être définie comme proposant une action scénique déclenchant le rire au vu de la situation des personnages, de l'action ou de la description des mœurs et caractères. Son dénouement est toujours heureux. Elle intègre l'humour (*verbal wit*) et les jeux de mots (*puns*). L'anglais distingue la comédie à caractère intellectuel (*high comedy*) de la comédie fondée sur l'action et des situations quasi burlesques (*low comedy*). La comédie romantique (*romantic comedy*), quant à elle, repose sur l'intrigue amoureuse et décrit les obstacles qui empêchent les amoureux de vivre leur relation (opposition parentale, méprises, identités voilées, infidélité, etc.). Elle finit en général par les réunir et ouvre sur leur bonheur à venir.

☞ Shakespeare, *A Midsummer Night's Dream*.

L'un des ingrédients propres à la comédie, nommé en anglais *comic relief*, peut aussi se rencontrer dans les tragédies. C'est un épisode ponctuel qui permet un instant d'alléger une atmosphère pesante et de libérer le spectateur d'une tension trop forte. Ainsi quand Hamlet plaisante avec les fossoyeurs, le sourire vient aux lèvres, mais cet épisode ne fait qu'accentuer la gravité du discours du personnage et mettre en relief sa tentative avortée de distanciation.

La comédie est née en Grèce pour y célébrer Dionysos lors de fêtes populaires suivant le culte religieux. De caractère irrévérencieux, elle fut popularisée par Aristophane, père de la « comédie ancienne ».

Clouée au pilori par le Moyen Âge, la comédie dut s'exiler de la scène et devenir itinérante, pour reparaître au XVe siècle sous une forme plus politique ridiculisant les « caractères » tels qu'aurait pu les brosser Théophraste d'Érèse.

Le XVIe siècle vit ensuite naître en Europe la comédie en cinq actes, régulée par les unités de temps et de lieu, jouée au théâtre en Angleterre, mais encore difficilement acceptée en ce lieu en France. C'est Corneille qui lui redonna ses lettres de noblesse en mettant l'amour et la description des mœurs au centre de ses pièces, même si le rire cède souvent la place à un romantisme au ton léger et badin.

Molière, lui, parvint à réinvestir le théâtre en associant au texte de la comédie ballets et chansons. Un siècle plus tard, Marivaux et Beaumarchais coloraient le genre d'un filigrane de satire sociale plus affirmée aux traits pré-révolutionnaires.

Voguant entre romantisme et opérette au XIXe, la comédie se fit enfin vaudeville avec Labiche, Feydeau et Courteline, remettant le rire à l'honneur.

Au XXe siècle, la comédie devint théâtre de l'absurde avec Ionesco et conserva pour trait majeur la peinture de rapports sociaux bouleversés par les vagues libertaires des années soixante-dix et le mélange des cultures.

Commedia dell'Arte n.f. / *Commedia dell'Arte*

Genre de comédie né en Italie dans lequel seule l'architecture globale de la pièce était écrite afin que les acteurs puissent improviser.

comparaison n.f. / *comparison* [kəm'pærisən] or *simile* ['sıməli]

Figure qui met en rapport deux termes ou deux notions par l'intermédiaire de l'opérateur « comme » ou de l'un de ses substituts (*as, like* en anglais).

➢ Jean de La Fontaine, « Le Renard et la Cigogne »
Il lui fallut à jeun retourner au logis,
Honteux comme un Renard qu'une Poule aurait pris,
Serrant la queue, et portant bas l'oreille.
Trompeurs, c'est pour vous que j'écris :
Attendez-vous à la pareille.

⇨ **similitude, comparaison /** *simile*

concetto n.m. ou concepto n.m. / *conceit* [kən'siːt]

Dans la poésie italienne ou espagnole, c'est un trait d'esprit subtil, recherché, énigmatique qui reste facilement en mémoire. Il caractérise le baroque et la poésie métaphysique. Figure de discours, il établit un parallèle entre des éléments ou situations n'ayant pas de point commun avéré. Il repose en général sur une métaphorisation complexe et recherchée qui peut s'étendre sur plusieurs vers. John Donne l'utilise abondamment, comme par exemple dans *Elegy IX* : « The Autumnal » (1633).

conflit n.m. / *conflict* ['kɒnflıkt]

Tension qui naît de l'affrontement d'idées, actions, désirs ou volontés opposés et qui conduit le personnage principal (protagoniste / *protagonist*) à lutter contre des forces (naturelles, surnaturelles, sociales, économiques, etc.) ou d'autres personnages

C

(opposants / *antagonists*) qu'il lui faut vaincre. Il peut être externe et opposer les protagonistes de l'action, ou interne et concerner le questionnement personnel d'un personnage face aux choix qu'il doit faire. Le conflit voit sa résolution coïncider avec la fin de la pièce.

connotation n.f. / *connotation* [ˌkɒnə'teɪʃən]

Opposée à la dénotation, la connotation implique la présence de valeur(s) sémantique(s) associée(s) à la représentation que l'on se donne d'un terme dans certains contextes. Certains mots sont porteurs de connotations personnelles et relèvent de la culture et de l'expérience individuelles, d'autres ont un caractère collectif culturel avéré (les couleurs par exemple).

contre-rejet n.m. / *enjambment* [ɪn'dʒæm mənt]

Cas de discordance entre la longueur de la phrase et celle du mètre, créant une mise en relief d'un segment en fin de vers.

> Arthur Rimbaud, « Le Forgeron », *Poésies* (1870)
> *Nous sommes Ouvriers, Sire ! Ouvriers ! Nous sommes*
> *Pour les grands temps nouveaux où l'on voudra savoir,*
> *Où l'Homme forgera du matin jusqu'au soir,*
> *Chasseur des grands effets, chasseur des grandes causes,*
> *Où, lentement vainqueur, il domptera les choses*
> *Et montera sur Tout, comme un cheval !*

coryphée n.m. / *coryphaeus* [ˌkɒrɪ'fiːəs]

Chef du chœur, dans le théâtre grec.

courant de conscience n.m. / *stream of consciousness*

L'expression fut utilisée en premier lieu par William James dans ses *Principles of Psychology* (1890) pour décrire une association libre d'idées, sensations et souvenirs. Cette technique a ensuite tenté de reproduire le flot (*flow*) ininterrompu de la conscience, sans que soient ménagées de transitions logiques entre les divers moments où la pensée se présente en conscience. Elle implique un abandon des règles de construction du discours, une mise entre parenthèses de la syntaxe conventionnelle et de la ponctuation. Le lecteur a ainsi l'impression de pénétrer dans l'esprit du personnage et de percevoir avec lui les sensations, sentiments ou pensées tels qu'il se présentent à lui. C'est donc une écriture de la fragmentation qu'illustre parfaitement le *Ulysses* de James Joyce (1922).

culminant, point ~, ou crise / *climax* ['klaɪmæks], *climactic*

Désigne le moment où le conflit et la tension qui en résulte atteignent leur point le plus élevé. Il correspond à un moment décisif dans le devenir des personnages et voit souvent se profiler la chute du héros (*anticlimax* ou *bathos*).

dactyle n.m. / *dactyl* [ˈdæktɪl]

La versification latine était fondée sur une opposition entre les quantités vocaliques. La base de cette prosodie, le pied, est un groupement de syllabes dans lequel deux syllabes dites brèves valent une syllabe longue (∪ = brève et — = longue) : l'iambe (∪ —), le spondée (— —), le trochée (— ∪), le dactyle (— ∪∪) et l'anapeste (∪∪ —).

Le dactyle (du grec, signifiant « doigt », donc trois phalanges) est composé d'une syllabe accentuée suivie de deux syllabes non accentuées.

☞ Georges Schéhadé, *Le Nageur d'un seul amour* (1985).

Voici, transcrit par A. Friedman, ce qu'écrivait George Du Maurier du dactyle (*A Legend of Camelot, Pictures and Poems*).

➤ George Du Maurier, *A Legend of Camelot, Pictures and Poems* (1898)
Un spondée, envieux d'un dactyle,
Son voisin dans un vers de Virgile,
Blaguait à tout propos
Ses trois pied inégaux
L'astiquait, et lui chauffait la bile.

dadaïsme n.m. / *dadaism* [ˈdɑːdɑːˌrɪzəm]

Ce nom fut donné en 1916 à un mouvement artistique et littéraire international, animé d'un esprit nihiliste de révolte, de provocation et de dérision, qui prit pour cible les modes d'expression traditionnels. Né au cabaret *Voltaire* de Zurich où se réunissait un groupe cosmopolite d'artistes, il eut comme pères fondateurs les Roumains Marcel Janco et Tristan Tzara, le Français Hans Arp et les Allemands Hugo Ball et Richard Huelsenbeck. Recherchant l'expression brute et de nouvelles formes de langage, les membres du courant dada utilisèrent onomatopées, collages, reliefs et formes abstraites. Nourri par la truculence et la verve d'un Picabia ou d'un Breton, le dadaïsme fut un précurseur du surréalisme (1921). Son influence est sensible dans la poésie d'Ezra Pound et de T.S. Eliot.

décasyllabe n.m. / *decasyllable* [ˈdekəˌsɪləbəl]

Mètre de dix syllabes. Utilisé en premier en France vers 1050, il fut repris et exploité par Chaucer (1342-1400) qui le structura en cinq accents même si ses décasyllabes comportaient parfois… onze syllabes.

➤ Chaucer, « The Nun's Priest's Tale », *The Canterbury Tales*, v. 80 et suiv.
A yeerd she hadde, enclosed al aboute
With stikkes, and a dry dich withoute,
In which she hadde a cok, hight Chauntecleer.
In al the land, of crowing nas his peer

Ou encore :

> Paul Verlaine, *La Bonne Chanson* (1870), XIX
> *Donc, ce sera par un clair jour d'été ;*
> *Le grand soleil, complice de ma joie,*
> *Fera, parmi le satin et la soie,*
> *Plus belle encor votre chère beauté.*

déconstruction n.f. / ***deconstruction*** [ˌdiːkənˈstrʌkʃən]
Philosophie de la littérature propre à Jacques Derrida.
Pour familier que puisse sembler ce mot, il n'en est que plus impossible à définir, la mouvance conceptuelle qu'il recouvre ne pouvant se figer en une syntaxe monoréférentielle qui la réduirait inéluctablement à ce qu'elle ne saurait être. Philippe Romanski, analyste de la pensée derridienne, souligne cette échappée essentielle de la détermination qui est peut-être la seule caractéristique « stable » inhérente à cet impossible être définitoire de la déconstruction.

> Philippe Romanski, *D'ailleurs mon sujet*[1]
> *Donner (ou, tout moins, proposer) une définition de la déconstruction, c'est courir un risque — celui de se livrer à un exercice (formel et herméneutique) par essence étranger au* frayage *infini de la déconstruction. Une telle tentative ne peut que conduire à la faillite même d'une pensée qui refuse tout cloisonnement et qui, dans son déploiement, ne vise pas à mettre à jour et éclairer la présence de « structures ». Ainsi que Derrida le souligne « toute phrase du type "la déconstruction est x" ou "la déconstruction n'est pas x" manque* a priori *de pertinence, disons qu'elle est au moins fausse »* [Psyché. Inventions de l'autre, *Paris : Galilée, 1987, 392]. Parce qu'elle remet en cause, dans ses fondements même, l'interprétation comme « métaphysique de la présence », parce qu'elle inquiète une certaine « scène de lecture et d'évaluation avec ses conforts, ses intérêts, ses programmes de toute sorte »* [Points de suspension, *Paris : Galilée, 1992, 17], la déconstruction (et, ici, l'article défini n'est qu'un malheureux abus de langage dissimulant une nature d'abord plurielle) se doit d'échapper au* finis *de la définition, à savoir à cette logique qui préside si souvent aux cadres, frontières, modèles, paradigmes et autres grilles de lecture. « Car les phénomènes qui m'intéressent », écrit Derrida, « sont justement ceux qui viennent à brouiller ces frontières, à les passer et donc à faire apparaître leur artifice historique, leur violence aussi, c'est-à-dire les rapports de force qui s'y concentrent et en vérité s'y capitalisent à perte de vue »* [Le Monolinguisme de l'autre, *Paris : Galilée, 1996, 24]. Il n'en reste pas moins (et c'est dans cette* restance *que tout se joue) que Derrida propose en 1998, comme contraint et forcé, une définition de la déconstruction. C'est toutefois une définition (et l'on ne sera pas surpris) qui met en question, de part en part, l'exercice même (et la révélation qui en découle) du propos définitionnel : « Si j'avais à risquer, Dieu m'en garde, une seule définition de la déconstruction, brève, elliptique, économique comme*

---

1. Conférence donnée à l'occasion du Colloque international « Littérature en déconstruction, déconstruction en littérature : autour de Jacques Derrida ». Université Paris VII, 14-15 mars 2003.

un mot d'ordre, je dirais sans phrase : plus d'une langue » *[*Mémoires pour Paul de Man, *Paris : Galilée, 1988, 38]. Aux frontières de la syntaxe (sans phrase) et aux marges des genres (économique comme un mot d'ordre), la définition, proposée mais pas vraiment (*Dieu m'en garde*), laisse le* plus *de* plus d'une langue *en suspens, évoquant dans le même moment la pluralité et l'extraction, la multiplicité (nécessaire, réclamée) des langues et un contenu qui, inlassablement, nous laisse insatisfaits et nous conduit à demander toujours plus de la langue, des langues. Ici (plus justement* ici et ailleurs*) se trouve, condensé le geste de la déconstruction — en somme cette attention infinie, au caractère insaisissable et «* inappropriable *» de la langue. Derrida l'a formulé sur un mode qui semblait relever de la contradiction performative : «* je n'ai qu'une langue et ce n'est pas la mienne *» [*Le Monolinguisme *de l'autre, Paris : Galilée, 1996, 13] L'affirmation (et, pour le coup, la phrase) condense (sans toutefois l'anesthésier) l'expérience que nous faisons* tous, *dans notre langue, de la déhiscence perpétuelle entre le vouloir-dire et le dire, entre le dire et le reste-à-dire. La langue, en définitive, nous est toujours* soufflée *— ainsi que Derrida entend ce mot. Dans le même instant, inspirée et dérobée, donnée et reprise. À chaque fois que nous la croyons (ou la voulons)* ici, *elle a déjà filé à l'anglaise, toute tentative pour se* cramponner *à l'*ici *d'une intention signifiante ou d'un signifié ne pouvant être qu'illusoire. Comme tous les mots, bien évidemment, de cette définition.*

décor n.m. / *décor* [ˈdeɪkɔː] *or scenery or set*

Aménagement de la scène qui permet la contextualisation du texte théâtral en donnant aux spectateurs un référent spatial. Il sous-tend la construction véritable de la scène par le scénographe.

⇨ **scénographie** / *scenography*

dégagement n.m. / *backstage (wings)*

Dans le vocabulaire du théâtre, ce mot désigne l'espace disponible, en dehors de la scène exposée aux spectateurs, pour les entrées et sorties des personnages et les changements de décor et d'accessoires.

deixis, déictique n.m. / *deixis* [ˈdaɪksɪs]

Le mot *deixis* vient du grec *deixis*, signifiant la désignation. En linguistique, cette opération est le fait de termes servant à montrer (monstratifs), à désigner un élément particulier déterminé dans le contexte situationnel où s'effectue la communication.
La *deixis* effectue donc un lien entre discours et réel. Elle permet de mettre en relation le signe et la référence au monde, à l'extralinguistique. Outil de construction du monde auquel réfère le discours, que ce monde soit réel ou imaginaire, la *deixis* ne peut donc exister en dehors d'une situation de communication. C'est pourquoi les déictiques ont le plus souvent une forme vide de sens (ceci, cela) ou à caractère sémantique générique (hier, demain) qui permet la poly-référentialité, adaptant et actualisant la référence qu'ils convoquent en fonction du « je-ici-maintenant » de chaque énonciateur.

démotique / *demotic* [dɪˈmɒtɪk]

Venant du grec *demotikos* (populaire), le terme démotique renvoie à la fois à la langue et à l'écriture. Utilisé en premier lieu par Hérodote, il signifie « écriture populaire ». L'utilisation de cet adjectif connote plus particulièrement l'écriture égyptienne. Les premiers documents écrits au moyen de ces caractères cursifs remontent à la fin du VIIe siècle avant notre ère et concernent principalement les domaines des affaires et du commerce. Ils sont une simplification de l'écriture hiératique (réservée aux textes sacrés) et coexistent avec l'écriture en hiéroglyphes (idéogrammes et phonogrammes dépourvus de représentation des voyelles) réservée aux inscriptions lapidaires.

dénégation n.f. / *denial* [dɪˈnaɪəl]

Au théâtre, le spectateur est la proie de deux désirs : vouloir croire en la réalité de la représentation (illusion mimétique du théâtre) et nier cette même réalité en prenant en compte l'écart entre sa situation et la situation d'énonciation propre à la pièce qu'il regarde (dénégation).

dénotation n.f. / *denotation* [ˌdiːnəʊˈteɪʃən]

Ensemble des traits sémantiques permanents d'un mot considéré en dehors de la subjectivité de tout discours.

dénouement n.m. / *dénouement* [deɪˈnuːmɔ̃]

Au théâtre, le dénouement correspond au moment où le conflit se résout, de façon heureuse ou malheureuse. Il intervient après la crise (*climax*) et voit les fils de l'intrigue se dénouer et se clarifier.

destinataire n.m. / *receiver*

⇨ **actant (rôle actanciel)** / *actant*

destinateur n.m. / *sender*

⇨ **actant (rôle actanciel)** / *actant*

deus ex machina n.m. / *deus ex machina*
[ˈdeɪʊs eks ˈmækɪnə]

Dans le théâtre antique, le *deus ex machina* était un dieu que l'on faisait descendre sur la scène au moyen d'un appareillage mécanique. Il apparaissait ainsi le plus souvent au moment du dénouement, pour mettre fin à l'intrigue.

De nos jours, l'expression peut également désigner toute intervention imprévue, surnaturelle ou non, qui permet la résolution d'une situation.

Par exemple, dans l'acte V scène 4 du *Dom Juan* (1665) de Molière, la statue du Commandeur apparaît au milieu des éclairs avant que d'entraîner Dom Juan dans les abîmes de la Terre.

➤ Molière, *Dom Juan* (1665), V, 4

LA STATUE. — *Arrêtez, Dom Juan : vous m'avez hier donné parole de venir manger avec moi.*
DOM JUAN. — *Oui. Où faut-il aller ?*
LA STATUE. — *Donnez-moi la main.*
DOM JUAN. — *La voilà.*
LA STATUE. — *Dom Juan, l'endurcissement au péché traîne une mort funeste, et les grâces du Ciel que l'on renvoie ouvrent un chemin à sa foudre.*
DOM JUAN. — *Ô Ciel ! que sens-je ? Un feu invisible me brûle, je n'en puis plus, et tout mon corps devient un brasier ardent. Ah !*
[Le tonnerre tombe avec un grand bruit et de grands éclairs sur Dom Juan ; la terre s'ouvre et l'abîme ; et il sort de grands feux de l'endroit où il est tombé.]
SGANARELLE. — *Voilà par sa mort un chacun satisfait : Ciel offensé, lois violées, filles séduites, familles déshonorées, parents outragés, femmes mises à mal, maris poussés à bout, tout le monde est content. Il n'y a que moi seul de malheureux, qui, après tant d'années de service, n'ai point d'autre récompense que de voir à mes yeux l'impiété de mon maître punie par le plus épouvantable châtiment du monde.*

diacope n.f. / *diacope*

Éclatement d'un mot composé, en général pour mettre en relief le sens individuel de chacun des lexèmes entrant dans sa composition. Il s'agit le plus souvent d'une utilisation particulière voulant se démarquer de l'utilisation culturelle commune. Exemples : C'est absolument extra-ordinaire ! *never the less*.

diacritique / *diacritic* [ˌdaɪəˈkrɪtɪk]

Se dit d'un signe porté au-dessus ou en dessous d'une lettre pour marquer une modification de sa prononciation théorique. Exemple, la cédille ou l'accent circonflexe.

dialectique n.f. / *dialectic* [ˌdaɪəˈlɛktɪk]

Progression argumentative du discours fondée sur une utilisation actantielle de la contradiction. La dialectique institue le rejet de l'unilatéralité et met en évidence la tension entre l'universel et le singulier en rendant compte de leur différenciation possible. Elle repose implicitement sur le concept de négativité souvent représenté dans la dissertation littéraire par l'évocation de la thèse et de l'antithèse. Exemple : les dialogues socratiques.

dialogisme n.m. / *dialogic form*

Dans ses premières utilisations, le mot réfère à la présentation d'une argumentation sous forme de dialogue.

Pour Bakhtine, le dialogisme implique que l'être est une résultante complexe de relations inter-humaines et ne peut s'appréhender qu'en tant que sujet, contrairement aux choses qui peuvent, elles, être objectivées. Les mots utilisés par le sujet l'ont déjà été par d'autres que lui et possèdent en chacun d'eux une multiplicité intrinsèque qui consacre la nature dialogique du discours. Comme dans le dialogue socratique, la vérité n'est donc pas le fait d'un seul énonciateur et ne peut se construire que dans la relation à autrui.

De là les contradictions inhérentes à la psychologie des personnages de *roman*, les différences de réaction face à un même événement, les oppositions thématiques.

Le dialogisme peut en conséquence impliquer que la thèse et l'antithèse ne se rejoignent pas dans la synthèse mais demeurent en interaction constante, nourrissant la tension entre polarités opposées, hors du contrôle de l'auteur.

diambe n.m. / *diiamb or diamb*

Pied composé de deux iambes, soit quatre syllabes, et considéré comme une seule unité. L'accent tombe sur la seconde et la quatrième syllabe, la première et la troisième étant brèves.

diaphore n.f. / *diaphora*

⇨ antanaclase / *antanaclasis*

diatribe n.f. / *diatribe* ['daɪ_ətraɪb]

Propos très critiques adressés avec violence verbale, manifestant le plus souvent une attitude d'opposition virulente dans les domaines philosophique, social ou politique. Par exemple, Bertrand Poirot-Delpech dans un article intitulé « Chers défavorisés », lors du projet de réforme du baccalauréat de français.

➢ Bertrand Poirot-Delpech, « Chers défavorisés », *Le Monde* (11 avril 2001)
Si ça se trouve, vous allez entendre parler d'un nouveau programme au bac de français. Méfiez-vous ! À l'abri du jargon technico-vasouillard dont la pédagogie a le secret – corpus, travail d'écriture, problématique, argumentatif –, les théoriciens et les bureaux du ministère rêvent d'éliminer l'enseignement de la littérature française et de ses beautés, réputées des vieilleries inégalitaires. Sachez seulement que, sous couvert de rééquilibrer les chances de départ, la réforme les aggraverait définitivement. Plus que jamais, l'élite se recruterait parmi les enfants nés avec des « Pléiade » au salon. La République tendait à obtenir que Racine et Molière illuminent également les carrières et les existences de tous. Une démagogie brouillonne veut vous priver de ce droit et de ce bonheur, vous les premiers. Cela s'appelle un crime.

dibrach n.m. / *dibrach*

Anglicisme désignant un pied composé de deux syllabes courtes non accentuées.
⇨ pied / *foot*

didascale n.m.

Nom donné en Grèce à celui qui enseignait un art, notamment l'art dramatique et/ou assumait les fonctions (actuelles) du metteur en scène. Il s'agissait souvent de l'auteur lui-même. Le terme peut aussi s'utiliser métaphoriquement en contexte religieux, en parlant des apôtres, ou en contexte musical, en référence au chef d'orchestre.

didascalie n.f. / *didascalies*

Instruction donnée par le didascale. Par la suite, toute instruction concernant la mise en scène théâtrale, telle que mentionnée hors-texte par le dramaturge (*playwright*).

diégèse n.f. / *diegesis*

➢ Dubois, *Dictionnaire de linguistique et des sciences du langage* (1994)
En rhétorique, succession rigoureusement chronologique des événements dans la partie argumentative d'un discours.

La diégèse est narrative et peut prendre plusieurs formes : intervention du chœur, d'un narrateur, narration d'événements passés.

diérèse / *diaeresis* [daɪˈɪərǀəsɪs]

Traitement bisyllabique d'une suite de deux voyelles considérées habituellement comme ne formant qu'une seule syllabe. Par exemple : la suite <ue> dans *ambiguë* par rapport à la même suite dans *bague*.

Ce terme désigne également le signe porté au-dessus de la seconde des deux voyelles successives, indiquant que ces voyelles se prononcent séparément. Exemples : Noël, ambiguïté, naïve.

différance n.f. / *différance* [ˈdɪfrənts]

Le mot de *différance* est attaché à la pensée de Derrida. Issu du verbe différer qui renvoie à la fois au concept de temporisation et à celui de divergence, il est censé symboliser l'incapacité qu'a le nom *différence* à rendre compte de la multiplicité des significations contenues dans un lexème. L'actualisation d'un mot en discours serait-elle alors déperdition systématique de sens ? Pour Derrida, le sens n'est pas contenu dans le signifiant lui-même mais dans le réseau de relations qui le relient à l'extérieur à lui-même. La *différance* existe donc avant l'être et contrecarre l'idée d'un sens originel primitif.

Le <a> du mot *différance* ne peut être entendu en discours oralisé et rien ne différencie donc *différence* de *différance*, confirmant par là même la polyréférencialité de l'oral et l'impossible « présence » absolue du sens dans un signe linguistique qui réfère aussi bien au temps (anglais : *defer*) qu'à l'espace (anglais : *differ*). La présence du sens dans le signe est donc fondamentalement instable et éternellement différée.

digression n.f. / *digression* [daɪˈɡrɛʃən]

Du latin *digressio* (*digredi*, s'éloigner), la digression peut être assimilée à un hors-sujet passager à l'intérieur d'un discours traitant d'un sujet particulier. Elle témoigne généralement d'un désir d'apporter des informations complémentaires reliées au sujet principal par un rapport d'analogie ou de dissociation. Elle peut aussi relever de la distinction que Barthes effectuait entre une description inhérente à la situation diégétique (figure de récit) et celle émanant de l'auteur qui assure ainsi la cohésion des parties de son texte (figure de discours) ou en précise le sens, ou, à l'inverse, y remet en question son propre discours.

➢ Charles Baudelaire, « Le poème du haschisch », *Les Paradis artificiels* (1858)
Ce seigneur visible de la nature invisible (je parle de l'homme) a donc voulu créer le Paradis par la pharmacie, par les boissons fermentées, semblable à un maniaque qui remplacerait des meubles solides et des jardins véritables par des décors peints sur toile et montés sur châssis.

Ou encore :

➢ Sterne, *Tristram Shandy* (1768), chap. III
It was attended but with one misfortune, which, in a great measure, fell upon myself, and the effects of which I fear I shall carry with me to my grave; namely, that, from an unhappy association of ideas which have no connection in nature, it so fell out at length, that my poor mother could never hear the said clock wound up, —but the thoughts of some other things unavoidably popp'd into her head,— & vice versa: —which strange combination of ideas, the sagacious Locke, who certainly understood the nature of these things better than most men, affirms to have produced more wry actions than all other sources of prejudice whatsoever. But this by the bye.

dilogie n.f. / *dilogy*

À l'origine, se dit d'une proposition à double sens. Par la suite, le mot en est venu à désigner un ensemble de deux œuvres d'un même écrivain. Ainsi, par exemple, *L'Enfant de sable* et *La Nuit sacrée* de Tahar Ben Jelloun forment une dilogie tout comme *Alice in Wonderland* et *Through the Looking Glass* de Lewis Carroll.

dimètre n.m. / *dimeter* [ˈdɪmɪtə]

Vers contenant deux pieds. L'octosyllabe semble avoir pris naissance dans le dimètre iambique latin (2 groupes de 2 iambes, soit 8 syllabes). Les troisième et quatrième vers du *limerick* sont des dimètres.

➢ Anonyme, « There was an old man from Nantucket »
There was an old man from Nantucket
Who kept all his cash in a bucket
His daughter, named Nan,
Ran away with a man
And as for the bucket, Nantucket.

dipodie n.f. / *dipody*

Ensemble de deux vers considérés comme une seule unité et possédant généralement le même rythme. Cette forme est très fréquente dans les *nursery rhymes*, comptines pour enfants.

➢ « Twinkle, Twinkle, Little Star »
Twinkle, twinkle, little star,
How I wonder what you are.
Up above the world so high,
Like a diamond in the sky.
Twinkle, twinkle, little star,
How I wonder what you are!

When the blazing sun is gone,
When he nothing shines upon,
Then you show your little light,
Twinkle, twinkle, all the night.
Twinkle, twinkle, little star,
How I wonder what you are!

Then the traveller in the dark
Thanks you for your tiny spark;
He could not see which way to go,
If you did not twinkle so.
Twinkle, twinkle, little star,
How I wonder what you are!

discours n.m. / *discourse* [ˈdɪskɔːs]

C'est à Benvéniste que nous devons d'avoir dissocié formellement discours et langue (*Problèmes de linguistique générale*). Associant parole et subjectivité, le discours reflète selon lui la façon dont le sujet souhaite être perçu par l'« autre », mais participe aussi de la langue, dont la dimension sociale ne doit pas être occultée.

> E. Benvéniste, *Problèmes de linguistique générale*, I, pp. 77-78
> *Du seul fait de l'allocution, celui qui parle de lui-même installe l'autre en soi et par là se saisit lui-même, se confronte, s'instaure tel qu'il aspire à être, et finalement s'historise en cette histoire incomplète ou falsifiée. [...] Or la langue est structure socialisée, que la parole asservit à des fins individuelles et intersubjectives, lui ajoutant ainsi un dessin nouveau et strictement personnel. La langue est système commun à tous ; le discours est à la fois porteur d'un message et instrument d'action. En ce sens, les configurations de la parole sont chaque fois uniques, bien qu'elles se réalisent à l'intérieur et par l'intermédiaire du langage. Il y a donc antinomie chez le sujet entre le discours et la langue.*

discours ou style direct n.m. / *direct speech*

Forme de discours rapporté, qui consiste, pour un énonciateur B, à restituer tels quels les propos ou pensées d'un énonciateur A. Les marques typographiques les plus fréquentes du discours direct sont les deux points suivis de guillemets quand ce discours fait suite à la mention de son origine (par exemple : Pierre m'a dit ceci : « Menteur, c'est à toi que je m'adresse ! »). Quand il y a thématisation du discours (mise en relief en tête d'énoncé), les paroles rapportées sont généralement suivies d'une virgule signalant la présence d'une incise précisant leur source (« Ce n'est rien », m'a-t-elle dit ensuite).

discours ou style indirect n.m. / *indirect speech*

Forme de discours rapporté dans laquelle un énonciateur B rend compte des propos d'un énonciateur A en les introduisant par un énoncé comprenant un verbe déclaratif associé parfois à un adverbe permettant de traduire la force illocutoire de l'énoncé source. Par exemple : il m'a ordonné de rester assis. Il m'a ensuite dit avec plus de douceur qu'il ne m'en voulait pas.

La dépendance syntaxique ainsi créée provoque des transformations grammaticales et parfois lexicales marquant le changement de sphère énonciative et la façon dont l'énonciateur B a reçu les propos de l'énonciateur A.

discours ou style indirect libre n.m. / *free indirect speech*

Cette forme de discours est semblable à un discours indirect dans lequel la proposition introductrice et par conséquent les contraintes syntaxiques ont disparu. Elle permet, entre autres, de conserver telles quelles les expressions de la modalité (par exemple : il viendrait aujourd'hui, il le lui avait dit) et les marqueurs de la sphère de l'énonciateur A. Conjuguée avec le style direct, elle crée parfois aussi l'ambiguïté en rendant incertaine ou floue la propriété des paroles rapportées.

➤ Nathalie Sarraute, *Vous les entendez ?* (1972)
Des cancres ? Vraiment ? Vous pensez ? ... Vous croyez, monsieur le proviseur, qu'il n'y a aucun espoir ? ... Silence qui se prolonge, n'en finit pas... Ce sont évidemment des questions auxquelles on ne doit pas se hâter de répondre. C'est grave d'enfermer dans des catégories rigides, d'étiqueter ce qui est encore fluctuant, changeant... Bien sûr, il y a toujours un espoir... Mais... éclaircissant sa voix, tapotant d'un air embarrassé, agacé, avec son stylo fermé les cahiers, les carnets de notes étalés sur son bureau, se penchant encore pour les scruter... — Oui, il faut bien constater... Il y a là un manque de curiosité... comme une atrophie... Dans le vide qui s'est creusé en lui les mots se répercutent, sont renvoyés... Une atrophie... Oui, un manque de souplesse, une sorte de rigidité. C'est comme un muscle qui ne fonctionne pas. On a beau essayer... Tous les professeurs sont d'accord sur ce point. Certains ont vu là une volonté perverse, un besoin de détruire, de se détruire... comme un acharnement à résister à tout prix... — Ah oui ? À résister ? Résister ? À tout prix...

discours narrativisé n.m. / *indirect speech, diegesis*

Forme de discours rapporté dans laquelle un énonciateur B rapporte sous forme de récit synthétique les propos d'un énonciateur A.

dispondée n.m. / *dispondee*

Ensemble (excessivement rare) formé par deux spondées considérés comme une seule unité.

dissociation de la sensibilité n.f. / *dissociation of sensibility*

L'expression vient d'un « *essay* » de T.S. Eliot, *The Metaphysical Poets* (1921) dans lequel il fait état de son admiration pour la poésie érudite et brillante des poètes métaphysiques anglais du XVIIe siècle qui n'avaient pas encore subi la dissociation de la sensibilité consacrée par la modernité. Pour Eliot, les poètes métaphysiques ressentaient la pensée comme ils auraient humé le parfum d'une fleur, l'approchant avec sensualité et sans détour, en faisant une véritable expérience des sens suscitant en retour une réponse émotionnelle.

Pour lui, les poètes du XVIIIe et du XIXe consacrèrent cette dissociation de la sensibilité et de la pensée en utilisant un langage plus orienté vers l'abstraction et la subtilité, confinant les émotions à un registre plus primaire.

Cette dissociation n'était que le reflet d'une discontinuité inhérente à la modernité, inscrite dans le progrès technique et la rupture avec la société du XVIIe, provoquant l'isolement et l'aliénation de l'être.

La poésie d'Eliot peut en quelque sorte apparaître comme une quête de réunification dans un univers de fragmentation.

dissyllabe n.m. / *dissyllable* [ˌdaɪˈsɪləbəl]
Mot de deux syllabes.

distanciation n.f. / ± *critical distance*
Principe théâtral introduit par Brecht, qui vise à montrer (objets, personnages, etc.) et dans le même temps à rendre étrange, incitant le spectateur à préserver une distance critique par rapport à la « réalité » qui lui est montrée. Le caractère construit de la représentation est alors souligné pour contrecarrer l'illusion théâtrale telle que produite par l'esthétique naturaliste qui confinait le personnage dans une psychologie et un cadre fermés. Le rapport entre le spectateur et la scène devient dialectique et stimule l'engagement du spectateur face au spectacle ainsi qu'un sentiment de liberté.

Les procédés au service de la distanciation sont divers : mise en évidence des contradictions d'un personnage, artificialité de la diction, discours du personnage sur son propre jeu, commentaires apportés par le chant, le chœur ou un narrateur, personnages jouant plusieurs rôles, hommes interprétés par des femmes (et vice-versa), panneaux et constructions scéniques soulignant l'artificialité du décor.

La distanciation ouvre un vaste champ de possibles allant de l'ironie à l'absurde dans lequel le langage lui-même se scrute et se distancie de sa référence culturelle. Le théâtre n'est plus alors le lieu de l'illusion mais le lieu de l'expérience libératoire.

distique n.m. / *distich* [ˈdɪstɪk], *closed couplet*
Ensemble de deux vers isométriques (de même longueur) exprimant une idée complète.

⇨ dipodie / *dipody*

distique élégiaque n.m. / *elegiac distich*
C'est un ensemble composé de deux vers. Le premier est un hexamètre dactylique : six pieds dont le sixième est un dactyle ou un spondée, le cinquième un spondée et les quatre autres des dactyles ou spondées.

Le second est un pentamètre : cinq pieds incluant deux dactyles ou spondées, une syllabe longue, une syllabe indifférente.

dithyrambe n.m. / *dithyramb* [ˈdɪθɪræm]
Le dithyrambe était un cantique lyrique à la gloire de Dionysos (fils de Zeus et de la mortelle Sémélé) dont serait issue la tragédie. Dans la culture athénienne du

Ve siècle avant notre ère, les rituels publics et cérémonies à caractère collectif étaient nombreux. Ils comportaient des processions, des offrandes, des chœurs, parfois même des déguisements. Le dithyrambe, performance chorale, faisait aussi l'objet de concours populaires. Il était chanté et dansé par un chœur de citoyens qui évoluaient sur une aire de terre battue (*orchestra*) au milieu de laquelle se tenait un flûtiste, debout sur une pierre, qui impulsait le rythme.

C'est de cette rencontre du texte et de la musique que serait née la tragédie. La partie lyrique de la tragédie grecque comportait initialement uniquement les chœurs, puis vinrent les préludes et interludes musicaux ou instrumentaux.

ditrochée n.m. / *ditrochee*

Ensemble formé par deux trochées et considéré comme une seule unité. Également dénommé monomètre trochaïque.

dizain n.m. / *dizain*

Poème ou strophe de dix vers, généralement octo- ou déca-syllabiques.

➢ Maurice Scève (1501-1564), « Délie »
Dizains
I
Dans son jardin Vénus se reposait
Avec Amour, sa douce nourriture,
Lequel je vis, lorsqu'il se déduisait,
Et l'aperçus semblable à ma figure
Car il était de très basse stature,
Moi très petit ; lui pâle, moi transi.
Puisque pareils nous sommes donc ainsi
Pourquoi ne suis second dieu d'amitié ?
Las ! je n'ai pas l'arc et les traits aussi
Pour émouvoir ma maîtresse à pitié.
II
Vois que l'hiver tremblant en son séjour,
Aux champs tout nus sont leurs arbres faillis.
Puis le printemps ramenant le beau jour,
Leur sont bourgeons, feuilles, fleurs, fruits saillis.
Arbres, buissons, et haies, et taillis
Se crêpent lors en leur gaie verdure.
Tant que sur moi le tien ingrat froid dure,
Mon espoir est dénué de son herbe
Puis, retournant le doux ver sans froidure,
Mon an se frise en son avril superbe.

dochmius n.m., dochmiaque / *dochmiac*

Se dit d'un pied composé de deux syllabes non accentuées et trois syllabes accentuées suivant le schéma : /∪ — — ∪ —/. Le mètre dochmiaque était le mètre tragique par excellence, supposé exprimer la terreur divine.

dodécasyllabe n.m.

⇨ alexandrin / *alexandrine*

dramatis personae / *dramatis personae*
[ˌdræmətɪs pɜːˈsəʊnaɪ]

Liste des personnages ou protagonistes dont les noms figurent en page de garde, avant la pièce proprement dite.

drame n.m. / *drama* [ˈdrɑːmə]

Action scénique représentée par des personnages. Le mot a aussi été utilisé en association avec l'écriture romanesque (drame romantique) et tend aujourd'hui à désigner de façon générique toute inscription du malheur dans l'écriture ou le réel événementiel.

Lui sont reliés les termes de dramatique / *dramatic*, concernant ce qui appartient à la représentation scénique, ironie dramatique / *dramatic irony*, qui donne au spectateur plus d'informations que n'en a le personnage sur scène, monologue dramatique / *dramatic monologue*, monologue dans lequel un personnage semble prendre à témoin de son discours une audience imaginaire (relativement proche du monologue intérieur), dramatisation / *dramatization*, transformation d'un écrit en pièce de théâtre, dramaturge / *playwright*, l'auteur de théâtre et enfin dramaturgie / *dramaturgy*, ensemble qui regroupe les principes mis en œuvre dans la composition dramatique.

dysphémisme n.m. / *dysphemism*

Opposé de euphémisme. Réfère au fait d'accentuer les caractéristiques négatives. Exemple : abominablement laid.

dystopie n.f. / *dystopia* [ˌdɪsˈtəʊpiə]

Antonyme d'utopie, mot venant de *Utopia* de Thomas More (1478-1535), du grec *ou*, non, et *topos*, lieu. La dystopie évoque la construction imaginaire d'un monde dans lequel les idéaux meurent sous la férule de régimes souvent totalitaires.

☞ George Orwell, *1984* (1948).

écho n.m. / *echo* [ˈekəʊ]

Répétition parfois amplifiée de sons, syllabes, mots ou vers en poésie.

L'anadiplose, l'anaphore, l'épistrophe, l'épizeuxis, le polysyndéton, le refrain, la rime sont autant de formes de l'écho.

Le poème qui suit, « A Gentle Echo on Woman » en est un exemple satirique, utilisant l'écho pour susciter la caricature. Il serait de la main de Swift.

➢ Jonathan Swift, « A Gentle Echo on Woman »
  SHEPHERD. — *What most moves women when we them address?*
  ECHO. — *A dress.*
  SHEPHERD. — *Say, what can keep her chaste whom I adore?*
  ECHO. — *A door.*
  SHEPHERD. — *If music softens rocks, love tunes my lyre.*
  ECHO. — *Liar.*
  SHEPHERD. — *Then teach me, Echo, how shall I come by her?*
  ECHO. — *Buy her.*

effet de réel n.m. / *effet de réel or the reality effect or the rustle of language*

L'expression a été popularisée par l'article de Roland Barthes « L'effet de réel » publié dans *Communications* n° 11 (1968), pp. 84-89, et repris dans « Roland Barthes, The Reality Effect » in Tzvetan Todorov (ed.), *French Literary Theory Today*, 1982, pp. 11-17.

L'effet de réel vise à engager l'adhésion du lecteur face à la « réalité » que lui propose le texte. Il repose pour cela sur l'intégration de « détails concrets » qui ne sont tels que parce que le texte convoque immédiatement une relation directe entre signifiant et référent. Ainsi, le « signifié est expulsé du signe », ce qui implique que toute ambiguïté sémantique générant une structure narrative est par là même effacée. L'effet de réel expurge donc la narration de sa dimension fictionnelle et efface de même la présence de l'instance narrative pour établir ce contact direct entre signifiant et référent, privilégiant la dénotation aux dépends de la connotation. Le réel ainsi convoqué est cependant celui de la fiction, qui peut tendre vers le réel de l'auteur et du lecteur mais ce dernier reste hors de portée du lieu de fiction où évoluent narrateur et narrataire. L'objet décrit est dépouillé de toute signification symbolique et ne fait plus que signifier le réel en dehors de tout discours sur lui.

Pour que l'effet de réel fonctionne, peut-être faut-il aussi que le lecteur soit dans cet état mental de « suspension d'esprit de la sceptique » (La Mothe le Vayer, 1585-1672) que Coleridge a rendu célèbre en le figeant dans l'expression *willing suspension of disbelief* (*Biographia literaria*, XIV). L'effet de réel rejoint l'illusion réaliste qui essaie de brosser un portrait fidèle de l'objet qu'elle décrit par souci d'authenticité ou de vraisemblance (*verisimilitude*).

églogue n.f. / *eclogue* [ˈeklɒg]

Poème pastoral dans lequel les bergers conversent entre eux, l'églogue fut rendue célèbre par Théocrite et Virgile. Le *Littré* fait la différence entre églogue et idylle (*idyll, romance*), la première contenant mouvements et actions alors que la seconde se limite aux peintures, sentiments et comparaisons champêtres.

Le genre fut aussi parfois tourné en dérision.

➢ John Gay, « Monday, or, The Squabble », ll. 19-34, *The Shepherd's Week*
Hold, witless Lobbin Clout, I thee advise,
Lest blisters sore on thy own tongue arise.
Lo yonder Cloddipole, the blithesome swain,
The wisest lout of all the neighbouring plain!
From Cloddipole we learnt to read the skies,
To know when hail will fall, or winds arise.
He taught us erst the heifer's tail to view,
When stuck aloft, that show'rs would straight ensue;
He first that useful secret did explain,
That pricking corns foretold the gath'ring rain.
When swallows fleet soar high and sport in air,
He told us that the welkin would be clear.
Let Cloddipole then hear us twain rehearse,
And praise his sweetheart in alternate verse.

⇨ **pastorale** / *pastoral*

ekphrasis n.f. / *ekphrasis or ecphrasis* [ˈekfrəsɪs]

Dans l'antiquité, on entendait par ekphrasis la description poétique de personnes, d'objets ou de lieux (du grec *ekphrazein*, proclamer, affirmer, ou donner la parole à un objet inanimé).

Vers le IVe siècle, le mot en est venu à désigner plus particulièrement la description littéraire d'une œuvre d'art. La description que fait Homère du bouclier d'Achille, au chant XVIII de l'*Iliade* est généralement considérée comme le prototype de l'ekphrasis.

➢ Homère, *Iliade*, v. 478-497 et 509-513
Il commence par fabriquer un bouclier, grand et fort. Il l'ouvre adroitement de tous les côtés. Il met autour une bordure étincelante – une triple bordure au lumineux éclat. Il y attache un baudrier d'argent. Le bouclier comprend cinq couches. Héphaestos y crée un décor multiple, fruit de ses savants pensers.

Il y figure la terre, le ciel et la mer, le soleil infatigable et la lune en son plein, ainsi que tous les astres dont le ciel se couronne, les Pléiades, les Hyades, la Force d'Orion, l'Ourse – à laquelle on donne le nom de Chariot – qui tourne sur place, observant Orion, et qui, seule, ne se baigne jamais dans les eaux d'Océan.

Il y figure aussi deux cités humaines – deux belles cités. Dans l'une, ce sont des noces, des festins. Des épousées, au sortir de leur chambre, sont menées par la ville à la clarté des torches, et, sur leurs pas, s'élève, innombrable, le chant d'hyménée. De jeunes danseurs tournent, et, au milieu d'eux, flûtes et cithares

font entendre leurs accents, et les femmes s'émerveillent, chacune, debout, en avant de sa porte. Les hommes sont sur la grand place [...].
Autour de l'autre ville campent deux armées, dont les guerriers brillent sous leurs armures. Les assaillants hésitent entre deux partis : la ruine de la ville entière, ou le partage de toutes les richesses que gardent dans ses murs l'aimable cité. Mais les assiégés ne sont pas disposés, eux, à rien entendre, et ils s'arment secrètement pour un aguet.

L'ekphrasis pose le problème de la relation entre le descriptif et le narratif. Dans quelle mesure l'écriture est-elle capable de rendre compte de l'œuvre d'art picturale ? Peut-elle reproduire par mimésis l'effet que crée la présence de l'objet qu'elle décrit ?

Comme l'écrit W.J.T. Mitchell (*Picture Theory*, 1994), l'ekphrasis met le langage au service de la vision et permet de placer la description devant « l'œil de l'esprit ». Transformant la temporalité en espace, la représentation picturale peut être considérée comme une métaphore du figement du mouvement essentiel qui habite le discours. L'ekphrasis devient alors non seulement vision mais aussi forme et présence silencieuse d'un discours muet de l'œuvre d'art.

Le conflit entre écriture picturale et écriture poétique a trouvé sa première expression dans *Laocoon, or, On the Limits of Painting and Poetry*, de l'Allemand G.E. Lessing (1766). Il y expose la théorie selon laquelle la peinture et la poésie sont deux formes d'art fondamentalement différentes, la peinture ayant pour objet la représentation d'un moment particulier, figé dans un cadre temporel clos, alors que la poésie s'attache à rendre compte du mouvement de façon organique, à l'intérieur d'une séquence temporelle. L'essence de la poésie est donc, pour lui, la représentation du transitoire, celle de la peinture, l'immobile. Une telle prise de position rend bien sûr l'ekphrasis impossible, à moins que le langage ne parvienne, à son tour, à figer la représentation. Tentative menée, entre autres, par P.B. Shelley dans le poème « On the Medusa of Leonardo da Vinci, In the Florentine Gallery ».

➢ P.B. Shelley, « On the Medusa of Leonardo da Vinci, In the Florentine Gallery » (1819)

IT lieth, gazing on the midnight sky,
Upon the cloudy mountain peak supine;
Below, far lands are seen tremblingly;
Its horror and its beauty are divine.
Upon its lips and eyelids seems to lie
Loveliness like a shadow, from which shrine,
Fiery and lurid, struggling underneath,
The agonies of anguish and of death.
Yet it is less the horror than the grace
Which turns the gazer's spirit into stone;
Whereon the lineaments of that dead face
Are graven, till the characters be grown
Into itself, and thought no more can trace;
'Tis the melodious hue of beauty thrown
Athwart the darkness and the glare of pain,
Which humanize and harmonize the strain.

And from its head as from one body grow,
As grass out of a watery rock,
Hairs which are vipers, and they curl and flow
And their long tangles in each other lock,
And with unending involutions shew
Their mailed radiance, as it were to mock
The torture and the death within, and saw
The solid air with many a ragged jaw.
And from a stone beside, a poisonous eft
Peeps idly into those Gorgonian eyes;
Whilst in the air a ghastly bat, bereft
Of sense, has flitted with a mad surprise
Out of the cave this hideous light had cleft,
And he comes hastening like a moth that hies
After a taper; and the midnight sky
Flares, a light more dread than obscurity.
'Tis the tempestuous loveliness of terror;
For from the serpents gleams a brazen glare
Kindled by that inextricable error,
Which makes a thrilling vapour of the air
Become a [ ] and ever-shifting mirror
Of all the beauty and the terror there-
A woman's countenance, with serpent locks,
Gazing in death on heaven from those wet rocks.

Électre, complexe d' ~ / *Electra complex*

Issu du mythe grec d'Électre, version féminine du complexe d'Œdipe (*Œdipus complex*), le complexe d'Électre décrit le conflit psychologique entre une fille et sa mère, conflit dont l'objet est la possession du père.

Exemple : dans *Électre* de J. Giraudoux, le dialogue entre Oreste et Électre.

➢ Jean Giraudoux, *Électre*, I, 8, extrait des ll. 1320 à 1340

ORESTE. — Comment peux-tu ainsi parler de celle qui t'a mise au monde ! Je suis moins dur pour elle, qui l'a été tant pour moi !

ÉLECTRE. — C'est justement ce que je ne peux supporter d'elle, qu'elle m'ait mise au monde. C'est là ma honte. Il me semble que par elle je suis entrée dans la vie d'une façon équivoque et que sa maternité n'est qu'une complicité qui nous lie. J'aime tout ce qui, dans ma naissance, revient à mon père. J'aime comme il s'est dévêtu, de son beau vêtement de noces, comme il s'est couché, comme tout d'un coup pour m'engendrer il est sorti de ses pensées et de son corps même. J'aime à ses yeux son cerne de futur père, j'aime cette surprise qui remua son corps le jour où je suis née, à peine perceptible, mais d'où je me sens issue plus que des souffrances et des efforts de ma mère. Je suis née de sa nuit de profond sommeil, de sa maigreur de neuf mois, des consolations qu'il prit avec d'autres femmes pendant que ma mère me portait, du sourire paternel qui suivit ma naissance. Tout ce qui est de cette naissance du côté de ma mère, je le hais.

élégie n.f., élégiaque / *elegy* [ˈelədʒ|i], *elegiac*

D'origine grecque, l'élégie était à l'origine une chanson ou un poème composé de distiques, exprimant le chagrin consécutif à la perte d'un être cher.

La forme fut reprise par les poètes du XVIe siècle et si Donne lui donna un contenu parfois plus amoureux que plaintif, elle retrouva ensuite son contenu méditatif et parfois larmoyant. L'élégie pastorale met en scène les bergers, les muses, les personnages mythologiques et la nature dans le cadre d'une méditation sur la mort, la justice divine et les maux de cette terre, et se termine par un élan d'espoir qui fait de la mort le commencement d'une autre vie.

Par exemple, l'élégie écrite par Walt Whitman à la mort du président Lincoln, « When Lilacs Last in the Dooryard Bloom'd ».

> Walt Whitman, « When Lilacs Last in the Dooryard Bloom'd », *Leaves of Grass*, extrait
>
> *1*
> *When lilacs last in the dooryard bloom'd,*
> *And the great star early dropp'd in the western sky at night,*
> *I mourn'd, and yet shall mourn with ever-returning spring.*
> *Ever-returning spring, trinity sure to me you bring,*
> *Lilac blooming perennial and drooping star in the west,*
> *And thought of him I love.*
> *2*
> *O powerful western fallen star!*
> *O shades of night —O moody, tearful night!*
> *O great star disappeared —O the black murk that hides the star!*
> *O cruel hands that hold me powerless —O helpless soul of me!*
> *O harsh surrounding cloud that will not free my soul.*

élision n.f. / *elision* [ɪˈlɪʒən]

Procédé de contraction qui permet d'ôter une lettre ou une syllabe pour favoriser la diction et rendre plus cohésif le lien entre les mots (à l'inverse du hiatus / *hiatus*). Nombreuses en poésie, les élisions aident parfois à la structuration métrique du vers et sont marquées par une apostrophe. Elles concernent particulièrement les voyelles atones et en particulier le <e>. Exemple : dans l'élégie de Whitman citée ci-dessus, les formes *bloom'd, dropp'd, mourn'd*. L'apocope et l'aphérèse sont des formes d'élision.

ellipse n.f. / *ellipsis, -ses* [ɪˈlɪps|ɪs]

L'ellipse désigne l'omission d'un mot ou d'un groupe de mots théoriquement nécessaire(s) à la construction grammaticale d'un énoncé mais non nécessaire(s) à son interprétation sémantique.

Situationnelle, elle joue sur l'implicite d'une situation de communication et favorise la rapidité du rythme dans un dialogue. Exemple : — quand reviens-tu ? — [je reviens] demain.

Narrative, elle permet d'occulter une partie de l'histoire.

Grammaticale, elle demande parfois au coénonciateur de reconstruire la structure profonde (que les générativistes disent « effacée » en surface). L'asyndète et le zeugme lui sont associés.

➢ Racine, *Andromaque* (1365), IV, 5
 *Je t'aimais [*alors que tu étais*] inconstant ; qu'aurais-je fait [*si tu avais été*] fidèle ?*

elocutio / *elocutio*

L'*elocutio* est l'un des six éléments composant la tragédie d'après Aristote. Elle correspond à la mise en mots et en style du discours. Elle fait appel aux figures, au choix des mots et à leur structuration dans l'énoncé, aux effets de rythme et au choix d'un niveau de langue. Elle est, dit-on, le lieu de la poésie dans l'activité rhétorique.

éloge n.m., panégyrique / *encomium* [ɪnˈkəʊmɪ‿əm], *-iums or -ia, panegyric* [ˌpænəˈdʒɪrɪk]

Discours ou écrit de louanges concernant une personne, des idées, voire des événements. Il n'est parfois pas dépourvu d'ironie. L'anglais utilise aussi le terme de *eulogy* pour renvoyer à des louanges de forme plus travaillée, à la gloire d'une personne au caractère ou aux hauts faits remarquables. L'épinicion / *epinicion* quant à lui (au départ un terme de liturgie) était une ode composée pour commémorer une victoire aux Jeux olympiques. Enfin, l'épithalamium (ou épithalamion) et le prothalamium étaient des chansons ou poèmes exécutés la nuit de noces, à l'extérieur de la chambre des mariés.

L'un des plus célèbres est celui de Spenser (1552-1599), composé pour sa nuit de noces. Voici la dernière strophe de l'*Epithalamion*.

➢ Spenser, *Epithalamion*
 My love is now awake out of her dreame,
 And her fayre eyes, like stars that dimmèd were
 With darksome cloud, now shew theyr goodly beams
 More bright then Hesperus his head doth rere.
 Come now, ye damzels, daughters of delight,
 Helpe quickly her to dight.
 But first come ye, fayre Houres, which were begot,
 In Joves sweet paradice, of Day and Night,
 Which doe the seasons of the year allot,
 And al that ever in this world is fayre
 Doe make and still repayre.
 And ye three handmayds of the Cyprian Queene,
 The which doe still adorne her beauties pride
 Helpe to addorne my beautifullest bride:
 And as ye her array, still throw betweene
 Some graces to be seene:
 And as ye use to Venus, to her sing,
 The whiles the woods shal answer, and your eccho ring.

emblème n.m. / *emblem* [ˈembləm]

Au sens propre, l'emblème était un ouvrage de marqueterie, ou de mosaïque représentant un décor. De nos jours, le mot réfère à un objet ou une image à valeur symbolique, donc à connotation forte, parfois accompagné d'une devise, comme le bouclier ou les armes d'une famille. En anglais, le mot *emblem* est quasi-synonyme de « symbole ». Exemple : la feuille d'érable est l'emblème du Canada.

Aux XVIe et XVIIe siècles ont fleuri les *emblem-books*, recueils de gravures sur papier ou sur bois illustrant des maximes, voire des poèmes, le plus souvent à teneur morale. Ils étaient également connus sous les noms de *Iconologia* ou *Emblemata*.

➢ Whitney, *Foolish Promotion* (1586)

Par exemple, cette page intitulée *Foolish Promotion*, datant de 1586, due à Whitney.

empathie n.f. / *empathy* [ˈempəθi]

L'empathie participe d'un processus qui projette le sujet dans un objet regardé. Elle repose sur la capacité à ressentir, comprendre et/ou imaginer les sensations d'autrui (voire ce que suggère une nature morte ou une sculpture). Pour Carl Rogers, le sujet empathique perçoit le cadre de référence interne de l'autre comme si il était cet autre, mais sans jamais oublier ce « comme si » qui sépare l'empathie de l'identification.

emphase n.f. / *emphasis* [ˈemᵖf|əsɪs]

Soulignement du message par la voix, le ton, le geste, la marque graphique (italiques, soulignement). En grammaire, l'emphase peut être rendue par exemple par la mise en relief d'un segment en tête d'énoncé (thématisation ou topicalisation : la mer, je n'y suis jamais allé !), des opérations syntaxiques comme le clivage (c'est lui qui l'a fait) ou l'extraposition (*it is really incredible that you should be here*).

énallage n.f. / *enallage* [ɪˈnælædʒi]

Forme d'ellipse. Elle consiste à associer dans la même structure deux constructions théoriquement incompatibles.

➢ Jean de La Fontaine, « Les Animaux malades de la Peste », VII, 1
   Ainsi dit le renard, et flatteurs d'applaudir.

Cuddon (*The Penguin Dictionary of Literary Terms and Literary Theory*) élargit cette définition en évoquant la substitution d'une forme grammaticale à l'autre et en reliant cette figure à la métaphore. Les exemples qu'il cite sont les suivants :

> Cuddon, *The Penguin Dictionary of Literary Terms and Literary Theory*
> *to palm someone off, to have a good laugh, to be wived, to duck an appointment.*

enjambement n.m. / *enjamb(e)ment* [ɪnˈdʒæmmənt], run-on lines

Cas de discordance entre la longueur de la phrase et celle du vers, sans effet de mise en relief particulier. Il crée cependant un effet de continuité et de fluidité, ne confinant pas la phrase à la structure métrique du vers. Quand le vers et la phrase ont des longueurs identiques, on parle alors en anglais de *end-stopped line*.

enthymème n.m. / *enthymeme* [ˈenθɪmiːm]

Syllogisme réduit à deux propositions, la troisième étant implicitement comprise par le coénonciateur ou le lecteur. La première proposition est appelée antécédent (*reason*) et la seconde conséquence (*conclusion*). Cette figure peut donner naissance au truisme et à la généralisation (parfois abusive). Une suite d'anthymèmes s'appelle une sorite / *sorite*. Exemple : Je suis une femme, donc, je devrais être respectée. Le syllogisme serait : les femmes sont respectées. Je suis une femme, je devrais être respectée.

envoi n.m. / *envoy or envoi* [ˈenvɔɪ]

Strophe finale de la ballade qui tient souvent lieu de résumé ou de dédicace. Exemple : ⇨ ***Ballade***.

épanadiplose n.f. / *epanadiplosis* [ˌepænədɪˈpləʊsɪs]

Figure qui utilise le même mot à la fin de la première et au début de la seconde de deux propositions corrélées.

> E. Cabet, *Voyage en Icarie* (1842), page de garde
> *Tous pour chacun — Chacun pour tous.*

Ou encore :

> Oscar Wilde, *The Picture of Dorian Gray* (1891), « Preface »
> *No artist has ethical sympathies. An ethical sympathy in an artist is an unpardonable mannerism of style.*

épanalepse n.f. / *epanalepsis* [ˌepænəˈlepsɪs]

Figure qui consiste à répéter le même mot ou le même groupe de mots au début et à la fin d'un énoncé. Exemple : le proverbe *Boys will be boys*.

épanaphore n.f. / *epanaphora* [ˌepəˈnæfərə]

Répétition du même mot ou groupe de mots au début de chacun des membres d'une période. Cette figure est souvent utilisée en poésie.

> Dorothy Parker, « Song for an April Dusk » (1922-1923)
> *Tell me tales of a lilied pool*
> *Asleep beneath the sun.*
> *Tell me of woodlands deep and cool,*
> *When chuckling satyrs run.*

Tell me, in light and tinkling words,
Of rippling lilting streams.
[...]
Tell me stories of things like this,
And boy, will I be bored!

épanorthose n.f. / *epanorthosis* [ɪˌpænɔːˈθəʊsɪs]

Figure de rhétorique qui consiste à arrêter le cours du discours par un segment venant rectifier ce qui vient d'être dit, afin de l'exprimer plus fortement et/ou plus exactement.

Exemple : dans la célèbre tirade du nez de *Cyrano de Bergerac*, d'E. Rostand.

➢ Edmond Rostand, *Cyrano de Bergerac* (1897)
Descriptif : « C'est un roc !... c'est un pic !... c'est un cap !
Que dis-je, c'est un cap ?... C'est une péninsule ! »

épicène / *epicene* [ˈepɪsiːn]

Se dit d'un mot qui désigne aussi bien le genre masculin que le genre féminin (par exemple : enfant / *child*). Connote parfois aussi l'ambiguïté sexuelle.

épidictique / *epideictic* [ˌepɪˈdaɪktɪk]

Discours d'apparat destiné à être prononcé publiquement. Terme proche de panégyrique ou épithalamion.

épigramme n.f. / *epigram* [ˈepɪɡræm]

À l'origine, le mot réfère à une inscription portée sur un monument ; il en vient ensuite à caractériser un écrit, généralement en vers et à teneur humoristique et/ou satirique, se terminant par une pointe (*a witticism*). Très populaires à la Renaissance et à la période néoclassique, elles firent également quelques apparitions à l'époque romantique, le plus souvent sous la forme de quatrains. Samuel Taylor Coleridge (1771-1834), poète, essayiste et critique en composa de fameuses après en avoir donné la définition suivante :

What is an Epigram?
A dwarfish whole;
Its body brevity, and wit its soul.

Par exemple, le poème intitulé « Epigram », du même Coleridge.

➢ Samuel Taylor Coleridge, « Epigram »
Sir, I admit your general rule,
That every poet is a fool,
But you yourself may serve to show it,
That every fool is not a poet.

épigraphe n.f. / *epigraph* [ˈepɪgrɑːf]

À l'origine, ce mot désigne une inscription portée sur un édifice, indiquant sa date de construction, sa fonction, comme par exemple la gravure sur pierre ornant le Donjon de Jeanne d'Arc à Rouen.

Plus généralement, le terme décrit aujourd'hui une citation (parfois de la plume de l'auteur lui-même) placée en exergue d'un ouvrage (ou d'une partie d'ouvrage) pour en symboliser le sujet.

> H.D. Thoreau, *Walden and Civil Disobedience* (1854), « épigraphe »
> *I do not propose to write an ode to dejection, but to brag as lustily as chanticleer in the morning, standing on his roost, if only to wake my neighbors up.*

Ou :

> Kurt Vonnegut, *Galapagos* (1985)
> *In spite of everything, I still believe people are really good at heart.*
> *Anne Frank (1929-1944).*

épilogue n.m. / *epilogue* [ˈepɪlɒg]

Ce peut être le discours qui termine une œuvre dramatique, commentant l'action qui s'est déroulée sur scène en apportant une conclusion à l'ensemble. Ce mot désigne aussi les quelques vers à la fin de la fable, qui contiennent la morale, ou encore la fin d'une œuvre littéraire qui vient la résumer ou manifester un commentaire sur ce qui précède.

épimythium n.m. / *epimythium*

Ce mot désigne la morale d'une fable, placée à la fin. Si cette morale est placée au début de la fable, l'on parle alors de promythium / *promythium*.

épinicion n.m. / *epinicion*

⇨ éloge, panégyrique / *encomium, panegyric*

épiphanie n.f. / *epiphany* [ɪˈpɪfən|i]

Issu du grec, signifiant « apparition », ce mot réfère plus particulièrement en littérature au moment où un personnage prend brutalement conscience de la véritable nature d'une situation ou d'un personnage. Cette révélation est souvent associée à un événement qui devient pour le personnage comme pour le lecteur, au travers d'un moment poétique, un outil symbolique de déchiffrement du monde ou du texte. Cette utilisation du mot revient à J. Joyce dans *Stephen Hero* (1944), ouvrage précurseur de *Portrait of the Artist as a Young Man*.

> James Joyce, *Stephen Hero* (1944), chap. 24
> *By an epiphany he meant a sudden spiritual manifestation, whether in the vulgarity of speech or of gesture or in a memorable phase of the mind itself. He believed that it was for the man of letters to record these epiphanies with extreme care, seeing that they themselves are the most delicate and evanescent of moments. He told Cranly that the clock of the Ballast Office was capable of an epiphany.*

À la suite de quoi Cranly, perplexe, invite Stephen à lui montrer en quoi ce cadran d'horloge peut être synonyme d'épiphanie.

—*Yes, said Stephen. I will pass it time after time, allude to it, refer to it, catch a glimpse of it. [...] Then all at once I see it and I know at once what it is: epiphany.*
—*What?*
—*Imagine my glimpses at that clock as the gropings of a spiritual eye which seeks to adjust its vision to an exact focus. The moment the focus is reached the object is epiphanised. It is just in this epiphany that I find the third, the supreme quality of beauty.*

épiphore n.f. / *epiphora* [eˈpɪfərə]

Aussi appelée épistrophe / *epistrophe*, elle participe de l'anaphore. Elle se caractérise par la répétition de mots à la fin de deux ou plusieurs vers ou strophes et crée un effet emphatique.

épisode n.m. / *episode* [ˈepɪsəʊd]

Dans le schéma de l'action dramatique, l'épisode correspondait à un ensemble de tirades situé entre deux chants du chœur grec et formait une unité structurellement close (prologue / épisode / exode). Ce terme peut également désigner une action incidente liée à l'action principale dans un poème ou un roman.

épistolaire / *epistolary* [ɪˈpɪstələri]

Se dit en général d'un roman composé majoritairement de lettres exprimant les pensées de différents personnages sur un même sujet (ou événement). Cette forme permet la gestion du point de vue sans intervention d'un narrateur omniscient.

☞ Richardson, *Pamela* (1740) ; de Laclos, *Les Liaisons dangereuses* (1782).

épitaphe n.f. / *epitaph* [ˈepɪtɑːf]

Poème ou inscription poétique (parfois humoristique) sur une tombe, commémorant la mémoire du défunt.

➢ Gérard de Nerval (1808-1855), « Épitaphe »
Il a vécu tantôt gai comme un sansonnet,
Tour à tour amoureux insoucieux et tendre,
Tantôt sombre et rêveur comme un triste Clitandre.
Un jour il entendit qu'à sa porte on sonnait.
C'était la Mort ! Alors il la pria d'attendre
Qu'il eût posé le point à son dernier sonnet ;
Et puis sans s'émouvoir, il s'en alla s'étendre
Au fond du coffre froid où son corps frissonnait.
Il était paresseux, à ce que dit l'histoire,
Il laissait trop sécher l'encre dans l'écritoire.
Il voulait tout savoir mais il n'a rien connu.
Et quand vint le moment où, las de cette vie,
Un soir d'hiver, enfin l'âme lui fut ravie,
Il s'en alla disant : « Pourquoi suis-je venu ? »

épître n.f. / *epistle* [ɪ'pɪsəl]
Lettre écrite en vers traitant d'un sujet satirique ou philosophique.

➤ Nicolas Boileau, *Épître II* (1670)
À quoi bon réveiller mes muses endormies,
Pour tracer aux auteurs des règles ennemies ?
Penses-tu qu'aucun d'eux veuille subir mes lois,
Ni suivre une raison qui parle par ma voix ?
Ô le plaisant docteur, qui, sur les pas d'Horace,
Vient prêcher, diront-ils, la réforme au Parnasse.
Nos écrits sont mauvais ; les siens valent-ils mieux ?
J'entends déjà d'ici Lignières furieux
Qui m'appelle au combat sans prendre un plus long terme.
De l'encre, du papier ! dit-il ; qu'on nous enferme
Voyons qui de nous deux, plus aisé dans ses vers,
Aura plus tôt rempli la page et le revers.

épitrite n.m. / *epitrite*
Pied composé de quatre syllabes dont une est brève et les trois autres longues. Il a quatre formes appelées première forme (*first form*) si la première syllabe est brève, deuxième forme (*second form*), si la brève est en seconde position, troisième forme (*third form*) et quatrième forme (*fourth form*) si elle tombe sur la troisième ou la quatrième syllabe. Le *paeon* ou péon / *paeon* fonctionne exactement à l'inverse de l'épitrite, avec trois brèves et une longue.

epizeuxis n.f., répétition / *epizeuxis* [ˌepɪ'zuːksɪs]
Répétition d'un mot deux ou plusieurs fois de suite sans qu'intervienne le moindre élément entre eux.

➤ Samuel Taylor Coleridge, *The Rime of the Ancient Mariner* (1863),
« Part the second »

Water, water, every where, | *Yea, slimy things did crawl with legs*
And all the boards did shrink; | *Upon the slimy sea.*
Water, water, every where, | *About, about, in reel and rout*
Nor any drop to drink. | *The death-fires danced at night;*
The very deep did rot: O Christ! | *The water, like a witch's oils,*
That ever this should be! | *Burnt green, and blue and white.*

Si un élément se glisse entre les mots répétés, la figure est alors aussi appelée diacope / *diacope*.

➤ Samuel Taylor Coleridge, *The Rime of the Ancient Mariner* (1863),
« Part the third »

At first it seemed a little speck, | *A speck, a mist, a shape, I wist!*
And then it seemed a mist: | *And still it neared and neared:*
It moved and moved, and took at last | *As if it dodged a water-sprite,*
A certain shape, I wist. | *It plunged and tacked and veered.*

épode n.f. / *epod(e)* ['epəud]

Poème lyrique écrit en distiques comprenant un vers long et un vers plus court. Le terme s'applique également à la description de l'ode pindarique (*pindaric ode*) dans laquelle l'épode, succédant à la strophe et l'antistrophe (comme dans la tragédie grecque classique où elle était interprétée par le chœur), était de forme métrique différente. Ainsi, les *Épodes* d'Horace sont le dernier livre de ses *Odes*.

épopée n.f. / *epic* ['epɪk]

Poème narratif racontant les hauts faits de guerriers ou de héros, incluant mythologie, contes et légendes populaires. Issue de la tradition orale, l'épopée est ensuite devenue un genre inscrit dans la tradition écrite. De l'*Iliade* et l'*Odyssée* à l'*Énéide*, elle en est arrivée à voyager jusqu'en Europe, d'abord sous les traits de la chanson de geste, puis ceux de la *Divine Comédie*, épopée spirituelle et autobiographique. Nombreux sont les poètes qui risquèrent leur plume à ce genre, comme par exemple Milton, Pope, Dryden, Byron, ou encore Voltaire et Hugo.

L'épopée transcende la nature humaine en faisant de la grandeur l'aspiration de ses héros et en associant la matériel et le spirituel dans une quête visant à rapprocher l'homme de Dieu. Les actions, les voyages et les aventures en émaillent la structure et si la longueur extrême est toujours l'une de ses caractéristiques fondamentales (parfois jusqu'à vingt-quatre livres), c'est qu'elle a pour cadre l'univers entier, naturel comme surnaturel.

L'épopée est réglée par des conventions qui définissent le genre. Elle comporte un prologue dévoilant son thème général, une invocation à la muse ou aux dieux, elle commence *in medias res* et s'orne de longs monologues écrits dans un style recherché. Les détails descriptifs y sont nombreux ainsi que les comparaisons qui, si elles éclairent le sens du texte, ont également une haute portée esthétique.

épos n.m. / *epos* ['epɔs]

Chant narratif dans la tradition orale, dont est issue l'épopée.

épyllion n.m. / *epyllion* [e'pɪli|ən]

Diminutif de épos. Ce mot réfère à un chant narratif plus court que l'épos et écrit en hexamètres dactyliques dans un style élevé. Dans la poésie de la Renaissance, le terme s'applique plus particulièrement au traitement érotique de récits mythologiques comme, par exemple, dans *Hero and Leander* de Marlowe (*second sestiad*).

> Marlowe, *Hero and Leander*, second sestiad
> *But as her naked feet were whipping out,*
> *He on the sudden clinged her so about,*
> *That, mermaid-like, unto the floor she slid.*
> *One half appeared, the other half was hid.*
> *Thus near the bed she blushing stood upright,*
> *And from her countenance behold ye might*
> *A kind of twilight break, which through the hair,*
> *As from an orient cloud, glimpsed here and there,*
> *And round about the chamber this false morn*
> *Brought forth the day before the day was born.*

essai n.m. / *essay* [ˈeseɪ]

Écrit en prose, de longueur variable et de caractère argumentatif traitant de sujets légers (par exemple, les *Essais* de Montaigne) ou plus didactiques (par exemple, *Of the Vicissitude of Things*, de Bacon). De nos jours, c'est une forme prisée par les critiques littéraires, et les journalistes. Les écrivains réputés pour leur pratique de ce genre sont appelés essayistes / *essayists*. Exemple : Poe ou Thurber, mais aussi en France, Sartre ou Camus.

esthétique n.f. / *aesthetics* [iːsˈθetɪks]

Philosophie qui détermine les caractéristiques du beau dans la nature et dans l'art, elle peut être normative ou descriptive. Elle peut aussi devenir une sorte de métaphysique du beau et susciter l'expérience intime du sublime. Voici ce qu'en dit Adorno dans *Autour de la théorie esthétique*.

➢ Adolf Adorno, *Autour de la théorie esthétique* (1989)
Tandis que les œuvres d'art s'offrent à la contemplation, elles désorientent le contemplateur et en font un simple spectateur ; il découvre la vérité de l'œuvre comme si elle devait aussi être sa vérité propre. L'instant de ce passage est le moment suprême de l'art. Il sauve la subjectivité, même la subjectivité esthétique à travers sa négation. Le sujet ému par l'art fait des expériences réelles ; mais en vertu de la pénétration dans l'œuvre d'art en tant que telle ces expériences sont de celles dans lesquelles il se libère de sa subjectivité et prend conscience du caractère mesquin de son attitude.

euphémisme n.m. / *euphemism* [ˈjuːfəˌmɪzəm] or *understatement* [ˈʌndəˈsteɪtmənt]

Figure qui consiste à affaiblir l'expression afin d'atténuer la portée du propos. L'euphémisme suscite ainsi des modulations lexicales reposant par exemple sur la métaphore, la métonymie, ou la périphrase. Il est souvent proche de la litote / *litotes* (utilisation d'un antonyme nié, par exemple : Je ne te hais point). Exemple : il a rendu son dernier soupir / *he passed away* en lieu et place de : il est mort / *he died*.

euphonie n.f. / *euphony* [ˈjuːfən|i]

Harmonie des sons à l'intérieur d'un énoncé qui vient renforcer la douceur de son contenu sémantique. Elle peut inclure les phénomènes d'allitération ou d'assonance, les sons vocaliques longs étant en général plus mélodieux que les sons consonantiques.

euphuïsme n.m. / *euphuism* [ˈjuːfjuˌɪ|zəm]

Style précieux du XVIᵉ siècle prisé à l'époque élisabéthaine. Il repose essentiellement sur l'allitération, l'antithèse, les comparaisons mythologiques. Le mot est dérivé de *Euphues* de John Lily.
Exemple : la présentation de Euphues dans *Euphues, or The Anatomy of Wyt*.

➢ John Lily, *Euphues, or The Anatomy of Wyt* (1578)
There dwelt in Athens a young gentleman of great patrimony, and of so comely a personage, that it was doubted whether he were more bound to Nature for the

lineaments of his person, or to Fortune for the increase of his possessions. But Nature impatient of comparisons, and as it were disdaining a companion or copartner in her working, added to this comeliness of his body such a sharp capacity of mind, that not only she proved Fortune counterfeit, but was half of that opinion that she herself was only current. This young gallant, of more with than wealth, and yet of more wealth than wisdom, seeing himself inferior to none in pleasant conceits, thought himself superior to all in honest conditions, insomuch that he deemed himself so apt to all things, that he gave himself almost to nothing, but practicing of those things commonly which are incident to these sharp wits, fine phrases, smooth quipping, merry taunting, using jesting without mean, and abusing mirth without measure.

exemplum n.m. / *exemplum* [ɪgˈzempləm]

Dans la rhétorique antique et surtout médiévale, le mot désigne un bref récit (historique, biblique, folklorique ou mythologique) illustrant le plus souvent une leçon morale.

➢ Chaucer, « The Nun's Priest's Tale », *The Canterbury Tales*, extrait de la fin
*But you that hold this tale a foolery,
As but about a fox, a cock, a hen,
Yet do not miss the moral, my good men.
For Saint Paul says that all that's written well
Is written down some useful truth to tell.
Then take the wheat and let the chaff lie still.
And now, good God, and if it be Thy will,
As says Lord Christ, so make us all good men
And bring us into His high bliss. Amen.*

exergue n.m. / *epigraph* [ˈepɪgrɑːf]

⇨ épigraphe / *epigraph*

exposition n.f. / *exposition* [ˌekspəˈzɪʃən]

Partie d'une pièce dans laquelle se situe la présentation des éléments qui engendreront le conflit (personnages, situation, histoire, etc.). Elle se situe en général au début du premier acte. L'exposition n'est pas confinée au théâtre et concerne aussi bien la poésie que le roman.
Exemple : le début du premier Canto du *Don Juan* de Byron.

➢ Byron, *Don Juan*, I, 1
*I want a hero: an uncommon want,
When every year and month sends forth a new one,
Till, after cloying the gazettes with cant,
The age discovers he is not the true one;
Of such as these I should not care to vaunt,
I'll therefore take our ancient friend Don Juan.
We all have seen him, in the pantomime,
Sent to the devil somewhat ere his time.*

fable n.f. / *fable* [ˈfeɪbəl]

Le mot de fable a référé au cours des siècles à des variantes d'un même genre. Cité par Aristote comme étant l'un des six éléments de la tragédie, il fut d'abord synonyme d'histoire racontée oralement, aux sujets malicieux. Il en est ensuite venu à ne plus connoter qu'un récit imaginaire, souvent mythologique, habité par la présence des dieux. La poésie épique transforma la fable en récit structuré autour d'aventures, et c'est La Fontaine qui fixa le genre en faisant des écrits d'Ésope des fictions animalières débouchant chacune sur une moralité (*moral*) supposée parler à l'âme ou, du moins, éveiller l'esprit.

La fable littéraire met en scène des créatures en général non humaines aux prises avec des problèmes qui, eux, pastichent ou caricaturent les relations entre les hommes (avec, parfois, beaucoup d'humour).

Exemple : cette fable de James Thurber, *The Peacelike Mongoose*, mettant en scène une mangouste qui, contrairement à Socrate, n'eut pas à boire la ciguë.

➢ James Thurber, *The Peacelike Mongoose*

In cobra country a mongoose was born one day who didn't want to fight cobras or anything else. The word spread from mongoose to mongoose that there was a mongoose who didn't want to fight cobras. If he didn't want to fight anything else, it was his own business, but it was the duty of every mongoose to kill cobras or be killed by cobras.

"Why?" asked the peacelike mongoose, and the word went around that the strange new mongoose was not only pro-cobra and anti-mongoose but intellectually curious and against the ideals and traditions of mongooism.

La pauvre mangouste est alors accusée d'être malade, lâche, mangousexuelle, est dite avoir rampé comme les cobras, avoir comploté contre son pays.

Face à l'impossibilité de convaincre son peuple de son innocence, la mangouste est condamnée.

"I am trying to use reason and intelligence," said the strange new mongoose.
"Reason is six-sevenths of treason," said one of his neighbors.
"Intelligence is what the enemy uses," said another.
Finally, the rumor spread that the mongoose had venom in his sting, like a cobra, and he was tried, convicted by a show of paws, and condemned to banishment.

Et Thurber de conclure :

Moral: Ashes to ashes, and clay to clay, if the enemy doesn't get you your own folks may.

fabliau n.m. / *fabliau* [ˈfæblɪəʊ]

Forme poétique médiévale, irrespectueuse de la tradition courtoise, dans laquelle le récit, réaliste et satirique, appelle le rire. Composé en octosyllabes à rime plate (*flat rhyme*), le fabliau met en scène des personnages de toute appartenance sociale plongés dans des situations scabreuses qui vont du macabre au paillard en passant par le scatologique et le grivois. Le fabliau ne survécut pas après le XIVe siècle mais influença des auteurs tels que Rabelais, Molière ou Voltaire, voire Boccace et Chaucer.

facétie n.f. / *facetiae* [fə'siːʃɪə]
Discours ou action qui oscille entre la plaisanterie et la bouffonnerie (*buffoonery*).

faille n.f. / *flaw* [flɔː] or *hamartia* [hæ'mɑːʃɪə]
Talon d'Achille du héros de la tragédie. Alors que le héros souffre d'un revers de fortune, il est conduit à sa chute par une faille dans son caractère, une erreur de jugement, l'ignorance, son *hamartia* (du grec « errer »).

faire-valoir n.m. / *foil* [fɔɪəl]
Se dit d'un personnage dont les traits de caractère ou les actions contrastent fort avec ceux du héros et par là même, mettent ce dernier en valeur.
☞ Laertes dans *Hamlet*.

fantaisie n.f. / *fantasy* ['fæntəsǀi]
Le mot en français fut longtemps un synonyme d'imagination, d'esprit, de pensée originale. C'est en peinture qu'il prend un sens voisin de celui qu'il a en anglais, désignant une œuvre dictée par les caprices et l'imagination de l'artiste et faisant généralement fi des règles de composition classiques. En anglais, le mot, appliqué à la littérature, décrit des œuvres ayant pour cadre un monde irréel peuplé de personnages extravagants. La trilogie de Tolkien, *The Lord of the Rings*, est un exemple de *fantasy novel*.

fantastique n.m. / *supernatural* [ˌsuːpə'nætʃər‿əl]
La littérature fantastique est un genre qui peuple l'écriture d'éléments surnaturels : fantômes, esprits, revenants, magie, démons et merveilles, créatures fantasmagoriques venues du passé mythique ou de la construction imaginaire de l'au-delà ou du futur. Ce genre peut inclure les contes de fées, la science-fiction, le roman gothique, et se décline sous toutes les formes : nouvelle, roman, théâtre, poésie. Il repose sur une translation d'un ou plusieurs des éléments propres à la facture du réel (à partir de la situation zéro énonciative définie par le je-ici-maintenant) en installant une rupture déictique entre le signifiant des mots et la référence qu'ils convoquent habituellement. Ce que montre le texte fantastique n'appartient pas à l'univers de référence du lecteur et relève de la construction imaginaire d'une nouvelle représentation à partir de segments aux signifiés connus mais dont la mise en réseau inattendue crée l'effet d'étrangeté et de rupture.

Cette rupture peut être épisodique ou continue, surgir de façon impromptue au détour du texte (par exemple chez Poe) ou participer de la création d'un univers fantastique englobant la totalité de l'écriture (par exemple chez Lovecraft ou De La Mare).

farce n.f. / *farce* [fɑːs], *farcical*

La farce, mot appartenant à l'origine au vocabulaire culinaire, désigne une œuvre (souvent une comédie que l'anglais étiquetterait *low comedy* ou *slapstick comedy*) truffée d'éléments appelant le rire franc, voire le fou rire. Les plaisanteries y manquent de raffinement, le ridicule, la bouffonnerie, la bastonnade, les jeux de mains (*horseplay*), l'exagération, la répétition, la caricature, le grotesque en sont les ingrédients habituels.

☞ *La Farce de Maître Pathelin*, 1469.

fatalité n.f. / *fate* [feɪt]

Enchaînement d'éléments sur lequel l'humain ne peut agir. La fatalité est liée au destin, au déterminisme et à la nécessité et présente le plus souvent un caractère néfaste. Elle est associée dans la tragédie à des forces surnaturelles qui gouvernent la destinée de l'homme et l'empêchent d'exercer un contrôle salutaire sur sa vie. Elle s'ancre généralement dans l'*hamartia*, la faille tragique qui provoque la chute du héros. Cette fatalité se présente aussi sous les traits de Némésis (*Nemesis*), déesse de la justice et de la vengeance divines.

⇨ hubris / *hubris*

Faust, mythe de ~ / *Faust* [faʊst] or *Faustus* ['faʊstəs]

Les origines du mythe de Faust restent obscures. Un certain Johann Georg Faust (1480-1540 environ), réputé magicien et doté d'une culture scientifique hors du commun, aurait été poursuivi et condamné pour sorcellerie et collusion avec le Diable. Ce personnage servit de base à la constitution du mythe popularisé par Marlowe dans sa *Tragical History of Dr Faustus* à la fin du XVIe siècle et repris par Goethe à la fin du XVIIIe siècle, faisant du destin de Faust une allégorie du destin de l'Homme.

Que le docteur Faust vende son âme au diable pour s'assurer la jeunesse éternelle ou accéder à la connaissance universelle, il est voué aux tourments éternels. Dans le second Faust de Goethe, Dieu sauve cependant Faust de l'enfer au moment où il renie Satan. Le mythe fut mis en musique par Berlioz (*La Damnation de Faust*) avant que Gounod n'en fasse le sujet d'un opéra.

Le personnage de Faust transgresse les lois et la morale, renie sa foi, et souille la pureté de Marguerite, la conduisant à la mort. Son châtiment est exemplaire et la morale toujours sauve.

De nombreux auteurs ont utilisé ce mythe directement ou indirectement, de façon allusive. Il structure par exemple *The Picture of Dorian Gray*, d'Oscar Wilde.

➤ Oscar Wilde, *The Picture of Dorian Gray*, chap. II

'How sad it is!' Murmured Dorian Gray, with his eyes still fixed upon his own portrait. 'How sad it is! I shall grow old, and horrible, and dreadful. But this picture will remain always young. It will never be older than this particular day of June... If it were only the other way! If it was I who was to be always young, and the picture that was to grow old! For that —for that— I would give everything! Yes, there is nothing in the whole world I would not give! I would give my soul for that!'

F

fées n.f., conte n.m. de ~ / *fairy tale* ['feəri teɪəl]

Les contes de fées appartiennent à la littérature populaire (*folk literature*) et participaient à l'origine de la tradition orale. Ce sont les frères Grimm qui les premiers les ont recensés sous forme écrite.

Le conte de fées se nourrit de plusieurs ingrédients, la présence d'un héros ou d'une héroïne, l'aventure, le surnaturel, la magie et les charmes, et il se finit toujours bien, les héros vivant heureux pour le restant de leurs jours en ayant en général... beaucoup d'enfants (*they lived happily ever after*).

Dans *La Morphologie du Conte*, Vladimir Propp a répertorié les caractéristiques fondamentales structurant le conte merveilleux. Il divise en sept tableaux la facture du conte (hors fonctions des personnages) et les définit comme suit (conclusion de l'ouvrage, résumé de l'appendice 1) :

Tableau 1 : situation initiale (cadre spatio-temporel, problématique, introduction du héros et du faux héros).

Tableau 2 : partie préparatoire (interdiction, éloignement, transgression de l'interdiction, agression, tromperie, méfaits, réaction du héros).

Tableau 3 : le nœud de l'intrigue (méfait, transition, entrée en scène du héros, envoi et départ du héros).

Tableau 4 : les donateurs (le donateur, la transmission de l'objet magique, la réaction du héros, le don).

Tableau 5 : de l'entrée en scène de l'auxiliaire à la fin de la première séquence (l'auxiliaire, l'objet magique, le transfert, l'arrivée, seconde entrée en scène de l'agresseur, puis de la princesse, objet de la quête, combat contre l'agresseur, victoire sur ce dernier, le faux héros, réparation du méfait, poursuite et secours).

Tableau 6 : début de la seconde séquence (du nouveau méfait jusqu'au retour).

Tableau 7 : suite de la seconde séquence (arrivée incognito, prétentions du faux héros, tâche, reconnaissance du vrai héros, découverte du faux héros, transfiguration, châtiment, mariage, montée sur le trône).

féminine, rime ~ / *feminine rhyme* ['femənɪn raɪm]

Rime située en fin de vers sur une syllabe (ou deux) ne portant pas l'accent. Ce défaut d'accentuation se rencontre également dans l'anacrouse (*anacrusis*), qui implique la présence en début de vers d'une telle syllabe (parfois deux). Si une syllabe inaccentuée excédentaire est en fin de vers, l'anglais parle de *feminine ending*.

En tant que telle, la syllabe inaccentuée n'intervient pas, la plupart du temps, dans le décompte métrique du vers. La césure féminine (*feminine caesura*) se situe, elle, après une syllabe également inaccentuée.

La rime féminine peut être utilisée pour symboliser la thématique générale d'un poème et transcrire l'attachement à la femme.

➢ Shakespeare, *Sonnet XX*
A woman's face with nature's own hand painted,
Hast thou, the master mistress of my passion;
A woman's gentle heart, but not acquainted
With shifting change, as is false women's fashion:
An eye more bright than theirs, less false in rolling,

Gilding the object whereupon it gazeth;
A man in hue all hues in his controlling,
Which steals men's eyes and women's souls amazeth.
And for a woman wert thou first created;
Till Nature, as she wrought thee, fell a-doting,
And by addition me of thee defeated,
By adding one thing to my purpose nothing.
But since she prick'd thee out for women's pleasure,
Mine be thy love and thy love's use their treasure.

ficelle n.f. / *ficelle*

Ce mot est utilisé par Henry James pour désigner un personnage secondaire, une « roue du carrosse, jamais invitée à monter dedans », dont le rôle accessoire de confident permet l'apport d'informations au lecteur, sans qu'intervienne le narrateur. Voici comment James lui-même la décrit, dans cet extrait de sa préface à *The Embassadors*.

> ➢ Henry James, *The Embassadors* (1903)
> *The "ficelle" character of the subordinate party is as artfully dissimulated, throughout, as may be, and to that extent that, with the seams or joints of Maria Gostrey's ostensible connectedness taken particular care of, duly smoothed over, that is, and anxiously kept from showing as "pieced on;" this figure doubtless achieves, after a fashion, something of the dignity of a prime idea: which circumstance but shows us afresh how many quite incalculable but none the less clear sources of enjoyment for the infatuated artist, how many copious springs of our never-to-be-slighted "fun" for the reader and critic susceptible of contagion, may sound their incidental plash as soon as an artistic process begins to enjoy free development. Exquisite—in illustration of this— the mere interest and amusement of such at once "creative" and critical questions as how and where and why to make Miss Gostrey's false connexion carry itself, under a due high polish, as a real one. Nowhere is it more of an artful expedient for mere consistency of form, to mention a case, than in the last "scene" of the book, where its function is to give or to add nothing whatever, but only to express as vividly as possible certain things quite other than itself and that are of the already fixed and appointed measure. Since, however, all art is EXPRESSION, and is thereby vividness, one was to find the door open here to any amount of delightful dissimulation. These verily are the refinements and ecstasies of method —amid which, or certainly under the influence of any exhilarated demonstration of which, one must keep one's head and not lose one's way.*

fiction n.f. / *fiction* ['fɪkʃən]

Liée à l'imagination et l'invention, la fiction est une forme de discours attachée plus particulièrement au roman et à la nouvelle, qui fait référence à un univers proche de celui du lecteur dans lequel sont intégrés des personnages et événements non réels.

⇨ science-fiction / *science fiction*

figuratif / *figurative language* [ˈfɪgərətɪv ˈlæŋgwɪdʒ]

Il se différencie du langage littéral (*literal language*) dans lequel le signifiant réfère directement au signifié par dénotation. Le langage figuratif est chargé de connotations véhiculées par des figures qui convoquent des représentations particulières, destinées à coïncider avec celles que l'auteur se donne dans le contexte de l'écriture.

figure de style n.f., trope n.f. / *figure of speech* [ˈfɪɡlə] [spiːtʃ], *trope*

Construction particulière qui produit un effet de signification différent du sens littéral des mots ou expressions qui la composent. T. Todorov dissocie figure et trope dans *Synecdoques*.

> ➢ Tzvetan Todorov, *Synecdoques* (1970)
> *Fontanier est un des rares à être conscient de la différence entre les deux opérations ; il définit les tropes comme la substitution d'un signifié à un autre, le signifiant restant identique ; et les figures, comme la substitution d'un signifiant à un autre, le signifié étant le même.*

Elles peuvent néanmoins être classées de différentes façons. Les classements qui suivent sont indicatifs.
Tout d'abord de façon fonctionnelle.
Exemple, en extrayant les figures de répétition.
Figures de répétition (*figures of repetition*) : la répétition est une technique utilisée pour marquer le discours de façon emphatique ou émotionnelle. Les figures de style qui la mettent en œuvre sont nombreuses et vous trouverez la définition de la plupart d'entre elles dans ce glossaire. Pour mémoire, elles peuvent être globalement réparties en quatre catégories :

- **la répétition partielle** : lettres, sons ou syllabes sont itérés, par exemple dans l'allitération, l'assonance, la consonance, l'*homoioteleuton* (des mots adjacents ont la même terminaison), le *paroemion* (tous les mots d'une phrase commencent par la même consonne), la *paromoiosis* (construction sonore parallèle de deux phrases) ;
- **la répétition de mots** : par exemple, l'anadiplose, l'anaphore, l'antanaclase, la diacope, l'épanalepse, l'épistrophe, l'épizeugsis, la mésodiplose, le polyptoton (répétition par synonymie) ;
- **la répétition de propositions ou de phrases** : par exemple, l'anaphore, l'épistrophe, l'isocolon (segments de même longueur et de même structure) ;
- **la répétition d'idées** : par exemple, la disjonction (répétition d'une idée par plusieurs verbes dans des propositions enchaînées), l'épimone, l'homiologie, l'hypozeugsis, la palilogie (véhicule de la passion), le pléonasme, la scesis, proche de la tautologie.

Le classement peut aussi être morphosyntaxique. Par exemple : les figures concernant les sons, regroupées en métaplasmes (altération de la structure sonore théorique du mot), les figures de construction, les tropes, les figures de pensée ou encore de comparaison ou d'amplification. Certaines de ces catégories fusionnent avec les catégories fonctionnelles car leurs éléments structurels incluent déjà un sémantisme à portée fonctionnelle.

Figures de son :
- **inclusion de phonèmes** : l'anaptyxe, l'épenthèse, la gémination, la paragoge, la paremptose, la prosthèse ;
- déplacement de phonèmes : la métathèse ;
- **disparition de phonèmes** : l'apocope, l'aphérèse, la crase, la synalèphe, la syncope, la synérèse.

Figures de construction : l'anacoluthe, l'aposiopèse, l'asyndète, la brachylogie, l'ellipse, la tmèse, la syllepse, le zeugme.

Figures de mots, ou tropes : l'antonomase, la catachrèse, l'hypallage, la métonymie, la synecdoque.

Figures de pensée : l'apostrophe, la circonlocution, la concession, l'exclamation, l'interjection, l'interrogation, la périphrase, la prolepse, la prosopopée, la réfutation.

Figures de comparaison : l'allégorie, l'analogie, l'antimétathèse, l'apologue, le cliché, la comparaison, la métaphore, le poncif.

Figures d'amplification ou d'atténuation : l'allusion, l'euphémisme, la gradation, l'hyperbole, la litote.

flashback / *flashback* [ˈflæʃ bæk]

Anglicisme désignant une interruption de la séquence chronologique narrative et provoquant un retour en arrière de forme analeptique apportant généralement des informations manquant à la compréhension de la trame narrative ou des motivations d'un personnage. Ce procédé peut présider à la facture structurelle d'une œuvre entière, comme par exemple *The Handmaid's Tale* de Margaret Atwood (1985), où il est renforcé par une mise en abyme systématique des récits enchâssés les uns dans les autres.

focalisation n.f. / *point of view, focalization*

Le terme de focalisation, dérivé de l'anglais *focus of narration*, a été largement commenté par G. Genette dans *Figures III* (chap. 4, « Mode »). Il y décrit trois grands types de point de vue, la focalisation zéro, la focalisation interne et la focalisation externe.

Focalisation zéro (*zero focalisation*) : en focalisation zéro, le narrateur est omniscient et les personnages sont décrits de l'extérieur. Genette émet cependant une restriction face à cet absolu :

➢ Gérard Genette, *Figures III* (1972), 208-209
Le partage entre focalisation variable et non-focalisation est parfois bien difficile à établir, le récit non focalisé pouvant le plus souvent s'analyser comme un récit multifocalisé ad libitum, selon le principe qui peut le plus peut le moins (n'oublions pas que la focalisation est essentiellement, selon le mot de Blin, une restriction).

Focalisation interne (*internal focalisation*) : la focalisation interne inscrit le point de vue narratif dans un personnage (*focalizer*), et correspond donc à un point de vue restreint qui implique que le narrateur ne voit qu'avec le personnage. Genette requalifie également cette constante pour lui difficile à envisager sans restrictions en dehors du monologue intérieur.

➢ Gérard Genette, *Figures III* (1972)
Le principe même de ce mode narratif implique en toute rigueur que le personnage focal ne soit jamais décrit, ni même désigné de l'extérieur, et que ses pensées ou ses perceptions ne soient jamais analysées objectivement par le narrateur. [...] Jean Pouillon relève fort bien ce paradoxe quand il écrit que dans la « vision avec », le personnage est vu « non dans son intériorité, car il faudrait que nous en sortions alors que nous nous y absorbons, mais dans l'image qu'il se fait des autres, en quelque sorte en transparence dans cette image. [...] la vision en image des autres n'est pas une conséquence de la vision « avec » du personnage central, c'est cette vision « avec » elle-même ». [...] Le critère minimal [pour qu'il y ait focalisation interne] [...] c'est la possibilité de réécrire le segment narratif considéré (s'il ne l'est déjà) à la première personne sans que cette opération entraîne « aucune autre altération du discours que le changement même des pronoms grammaticaux ».

Focalisation externe (*external focalisation*) : la focalisation externe permet la description d'un personnage vu du dehors par un narrateur qui ignore ses véritables pensées et en sait donc moins que lui. Il est alors impossible de retranscrire le texte qui parle de lui à la première personne. Ce point de vue peut être marqué par la présence de verbes ou adverbes à sémantisme modal (sembler, apparemment) ou par des modaux à fonctionnement principalement épistémique (*must, may, might*) qui marquent le commentaire et l'incertitude du narrateur.

folklore n.m. / *folklore* [ˈfəʊk lɔː]

Le folklore, comme son nom l'indique, est d'origine populaire. Ce mot désigne l'ensemble des chants, ballades, proverbes et autres légendes transmis oralement par des gens pour la plupart illettrés. Le français a fait évoluer le mot vers une représentation plus étroite, confinée aux danses et coutumes collectives culturelles spécifiques des régions françaises.

fonction n.f. / *function* [ˈfʌnkʃən]

Le mot recouvre une multiplicité de sens selon le contexte dans lequel il s'applique, mais il désigne toujours le rôle joué par un élément dans un ensemble structuré.

Il sera ici d'abord considéré dans le sens que lui donne Barthes dans *L'Analyse structurale des récits*, à savoir comme une unité de contenu. Barthes distingue deux grandes classes de fonctions, les fonctions distributionnelles et les fonctions intégratives. Les premières sont horizontales et font correspondre à un événement A un corrélat B attendu dès que se manifeste A. Les secondes sont verticales et intègrent les « indices » ou informations périphériques.

Une fonction peut donc être définie par rapport au rôle qu'elle joue dans l'ensemble construit par la narration.

Fonctions du langage : ce sont les finalités de l'activité langagière, la première étant la fonction de communication (référentielle ou cognitive) qui se matérialise sous différentes formes selon ce qu'elle veut exprimer (interrogation, injonction, assertion).

La classification des fonctions langagières revient à Jakobson qui analyse la communication en termes de transmission dans un contexte donné d'un énoncé

partant d'un émetteur vers un récepteur par le biais d'un canal (oral, écrit, graphique, etc.) en utilisant un code commun aux deux qui permette l'échange. Il distingue ainsi six fonctions essentielles (*Essais de linguistique générale*) :
- la fonction référentielle (ou dénotative, ou cognitive), centrée sur le référent ;
- la fonction expressive (ou émotive), centrée sur l'émetteur ;
- la fonction conative, centrée sur le récepteur et supposée l'inviter à l'action ou la réaction ;
- la fonction phatique, centrée sur la mise en contact ou le maintien du contact entre émetteur et récepteur ;
- la fonction métalinguistique, centrée sur le dire lui-même ;
- la fonction poétique dans laquelle le message se centre sur lui-même en tant qu'objet esthétique.

forme n.f. / *form* [fɔːm]

Le terme de forme est souvent considéré comme synonyme de structure issue d'un système de signes. E. Benvéniste (*Problèmes de linguistique générale*, 1966) distingue entre les deux un troisième terme qui est celui de fonction : « Ce qui donne à la forme le caractère d'une structure est que les parties constituantes remplissent une *fonction* ».
Ainsi, il récuse la dissociation habituelle de la forme et du sens.

➢ E. Benvéniste, *Problèmes de linguistique générale*, I, 22, 126-127
Forme et sens doivent se définir l'un par l'autre et ils doivent ensemble s'articuler dans toute l'étendue de la langue. Leurs rapports nous semblent impliqués dans la structure même des niveaux et dans celle des fonctions qui y répondent, que nous désignons ici comme « constituant » et « intégrant ».

Quand nous ramenons une unité à ses constituants, nous la ramenons à ses éléments formels. [...] Par rapport à l'unité du mot écrit, les lettres qui le composent, prises une à une, ne sont que des segments matériels, qui ne retiennent aucune portion de l'unité. [...] Nous pouvons donc formuler les définitions suivantes :

La forme d'une unité linguistique se définit comme sa capacité de se dissocier en constituants de niveau inférieur.

Le sens d'une unité linguistique se définit comme sa capacité d'intégrer une unité de niveau supérieur.

Forme et sens apparaissent ainsi comme des propriétés conjointes, données nécessairement et simultanément, inséparables dans le fonctionnement de la langue.

Ce qu'il dit ici de la forme linguistique peut sans nul doute être translaté au niveau de la forme littéraire, expression par laquelle on entend la facture et le style d'une œuvre donnée.

Le mot « forme » est aussi utilisé comme synonyme de « genre ».

G

gare, littérature de ~ n.f. / *pulp fiction* [ˈpʌlp ˌfɪkʃən]

Ce genre populaire prit naissance vers 1920, et tire son nom anglais de la pâte à papier (pulpe) très ordinaire sur laquelle le texte était imprimé.

Aventures, horreur, romance, science fiction, roman noir, en un mot, tout ce qui peut éveiller le voyageur fatigué ou le citoyen déprimé, constitue la matière de l'ouvrage. Vendu le plus souvent dans les kiosques de gare pour une somme modique, il tira son nom français de cette localisation particulière.

Nombre d'écrivains de renom commencèrent leur carrière d'auteur en écrivant des « *pulps* » : D. Hammett, R. Chandler, F. Brown pour n'en citer que quelques-uns.

Le cinéma les fit revivre à partir des années quatre-vingts sous la forme de films noirs, films sentimentaux ou films d'horreur dans lesquels souvent s'immisce l'humour, avant que Tarantino ne fige l'expression dans une nouvelle acception.

génétique littéraire n.f. / *literary genetics* [dʒəˈnetɪks]

La génétique littéraire a vu naître ses premiers travaux dans les années soixante. Elle emprunte à la philologie l'étude des manuscrits anciens, en essayant de mettre à jour la structure archétypale du texte, mais elle est aussi redevable à l'édition critique de l'appareil qui accompagne le relevé des divers états du texte.

La génétique littéraire prend pour objet d'étude essentiel le manuscrit moderne (du XIXᵉ siècle) et les variantes de genèse inscrites par l'auteur lui-même, manifestant les différents états du texte. Son regard se porte donc sur l'avant-texte plus que sur le texte lui-même et sur les processus d'invention du texte final. Les archives de l'écrivain, carnets, brouillons, projets, deviennent alors des éléments-clés permettant d'approcher l'esthétique finale de l'œuvre.

La génétique littéraire s'intéresse essentiellement au « comment écrire », à l'écrivain aux prises avec ses incertitudes et ses hésitations, à l'univers des possibles qui s'origine dans son avant-texte. C'est une sorte d'échographie continue de l'œuvre littéraire en gestation, du texte en devenir, une mémoire de l'écriture.

Certains écrivains tentent eux-mêmes de retracer cette genèse du texte, tel E.A. Poe étudiant sa composition de « The Raven » dans « The Philosophy of Composition », *Graham's Magazine*.

➢ Edgar A. Poe, « The Philosophy of Composition », *Graham's Magazine*, pp. 163-167 (avril 1846)

I am aware, on the other hand, that the case is by no means common, in which an author is at all in condition to retrace the steps by which his conclusions have been attained. In general, suggestions, having arisen pell-mell, are pursued and forgotten in a similar manner.

For my own part, I have neither sympathy with the repugnance alluded to, nor, at any time, the least difficulty in recalling to mind the progressive steps of any of my compositions; and, since the interest of an analysis, or reconstruction, such as I have considered a desideratum, is quite independent of any real or fancied interest in the thing analysed, it will not be regarded as a breach of decorum on my part to show the modus operandi by which some one of my own works was put together. I select "The Raven" as most generally known. It is my design to render it manifest that no one point in its composition is referrible either to accident or intuition —that the work proceeded step by step, to its completion with the precision and rigid consequence of a mathematical problem.

Let us dismiss, as irrelevant to the poem per se, the circumstance —or say the necessity— which, in the first place, gave rise to the intention of composing a poem that should suit at once the popular and the critical taste.

genre n.m. / *genre* [ˈʒɒnrə]

Le mot, repris par l'anglais, désigne une forme d'œuvre littéraire reconnaissable à certains traits formels que la Renaissance avait érigés en règles absolues de composition.

L'épopée, la tragédie, la comédie, la satire, le roman, la poésie, la nouvelle, l'essai, la pastorale sont des exemples de genres.

L'anglais a développé une approche particulière de la littérature appelée *Gender criticism* qui étudie la façon dont les cultures construisent socialement les comportements des femmes et des hommes, la sexualité, et leurs représentations.

géorgique(s) / *georgic* [ˈdʒɔːdʒɪk]

Les *Géorgiques* de Virgile ont donné naissance à une forme poétique dite géorgique dont le sujet essentiel concerne les travaux champêtres. Les poèmes géorgiques sont de nature didactique et enseignent l'art de l'économie rurale (*husbandry*). Ils s'intègrent dans ce qu'il est coutume d'appeler la littérature rustique ou agricole.

➢ James Thomson (1700-1748), « Summer », *The Seasons*, v. 352-370

Now swarms the village o'er the jovial mead;
The rustic youth, brown with meridian toil,
Healthful and strong; full as the summer-rose
Blown by prevailing suns, the ruddy maid,
Half-naked, swelling on the sight, and all
Her kindled graces burning o'er her cheek.
Even stooping age is here; and infant-hands
Trail the long rake, or with the fragrant load
O'ercharg'd, amid the kind oppression roll.
Wide flies the tedded grain; all in a row
Advancing broad, or wheeling round the field,
They spread the breathing harvest to the sun
That throws refreshful round a rural smell;
Or, as they rake the green-appearing ground,
And drive the dusky wave along the mead,
The russet hay-cock rises thick behind,
In order gay: while, heard from dale to dale,
Waking the breeze, resounds the blended voice
Of happy labour, love, and social glee.

G

gestus n.m. / *gestus* [ˈdʒestəs]

Le terme fut introduit par G.E. Lessing en 1767 et repris par Brecht qui en fit un élément essentiel de son esthétique théâtrale. Ce mot effectue le lien entre le geste (*gesture*) et la motivation essentielle (*gist*) qui engendre le geste. Pour Brecht, l'acteur doit traduire au travers de la position de son corps son attitude face à la situation dans laquelle il se trouve, forçant ainsi son identification avec le personnage. Cette conception du jeu théâtral demande à l'acteur d'intégrer et même, au sens propre du mot, d'incorporer dans la représentation physique du personnage attitude sociale et jugement. Elle permet de mettre à jour le lien entre concret et abstrait, action et symbole, manifesté par la dialectique des comportements, des contradictions des personnages. Le langage lui-même devient gestus, intégrant rythme, pauses, parallèles ou contrepoints dans le texte théâtral voire dans les chansons qui l'émaillent. Le spectateur est quant à lui souvent mis au fait de l'événement par des sous-titre anticipatoires projetés sur écran, avant même que l'événement ne soit représenté sur la scène, afin qu'il puisse le recevoir de façon adéquate.

gnome n.m. / *gnome* [nəum] *or* gnomon [ˈnəumɒn]

Au sens premier du terme, le gnome était, dans le système cabaliste, un esprit attaché à la terre, souvent représenté dans les contes pour enfants sous les traits d'un petit vieillard rabougri au chapeau pointu.

Le sens littéraire de ce mot en a fait un équivalent de l'aphorisme. La poésie gnomique (*gnomic verse*) était composée de maximes ou de sentences traduisant sous forme poétique les principes et devoirs de la vie.

Comme par exemple, les *Sentences* de Théognis de Mégare (VIe siècle avant notre ère) dont voici une maxime.

➤ Théognis de Mégare, *Sentences*
   Le jugement est ce qu'il y a de meilleur dans l'homme,
   et le défaut de jugement ce qu'il y a de pire.

Ou encore celles de Francis Quales, extraites du *Book of Emblemes*.

➤ Francis Quales, *Book of Emblemes* (1633)
   If thy words be too luxuriant, confine them, lest they confine thee. He that thinks he can never speak enough, may easily speak too much. A full tongue and an empty brain are seldom parted.
   If thou desire to purchase honor with thy wealth, consider first how that wealth became thine; if thy labor got it, let thy wisdom keep it; if oppression found it, let repentance restore it; if thy parent left it, let thy virtues deserve it; so shall thy honor be safer, better and cheaper.
   Read not books alone, but men, and amongst them chiefly thyself. If thou find anything questionable there, use the commentary of a severe friend rather than the gloss of a sweet lipped flatterer; there is more profit in a distasteful truth than in deceitful sweetness.
   Idleness is the Dead Sea that swallows all the virtues, and is the self-made sepulcher of a living man.

En grammaire, le présent gnomique (aoriste gnomique / *gnomic aorist*) est utilisé dans les énoncés faisant référence à une expérience à valeur générale transcendant le temps.

goliardique, poésie ~ / *goliardic verse* [gəʊlɪ'aːdɪk]

L'adjectif dérive de l'ancien français *goliart*, synonyme de glouton, débauché. Au Moyen Âge, ce mot désignait un étudiant au cynisme provocateur et à la gaieté manifeste. Les goliards dénonçaient les abus de l'Église et se faisaient les avocats du *Carpe Diem*.

Les poèmes goliardiques étaient composés de strophes de quatre vers satiriques de treize syllabes, à rime féminine. Se rattachant à cette tradition, un poème latin du XIIe siècle, *Carmina Burana*, met en scène un abbé de Cockayne, apôtre de la bonne chère, dont l'abbaye défie toutes les règles de la vie monastique habituelle, comme le montre cet extrait traduit en anglais contemporain.

> Anonyme, *Carmina Burana*
> *Far out to sea and west of Spain*
> *There is a country named Cockaygne.*
> *No place on earth compares to this*
> *For sheer delightfulness and bliss.*
> *Though Paradise is fair and bright,*
> *Cockaygne is a finer sight.*
> *In Paradise what's to be seen*
> *But grass and flowers and branches green?*
> *Though paradisal joys are sweet,*
> *There's nothing there but fruit to eat;*
> *No bench, no chamber, and no hall,*
> *No alcoholic drink at all.*
> *Its inhabitants are few,*
> *Elijah, Enoch —just the two;*
> *They must find it boring there*
> *Without more company to share.*
> *But Cockaygne offers better fare,*
> *And without worry, work, or care;*
> *The food is good, the drink flows free*
> *At lunchtime, suppertime, and tea.*
> *It's true without a doubt, I swear,*
> *No earthly country could compare;*
> *Under heaven no land but this*
> *Has such abundant joy and bliss.*

gongorisme n.m. / *gongorism* ['gɒngərɪzm]

Ce mot est dérivé du nom d'un poète espagnol du XVIIe siècle, Gongora (1561-1627) et décrit un style précieux dans lequel la recherche des figures et autres procédés d'embellissement et d'affectation rend le texte parfois obscur. Ce style a aussi présidé à la facture de gloses poétiques dans lesquelles la dénotation cède le pas à la métaphore, souvent situationnelle ou fonctionnelle, par exemple : le balai y

G

devient l'instrument de la propreté ; la chandelle, un supplément du soleil ; le chapeau, l'affronteur des temps ; la cheminée, l'empire de Vulcain.

gothique, roman ~ n.m. / *gothic novel* ['gɒθɪk]

Le roman gothique puise ses sources dans le roman anglais *The Castle of Otranto* d'Horace Walpole, aristocrate érudit du XVIIIe siècle, qui fit de la mort et de l'horreur les composantes d'une esthétique nouvelle dans laquelle les cimetières et les ruines partagent la vedette avec les sacrifices, le sang, le grotesque, les êtres fantomatiques, revisitant parfois les scènes médiévales ou les mythes littéraires fondateurs. Le genre n'est pas limité au roman ; la nouvelle et la poésie lui ont aussi donné ses lettres de noblesse.

Par exemple, cet extrait de *Vathek*, de William Beckford, réécriture gothique du mythe de Faust.

> William Beckford, *Vathek*
> *but, lo! on a sudden the clear blue sky appeared streaked over with streams of blood, which reached from the valley even to the city of Samarah. As this awful phenomenon seemed to touch his tower, Vathek at first thought of re-pairing thither to view it more distinctly, but feeling himself unable to advance, and being overcome with apprehension, he muffled up his face in his robe.*
>
> *Terrifying as these prodigies were, this impression upon him was no more than momentary, and served only to stimulate his love of the marvellous. Instead, therefore, of returning to his palace, he persisted in the resolution of abiding where the Indian vanished from his view. One night, however, while he was walking as usual on the plain, the moon and the stars at once were eclipsed, and a total darkness ensued; the earth trembled beneath him, and a voice came forth, the voice of the Giaour, who, in accents more sonorous than thunder, thus addressed him: "Wouldest thou devote thyself to me? Adore then the terrestrial influences, and abjure Mahomet. On these conditions I will bring thee to the palace of subterranean fire; there shalt thou behold in immense depositories the treasures which the stars have promised thee, and which will be conferred by those Intelligences whom thou shalt thus render propitious. It was from thence I brought my sabres, and it is there that Soliman Ben Daoud reposes, surrounded by the talismans that control the world."*
>
> *The astonished Caliph trembled as he answered, yet in a style that showed him to be no novice in preternatural adventures: "Where art thou? be present to my eyes; dissipate the gloom that perplexes me, and of which I deem thee the cause; after the many flambeaux I have burnt to discover thee, thou mayst at least grant a glimpse of thy horrible visage."*
>
> *"Abjure, then, Mahomet," replied the Indian, "and promise me full proofs of thy sincerity, otherwise thou shalt never behold me again."*
>
> *The unhappy Caliph, instigated by insatiable curiosity, lavished his promises in the utmost profusion. The sky immediately brightened; and by the light of the planets, which seemed almost to blaze, Vathek beheld the earth open, and at the extremity of a vast black chasm, a portal of ebony, before which stood the Indian, still blacker, holding in his hand a golden key that caused the lock to resound.*

"How," cried Vathek, "can I descend to thee without the certainty of breaking my neck? come, take me, and instantly open the portal."

"Not so fast," replied the Indian, "impatient Caliph! Know that I am parched with thirst, and cannot open this door till my thirst be thoroughly appeased. I require the blood of fifty of the most beautiful sons of thy vizirs and great men, or neither can my thirst nor thy curiosity be satisfied. Return to Samarah, procure for me this necessary libation, come back hither, throw it thyself into this chasm, and then shalt thou see!"

grotesque n.m. / *grotesque* [grəʊˈtesk]

À l'origine, ce terme, grotesques, (employé au féminin pluriel) désigne des arabesques fantasques, irrégulières, retrouvées sur des monuments anciens, contrefaisant la nature de manière outrée.

L'adjectif est ensuite devenu synonyme de bizarre, étrange, ridicule et a connoté le pouvoir de la représentation grotesque de susciter le rire. Le grotesque a alors renvoyé à un comique reposant sur la subversion et la déformation d'éléments naturels ou sociaux. Les diverses composantes de la nature, animale, végétale, humaine sont confondues pour donner naissance à des êtres monstrueux.

➢ Jérôme Bosch, *La Nef des Fous* (c. 1494)

Alors que le grotesque de la renaissance était un personnage menaçant, celui du romantisme révèle les profondeurs secrètes de l'existence et appartient de plain pied à la catégorie du laid, en opposition au sublime. Son existence même remet en question les catégories sur lesquelles se fondent les représentations. Le réalisme grotesque tel que le dépeint Bakhtine rabaisse tout ce qui est élevé, spirituel, idéal sur le plan matériel et corporel, rapprochant ainsi l'homme de la terre et de son humanité essentielle. Dans cette conception, c'est l'esprit comique, le rire populaire, qui fondent l'esthétique du grotesque en consacrant le corps dans sa matérialité et ses fonctions naturelles.

La difformité, la caricature, l'outrance, l'étrangeté, la carnavalisation, la transgression des frontières entre homme, animal et nature, entre haut et bas, entre comique et tragique, sont autant de constituants du grotesque que Jérôme Bosch exalta dans *la Nef des Fous*.

Voici quelques extraits de la « Préface » de *Cromwell*, dans laquelle Victor Hugo décrit ce qu'est pour lui le rôle du grotesque en littérature.

➢ Victor Hugo, « Préface » de *Cromwell*

Dans la pensée des Modernes, au contraire, le grotesque a un rôle immense. Il y est partout ; d'une part, il crée le difforme et l'horrible ; de l'autre, le comique et le bouffon. Il attache autour de la religion mille superstitions originales, autour de la poésie mille imaginations pittoresques. C'est lui qui sème à pleines mains dans l'air, dans la terre, dans l'eau, dans le feu, ces myriades d'êtres intermédiaires que nous retrouvons tout vivants dans les traditions populaires du Moyen Age ; c'est lui qui fait tourner dans l'ombre la ronde effrayante du sabbat, lui encore qui donne à Satan les cornes, les pieds de bouc, les ailes de chauve-souris. C'est lui, toujours lui, qui tantôt jette dans l'enfer chrétien ces hideuses figures qu'évoquera l'âpre génie de Dante et de Milton, tantôt le peuple de ces formes ridicules au milieu desquelles se jouera Callot, le Michel-Ange burlesque. Si du monde idéal il passe au monde réel, il y déroule d'intarissables parodies de l'humanité. Ce sont des créations de sa fantaisie, que ces Scaramouches, ces Crispins, ces Arlequins, grimaçantes silhouettes de l'homme, types tout à fait inconnus à la grave Antiquité, et sortis pourtant de la classique Italie. C'est lui enfin qui, colorant tour à tour le même drame de l'imagination du Midi et de l'imagination du Nord, fait gambader Sganarelle autour de don Juan et ramper Méphistophélès autour de Faust. [...]

Nous dirons simplement ici que, comme objectif auprès du sublime, le grotesque est, selon nous, la plus riche source que la nature puisse ouvrir à l'art. Rubens le comprenait sans doute ainsi, lorsqu'il se plaisait à mêler à des déroulements de pompes royales, à des couronnements, à d'éclatantes cérémonies, quelque hideuse figure de nain de cour. Cette beauté universelle que l'Antiquité répandait solennellement sur tout n'était pas sans monotonie ; la même impression, toujours répétée, peut fatiguer à la longue. Le sublime sur le sublime produit malaisément un contraste, et l'on a besoin de se reposer de tout, même du beau. Il semble au contraire que le grotesque soit un temps d'arrêt, un terme de comparaison, un point de départ d'où l'on s'élève vers le beau avec une perception plus fraîche et plus excitée. La salamandre fait ressortir l'ondine ; le gnome embellit le sylphe.

Et il serait exact aussi de dire que le contact du difforme a donné au sublime moderne quelque chose de plus pur, de plus grand, de plus sublime enfin que le beau antique ; et cela doit être. [...]

En effet, dans la poésie nouvelle, tandis que le sublime représentera l'âme telle qu'elle est, épuré par la morale chrétienne, lui jouera le rôle de la bête humaine. Le premier type, dégagé de tout alliage impur, aura en apanage tous les charmes, toutes les grâces, toutes les beautés ; il faut qu'il puisse créer un jour Juliette, Desdémona, Ophélia. Le second prendra tous les ridicules, toutes les infirmités, toutes les laideurs. Dans ce partage de l'humanité et de la création, c'est à lui que reviendront les passions, les vices, les crimes ; c'est lui qui sera luxurieux, rampant, gourmand, avare, perfide, brouillon, hypocrite ; c'est lui qui sera tour à tour Iago, Tartuffe, Basile ; Polonius, Harpagon, Bartholo ; Falstaff, Scapin, Figaro. Le beau n'a qu'un type, le laid en a mille. C'est que le beau, à parler humainement, n'est que la forme considérée dans son rapport le plus simple, dans sa symétrie la plus absolue, dans son harmonie la plus intime avec notre organisation. Aussi nous offre-t-il toujours un ensemble complet, mais restreint comme nous. Ce que nous appelons le laid, au contraire, est un détail d'un grand ensemble qui nous échappe, et qui s'harmonise, non pas avec l'homme, mais avec la création tout entière. Voilà pourquoi il nous présente sans cesse des aspects nouveaux, mais incomplets.

ℋ

haïku n.m. / *haiku* [ˈhaikuː]

Le haïku est une forme poétique japonaise née au XVIe siècle. Empreinte de symbolisme taoïste, de philosophie bouddhiste zen et de mystique orientale, elle est de nature contemplative et valorise la nature, les saisons et l'émotion esthétique qui sont supposées emmener l'esprit vers les sphères de la spiritualité.

La forme est fixe (*fixed form*), un haïku comprenant dix-sept syllabes réparties sur trois vers de cinq, sept et cinq syllabes dépourvus de rimes. Elle a inspiré de nombreux poètes sur tous les continents, tout particulièrement après la Seconde Guerre mondiale.

Par exemple, le poème d'Ezra Pound, « In a Station of the Metro », inspiré par le haïku japonais.

➢ Ezra Pound, « In a Station of the Metro » (1916)
The apparition of these faces in the crowd;
Petals on a wet, black bough.

hamartia / *hamartia* [hæˈmɑːʃiːə]

Le terme d'hamartia vient des écrits d'Aristote et fait référence à la faille tragique (*tragic flaw*) qui conduit le héros à sa chute. Il désigne le point faible du personnage, en général la passion, la cupidité, la jalousie ou l'orgueil, mais ce peut être également une erreur de jugement qui, dans les circonstances particulières qu'impose le destin, déclenche la catastrophe.

happening / *happening* [ˈhæpənˌiŋ]

Terme emprunté à l'anglais et popularisé par John Cage sur la scène musicale aussi bien qu'au théâtre.

Dans le *happening*, le théâtre devient une création collective à laquelle participent acteurs et spectateurs dans l'ici et maintenant de l'improvisation.

C'est Mickael Kirby qui a le premier tenté de théoriser le *happening*. Selon lui, cette forme ne possède pas de matrice narrative qui effectue la transmission d'informations d'une unité à une autre. Le *happening* est composé d'actions de base qui n'engendrent pas de finalité fonctionnelle, qui ne réfèrent pas, et sortent ainsi du champ narratif, n'intégrant jamais le niveau de la fiction. Il exprime l'essence du quotidien, de l'absurde même, en dehors de toute relation au temps et à l'espace, dans une situation zéro rendant impossible toute représentation.

L'expérience *in vivo* du *happening* caractérise aussi, selon Barthes, le rapport entre le lecteur et le texte. Le langage se prête à une multitude d'interprétations possibles en fonction de la culture et de l'expérience de celui qui le reçoit. L'auteur ne préside ainsi plus à la façon dont le texte doit être lu, il offre au lecteur un champ de possibles illimités pour réécrire lui-même le texte de sa lecture.

De cette forme est né le *body art,* art de l'éphémère qui ne suppose aucune répétition ou mise en mémoire de la performance et fait du corps le langage de la création artistique. Supposé provoquer la réaction du public, il choque par la brutalité des actions et il est censé conduire les spectateurs à une remise en question drastique.

Le terme de *happening* a été supplanté par celui de *performance* (*performing the body*) au début des années soixante-dix, impliquant que le simple fait d'être est art.

De nos jours, le *happening* se décline aussi sur le mode informatique, et devient un lieu de création artistique en ligne où tout un chacun peut produire du texte ou continuer le texte produit par autrui, participant ainsi à un acte de création collective à l'échelle de la planète.

harangue n.f. / *harangue* [həˈræŋ]

À l'origine, la harangue est un discours (en général long et parfois ennuyeux…) prononcé devant une assemblée ou une personne de rang élevé.

Exemple : celle du roi Henry V dans la pièce éponyme de Shakespeare, prononcée devant le gouverneur, les citoyens et les soldats anglais.

➢ Shakespeare, *Henry V*, III, 3
How yet resolves the governor of the town?
This is the latest parle we will admit;
Therefore to our best mercy give yourselves;
Or like to men proud of destruction
Defy us to our worst: for, as I am a soldier,
A name that in my thoughts becomes me best,
If I begin the battery once again,
I will not leave the half-achieved Harfleur
Till in her ashes she lie buried.
The gates of mercy shall be all shut up,
And the flesh'd soldier, rough and hard of heart,
In liberty of bloody hand shall range
With conscience wide as hell, mowing like grass
Your fresh-fair virgins and your flowering infants.
What is it then to me, if impious war,
Array'd in flames like to the prince of fiends,
Do, with his smirch'd complexion, all fell feats
Enlink'd to waste and desolation?
What is't to me, when you yourselves are cause,
If your pure maidens fall into the hand
Of hot and forcing violation?
What rein can hold licentious wickedness
When down the hill he holds his fierce career?
We may as bootless spend our vain command
Upon the enraged soldiers in their spoil
As send precepts to the leviathan
To come ashore. Therefore, you men of Harfleur,
Take pity of your town and of your people,
Whiles yet my soldiers are in my command;
Whiles yet the cool and temperate wind of grace
O'erblows the filthy and contagious clouds
Of heady murder, spoil and villany.

If not, why, in a moment look to see
The blind and bloody soldier with foul hand
Defile the locks of your shrill-shrieking daughters;
Your fathers taken by the silver beards,
And their most reverend heads dash'd to the walls,
Your naked infants spitted upon pikes,
Whiles the mad mothers with their howls confused
Do break the clouds, as did the wives of Jewry
At Herod's bloody-hunting slaughtermen.
What say you? will you yield, and this avoid,
Or, guilty in defence, be thus destroy'd?

Hélicon n.m. / *Helicon* [ˈhelɪkən]

Montagne de Béotie, l'Hélicon était considéré par les poètes comme le lieu de séjour d'Apollon et des Muses. Il est devenu symbolique de la poésie élevée et de l'inspiration poétique.

hémistiche n.m. / *hemistich* [ˈhemɪstɪk]

Le mot désigne la moitié d'un vers coupé en deux par la césure.

Quand les moitiés de vers sont prises en charge par des personnages différents, on parle de hémistichomythie (*hemistichomythia*). Cette structure des vers permet l'impulsion d'un rythme soutenu et entre au service de dialogues vifs et émotionnellement chargés.

Par exemple, cet échange entre Macbeth et Lady Macbeth (*Macbeth*).

➤ Shakespeare, *Macbeth*, II, 2, 16-27

MACBETH. — *I have done the deed. Didst thou not hear a noise?*
LADY MACBETH. — *I heard the owl scream and the crickets cry.*
    Did not you speak?
MACBETH. —   *When?*
LADY MACBETH. —   *Now.*
MACBETH. —   *As I descended?*
Lady Macbeth. — *Ay.*
MACBETH. —   *Hark!*
    Who lies i' the second chamber?
LADY MACBETH. —   *Donalbain.*
MACBETH. — *This is a sorry sight.*
    [Looking on his hands]
LADY MACBETH. — *A foolish thought, to say a sorry sight.*
MACBETH. — *There's one did laugh in's sleep, and one cried*
    'Murder!'
    That they did wake each other: I stood and heard them:
    But they did say their prayers, and address'd them
    Again to sleep.
LADY MACBETH. —   *There are two lodged together.*

hendécasyllabe n.m. / *hendecasyllable* [ˈhendekəˌsiləbəl]
Vers de onze syllables.

hendiadys n.f. / *hendiadys* [henˈdaɪ̯ədɪs]
Ensemble de deux mots reliés par une conjonction, dans lequel le premier mot qualifie généralement le second (par exemple, *the weather's nice and cool* → *the weather's nicely cool*). C'est une forme d'amplification et d'emphase.

⇨ polysyndète / *polysyndeton*

heptamètre n.m. / *heptameter* [hepˈtæmɪtə]
Vers de sept pieds également nommé septénaire (*septenarius*). L'heptamètre iambique anglais s'appelle un *fourteener*.

herméneutique n.f. / *hermeneutics* [ˌhɜːməˈnuːtɪks]
Terme de philosophie qui concerne l'étude et l'interprétation des textes sacrés. Il désigne aujourd'hui de manière plus générique l'art de comprendre et d'interpréter les signes et les phénomènes. Martin Heidegger et Hans-Georg Gadamer ont consacré l'herméneutique comme discours philosophique sur l'universalité de la situation d'être-comprenant et d'être-interprétant propres à l'homme, au langage et au monde qui les entoure.

Le terme herméneutique s'applique alors à toutes les sciences à commencer par celles de l'homme qui posent la problématique du sujet et du *cogito*.

héroï-comique / *mock-heroic*
Transposition dans le style élevé de la poésie héroïque d'un sujet trivial et ridicule, produisant un effet comique.

➤ Nicolas Boileau, « Le Lutrin », chant VI
   Muse, c'est à ce coup que mon esprit timide
   Dans sa course élevée a besoin qu'on le guide.
   Pour chanter par quels soins, par quels nobles travaux
   Un mortel sut fléchir ces superbes rivaux.
   Mais plutôt, toi qui fis ce merveilleux ouvrage,
   Ariste, c'est à toi d'en instruire nôtre âge.
   Seul tu peux révéler par quel art tout puissant
   Tu rendis tout-à-coup le chantre obéissant.
   Tu sais par quel conseil rassemblant le chapitre
   Lui-même, de sa main, reporta le pupitre ;
   Et comment le prélat, de ses respects content,
   Le fit du banc fatal enlever à l'instant.
   Parle donc : c'est à toi d'éclaircir ces merveilles.
   Il me suffit pour moi d'avoir su, par mes veilles
   Jusqu'au sixième chant pousser ma fiction,
   Et fait d'un vain pupitre un second Ilion.

Finissons. Aussi bien, quelque ardeur qui m'inspire,
Quand je songe au héros qui me reste à décrire,
Qu'il faut parler de toi, mon esprit éperdu
Demeure sans parole, interdit, confondu.

héroïque, vers ~ / *heroic verse* [hə'rəʊɪk]

Vers héroïque : c'est le décasyllabe des chansons de geste, qui peut se décliner en distiques, tercets, quatrains, etc., et ne présente pas toujours de rimes.

⇨ **strophe** / *stanza*

Par exemple, ce passage-clé du chant III de *The Rape of the Lock* d'Alexander Pope composé en distiques héroïques (*heroic couplets*) dont le schéma de rime est *aa, bb, cc*, etc.

➢ Alexander Pope, *The Rape of the Lock*, ll. 147-154
   The Peer now spreads the glittering Forfex wide,
   T' inclose the Lock; now joins it, to divide
   Ev'n then, before the fatal Engine clos'd,
   A wretched Sylph too fondly interpos'd
   Fate urged the Sheers, and cut the Sylph in twain,
   (But Airy Substance soon unites again)
   The meeting Points the sacred Hair dissever
   From the fair Head, for ever and for ever!

héros n.m. / *hero* ['hɪərəʊ]

Personnage principal d'une œuvre littéraire, masculin ou féminin (héroïne / *heroin*), être à la grande noblesse d'esprit et généralement doté de capacités hors du commun qui lui permettent de sortir victorieux d'épreuves ou de conflits quand toutefois une faille tragique ne le précipite pas dans la tragédie.

hexamètre n.m. / *hexameter* [hek'sæmɪtə]

Vers de six pieds composé en général de quatre spondées, un dactyle et un spondée final.

hiatus n.m. / *hiatus* [haɪ'eɪtəs]

Succession de voyelles non liées phonétiquement, appartenant à des syllabes différentes à l'intérieur d'un mot ou à la frontière de deux mots. Au théâtre, ce mot désigne un moment lors duquel la scène reste vide. Dans l'écriture romanesque, il est synonyme de lacune narrative.

historique, roman ~ / *historical novel*

Le roman historique se donne pour objet la reconstruction imaginaire de l'histoire. Les personnages qu'il met en scène participent aux événements du passé et y rencontrent des personnes historiques. Le genre est fondé sur l'activation de la vraisemblance et fait entrer le lecteur dans l'histoire comme témoin distancié des événements qui s'y sont produits.

☞ Tolstoï, *Guerre et Paix* (c. 1865-1869).

homéotéleute n.m. / ***homeoteleuton*** [ˌhəʊmɪəʊ teˈljuːtən]

Procédé qui, à l'origine, ne manifestait qu'une erreur de scribe confondant les mots, et qui, aujourd'hui, caractérise un texte dans lequel plusieurs mots ont la même terminaison.

➢ Molière, *Le Malade imaginaire*, III, 5, 67-81
  MONSIEUR PURGON. — *Que vous tombiez dans la bradypepsie.*
  ARGAN. — *Monsieur Purgon !*
  MONSIEUR PURGON. — *De la bradypepsie dans la dyspepsie.*
  ARGAN. — *Monsieur Purgon !*
  MONSIEUR PURGON. — *De la dyspepsie dans l'apepsie.*
  ARGAN. — *Monsieur Purgon !*
  MONSIEUR PURGON. — *De l'apepsie dans la lienterie.*
  ARGAN. — *Monsieur Purgon !*
  MONSIEUR PURGON. — *De la lienterie dans la dysentrie.*
  ARGAN. — *Monsieur Purgon !*
  MONSIEUR PURGON. — *De la dysentrie dans l'hydropisie.*
  ARGAN. — *Monsieur Purgon !*
  MONSIEUR PURGON. — *Et de l'hydropisie dans la privation de la vie, où vous aura conduit votre folie.*

hors-scène n.m. / ***offstage*** [ˌɒfˈsteɪdʒ]

Espace théâtral où se déroulent ou sont supposés se dérouler des événements, conversations, rencontres qui ne sont pas dans le champ de perception du public (souvent pour respecter l'unité de lieu). Cet espace peut cependant être imaginé par le spectateur grâce aux notations acoustiques ou visuelles qui en proviennent parfois ou sont retransmises sur scène (effets sonores, vidéo).

hubris n.f. / ***hubris*** [ˈhjuːbrɪs]

Le terme connote l'orgueil excessif qui mène un personnage à sa perte, en le rendant sourd aux avertissements des dieux ou simplement aux devoirs édictés par la loi. C'est une forme courante de l'*hamartia* dans la tragédie.

humeurs, théorie des ~ n.f. / ***theory of humours*** [ˈhjuːməz]

Ce mot désigne toute substance liquide ou semi-liquide présente dans un corps organisé. En médecine ancienne (Hippocrate), quatre humeurs étaient supposées exister conjointement dans le corps humain : le sang (*blood*), la bile (*yellow bile*), le phlegme (*phlegm*) ou pituite, et la bile noire (*black bile*) ou mélancolie, ou encore, strabile. Les variations d'équilibre entre les humeurs définissaient l'état de santé, le caractère et le comportement.

C'est sans doute *The Anatomy of Melancholy* (1621) de Robert Burton qui décrit le mieux cette approche de l'être humain. Il y développe un modèle de la physiologie de la pensée qui tient à la fois de la philosophie, quand il disserte de la nature qualitative de la conscience, et de la psychologie comportementale, quand il essaie d'identifier les différents mécanismes physiologiques à l'origine des processus cognitifs. Pour lui, esprit et corps ne font qu'un et tout élément contenu dans le corps est soit esprit, soit humeur. L'esprit émane du sang et ancre l'âme dans le corps. Il est de nature triple : naturel, siégeant dans le foie et véhiculé par les veines, vital, abrité par le cœur, transporté par les artères, et animal, logé dans le cerveau, conduit par les nerfs. Les nerfs doux desservent les sept sens (*sic*) alors que les nerfs durs sont en charge du mouvement interne du corps.

Quant à l'âme, elle réside dans la partie frontale du cerveau, permet la compréhension mais ne peut être comprise, et se subdivise en trois principes, le végétal, le sensitif et le rationnel.

Ainsi, certaines comédies anglaises (*comedy of humours*) mettent en scène des personnages dominés par l'une des humeurs et qui peuvent être lâches (*yellow-livered*) ou sanguins (*sanguine*) ou encore phlegmatiques (*phlegmatic*) ou mélancoliques (*melancholy*). Cette typologie est à rapprocher des « caractères » dépeints par les écrivains des XVIIᵉ et XVIIIᵉ siècles.

humour n.m. / *humour* [ˈhjuːmə]

Mot d'origine anglaise qui évoque la gaieté et la verve comique sans que lui soient associés la dérision ou le ridicule. Reposant le plus souvent sur la connotation ou l'allusion, il permet la création de liens de connivence entre partenaires de la communication ou entre le texte et son lecteur. L'humour prend tout pour objet et suscite une distanciation amusée qui requiert la présence minimale de deux instances émettrice et réceptrice. Il préexiste cependant à sa communication verbale, textuelle ou graphique (etc.), et relève alors de ce qui est communément appelé « sens de l'humour », lié à la fantaisie. L'anglais dissocie *humour* de *wit* (mot d'esprit), ce dernier étant plus intellectuel et abstrait, héritage peut-être de la théorie des humeurs.

hymne n.m. / *hymn* [hɪm]

Poème ou chant lyrique, louant les hauts faits de héros ou adressé à une divinité. Il prend généralement la forme de l'ode mais peut également être plus concis.

➢ Edgar A. Poe, « Hymn » (1835)
At morn —at noon— at twilight dim
Maria! thou hast heard my hymn!
In joy and woe —in good and ill—
Mother of God, be with me still!
When the hours flew brightly by,
And not a cloud obscured the sky,
My soul, lest it should truant be,
Thy grace did guide to thine and thee;
Now, when storms of Fate o'ercast
Darkly my Present and my Past,
Let my Future radiant shine
With sweet hopes of thee and thine!

hypallage n.f. / *hypallage* [haɪˈpælədʒi]

L'hypallage relève de l'association entre deux éléments lexicaux (en général une épithète et un nom) qui logiquement ne peuvent être utilisés ensemble. Le plus souvent, le premier qualifie le second comme le ferait un adverbial de manière, de lieu ou de temps.

Exemple : dans *a sleepless night* (une nuit blanche), *sleepless* réfère au dormeur et non à la nuit. Ce glissement référentiel entre au service de l'économie langagière aussi bien que de l'effet poétique.

Exemple : dans « Le confiteor de l'Artiste », de Baudelaire, l'hypallage rejoint parfois la métaphore.

> Charles Baudelaire, « Le confiteor de l'Artiste », *Le Spleen de Paris* (1869)
> *Que les fins de journées d'automne sont pénétrantes ! Ah ! pénétrantes jusqu'à la douleur ! car il est de certaines sensations délicieuses dont le vague n'exclut pas l'intensité ; et il n'est pas de pointe plus acérée que celle de l'Infini !*
> *Grand délice que celui de noyer son regard dans l'immensité du ciel et de la mer ! Solitude, silence, incomparable chasteté de l'azur ! une petite voile frissonnante à l'horizon, et qui par sa petitesse et son isolement imite mon irrémédiable existence, mélodie monotone de la houle, toutes ces choses pensent par moi, ou je pense par elles (car dans la grandeur de la rêverie, le moi se perd vite !) ; elles pensent, dis-je, mais musicalement et pittoresquement, sans arguties, sans syllogismes, sans séductions.*
> *Toutefois, ces pensées, qu'elles sortent de moi ou s'élancent des choses, deviennent bientôt trop intenses. L'énergie dans la volupté crée un malaise et une souffrance positive. Mes nerfs trop tendus ne donnent plus que des vibrations criardes et douloureuses.*
> *Et maintenant la profondeur du ciel me consterne ; sa limpidité m'exaspère. L'insensibilité de la mer, l'immuabilité du spectacle, me révoltent... Ah ! faut-il éternellement souffrir, ou fuir éternellement le beau ? Nature, enchanteresse sans pitié, rivale toujours victorieuse, laisse-moi ! Cesse de tenter mes désirs et mon orgueil ! L'étude du beau est un duel où l'artiste crie de frayeur avant d'être vaincu.*

hyperbate n.m. / *hyperbaton* [haɪˈpɜːbətɒn]

L'hyperbate est une figure qui provoque un renversement de segments textuels inattendu dans l'ordre « normal » de la phrase.

Exemple : l'adjectif épithète est rejeté après le nom (*delayed epithet*), le verbe, en fin d'énoncé.

> Samuel Taylor Coleridge, *The Rime of the Ancient Mariner* (1863),
> « Part the fifth »
> *"I fear thee, ancient Mariner!"*
> *Be calm, thou Wedding-Guest!*
> *'Twas not those souls that fled in pain,*
> *Which to their corses came again,*
> *But a troop of spirits blest:*
> *For when it dawned —they dropped their arms,*
> *And clustered round the mast;*
> *Sweet sounds rose slowly through their mouths,*
> *And from their bodies passed.*

hyperbole n.f. / *hyperbole* [haɪˈpɜːbəli]

Figure de style qui repose sur l'exagération et vise à générer l'emphase, mettant ainsi l'accent sur le caractère extra-ordinaire et généralement émotionnel de ce qui est dit. C'est une figure très courante dans la tragédie, mais également dans les écrits burlesques ou satiriques reposant sur la caricature.

➢ Shakespeare, *Othello*, V, 2, 259-282

OTHELLO. — Behold, I have a weapon;
A better never did itself sustain
Upon a soldier's thigh: I have seen the day,
That, with this little arm and this good sword,
I have made my way through more impediments
Than twenty times your stop: but, O vain boast!
Who can control his fate? 'tis not so now.
Be not afraid, though you do see me weapon'd;
Here is my journey's end, here is my butt,
And very sea-mark of my utmost sail.
Do you go back dismay'd? 'tis a lost fear;
Man but a rush against Othello's breast,
And he retires. Where should Othello go?
Now, how dost thou look now? O ill-starr'd wench!
Pale as thy smock! when we shall meet at compt,
This look of thine will hurl my soul from heaven,
And fiends will snatch at it. Cold, cold, my girl!
Even like thy chastity. O cursed slave!
Whip me, ye devils,
From the possession of this heavenly sight!
Blow me about in winds! roast me in sulphur!
Wash me in steep-down gulfs of liquid fire!
O Desdemona! Desdemona! dead!
Oh! Oh! Oh!

hypercatalectique / *hypercatalectic* [ˌhaɪpə ˌkætəˈlektɪk]

Vers qui possède une syllabe excédentaire en finale, encore appelé vers hypermétrique (*hypermetrical*).

hypophore / *hypophora* [hɪˈpɒfərə]

L'hypophore est le nom donné à la question rhétorique. L'énoncé de la question correspond à une problématique que va ensuite résoudre le développement de la réponse, installant une dialectique implicite.

Exemple :, les prises de parole du sénateur J.F. Kennedy et du vice-président R.M. Nixon dans le premier débat télévisé les opposant lors de la course à la présidence.

➢ J.F. Kennedy, R.M. Nixon, débat télévisé (1960)

[J.F.K.] [...] Therefore, I think the question before the American people is: Are we doing as much as we can do? Are we as strong as we should be? Are we as strong as we must be if we are going to maintain our independence, and if we're

H

going to maintain and hold out the hand of friendship to those who look to us for assistance, to those who look to us for survival? I should make it very clear that I do not think we're doing enough, that I am not satisfied as an American with the progress that we are making.

This is a great country, but I think it could be a greater country; and this is a powerful country but I think it could be a more powerful country.

I'm not satisfied to have 50 percent of our steel-mill capacity unused.

I'm not satisfied when the United States had last year the lowest rate of economic growth of any major industrialized society in the world —because economic growth means strength and vitality. It means we're able to sustain our defences; it means we're able to meet our commitments abroad. [...]

[R.M.N.] [...] Where then do we disagree?

I think we disagree on the implication of his remarks tonight and on the statements that he has made on many occasions during his campaign to the effect that the United States has been standing still.

We heard tonight, for example, the statement made that our growth and national product last year was the lowest of any industrial nation in the world.

Now last year, of course, was 1958. That happened to be a recession year, but when we look at the growth of GNP this year —a year of recovery— we find that it's 6 9/10 per cent and one of the highest in the world today. More about that later.

Looking then to this problem of how the United States should move ahead and where the United States is moving, I think it is well that we take the advice of a very famous campaigner, "Let's look at the record." [...]

hypotaxe n.f. / *hypotaxis* [ˌhaɪpəʊˈtæksɪs]

En grammaire, le mot désigne une construction complexe de la phrase par subordination. Le subordonnant explicite souvent le rapport de dépendance ainsi créé entre les propositions.

hystéron protéron n.m. / *hysteron proteron*
[ˌhɪstərɒn ˈprɒtərɒn]

Figure qui inverse l'ordre chronologique ou simplement logique des événements, que Cuddon appelle « mettre la charrue avant les bœufs » (*putting the cart before the horse*).

Exemple : le second vers de la dernière strophe de *The Indian Serenade* de Shelley.

> P.B. Shelley, *The Indian Serenade*
> Oh lift me from the grass!
> I die! I faint! I fail!
> Let thy love in kisses rain
> On my lips and eyelids pale.
> My cheek is cold and white, alas!
> My heart beats loud and fast; —
> Oh! press it to thine own again,
> Where it will break at last.

I

iambe n.m. / *iamb* [ˈaɪæm]

C'est le pied le plus courant de la poésie anglaise, reposant sur le rythme naturel de la langue. Il est composé de deux syllabes, une syllabe inaccentuée et une syllabe accentuée (en versification grecque et latine, ce sont respectivement une syllabe courte et une syllabe longue). Employé au pluriel en français, le mot iambes désigne un poème satirique à caractère incisif composé d'un alexandrin et d'un octosyllabe.

➢ André Chénier, « Iambes » (1794), début du poème
Comme un dernier rayon, comme un dernier zéphyr
Animent la fin d'un beau jour
Au pied de l'échafaud j'essaye encor ma lyre.
Peut-être est-ce bientôt mon tour.
Peut-être avant que l'heure en cercle promenée
Ait posé sur l'émail brillant,
Dans les soixante pas où sa route est bornée,
Son pied sonore et vigilant ;
Le sommeil du tombeau pressera ma paupière.

Ou encore :

➢ John Keats, « Ode to a Nightingale » (1820), extrait
My heart aches, and a drowsy numbness pains
My sense, as though of hemlock I had drunk,
Or emptied some dull opiate to the drains
One minute past, and Lethe-wards had sunk:
'Tis not through envy of thy happy lot,
But being too happy in thine happiness, —
That thou, light-winged Dryad of the trees
In some melodious plot
Of beechen green, and shadows numberless,
Singest of summer in full-throated ease.

Le pentamètre iambique (*iambic pentameter*) comprend théoriquement cinq iambes mais il n'est pas rare que l'un des pieds soit inversé en un trochée (syllabe accentuée, syllabe non accentuée).

icône n.f. / *icon* [ˈaɪkɒn]

L'icône est un signe visuel qui renvoie par dénotation au motif représenté. Ainsi une statue iconique représente une personne « grandeur nature ». En littérature, le langage iconique renvoie à la description figurative ou symbolique d'un objet ou d'une personne.

Exemple : « The Church Floore » du poète métaphysique George Herbert (1593-1633).

I

> George Herbert, « The Church Floore »
> *MARK you the floore? that square and speckled stone,*
> *Which looks so firm and strong,*
> *Is Patience:*
> *And th' other black and grave, wherewith each one*
> *Is checker'd all along,*
> *Humilitie:*
> *The gentle rising, which on either hand*
> *Leads to the Quire above,*
> *Is Confidence:*
> *But the sweet cement, which in one sure band*
> *Ties the whole frame, is Love*
> *And Charitie.*

ictus n.m. / *ictus* ['ɪktəs]

Le mot désignait à l'origine le coup frappé du pied pour marquer la mesure d'un pied. Il est aujourd'hui employé comme synonyme d'accent sur une syllabe dans un pied. Parfois, cet accent est marqué typographiquement par le poète, surtout quand il est placé à un endroit inhabituel du mot.

idiolecte n.m. / *idiolect* ['ɪdiəlɛkt]

Ce mot désigne les caractéristiques du langage utilisé par un individu, avec ses idiomes et ses systèmes particuliers, c'est-à-dire les variations que subit la langue quand elle est actualisée par le discours.

idylle n.f. / *idyll or idyl* ['ɪdəl]

Très proche de la pastorale, l'idylle est un poème de longueur variable, mais généralement court, décrivant des scènes de la vie rurale reflétant la sérénité et la tranquillité d'un bonheur idéalisé accompagné d'amours tendres.

> André Chénier (1762-1794), « Néère », *Poésies antiques*
> *Oh ! soit que l'astre pur des deux frères d'Hélène*
> *Calme sous ton vaisseau la vague ionienne ;*
> *Soit qu'aux bords de Paestum, sous ta soigneuse main,*
> *Les roses deux fois l'an couronnent ton jardin ;*
> *Au coucher du soleil, si ton âme attendrie*
> *Tombe en une muette et molle rêverie,*
> *Alors, mon Clinias, appelle, appelle-moi.*
> *Je viendrai, Clinias ; je volerai vers toi.*
> *Mon âme vagabonde à travers le feuillage*
> *Frémira ; sur les vents ou sur quelque nuage*
> *Tu la verras descendre, ou du sein de la mer,*
> *S'élevant comme un songe, étinceler dans l'air ;*
> *Et ma voix, toujours tendre et doucement plaintive,*
> *Caresser en fuyant ton oreille attentive.*

image n.f. / *image* ['ɪmɪdʒ]

Le mot image est souvent utilisé comme hyperonyme de métaphore et comparaison. Il désigne aussi bien la structure linguistique de support de la figure que son contenu.

images n.f. / *imagery*

Ces mots désignent l'ensemble des images qu'utilise le langage pour véhiculer l'émotion aussi bien que pour représenter le réel, les pensées, l'expérience ou tout autre domaine concernant la relation entre l'homme et lui-même ou l'extérieur à lui-même.

Les images littérales (*literal images*) sont dépourvues de structures figuratives et renvoient directement à l'objet qu'elles dénotent. Les images sensorielles (*perceptual images*) associent à l'image une représentation métaphorique alors que les images conceptuelles (*conceptual images*) renvoient à des représentations qui ne peuvent être fondées sur la perception sensorielle et relèvent de l'idéel.

Les images sensorielles sont sans conteste les plus riches en raison de leur pouvoir de représentation et de la diversité des canaux qu'elles exploitent : images acoustiques (*auditory*), visuelles (*visual*), olfactives (*olfactory*), tactiles (*tactile or haptic*), kinesthésiques (*kinetic*), souvent combinées entre elles.

Exemple : cette première strophe d'un poème de Robert Burns, « O, my love is like a red, red rose » où se conjuguent visuel et acoustique.

> Robert Burns, « O, my love is like a red, red rose »
> *0, my love is like a red, red rose,*
> *that's newly sprung in June.*
> *0, my love is like a melody,*
> *that's sweetly play'd in tune.*

imagisme n.m. / *imagism*

Mouvement initié par les poètes américains Ezra Pound, H.D. (Hilda Doolittle), Amy Lowell et Richard Aldington à Londres, à l'époque de la première guerre mondiale. Les Imagistes (*Imagists*) prônaient la simplicité, la concision et l'absence de fioritures dans l'écriture poétique, pensant qu'une image nette et précise pouvait avoir plus de force qu'une profusion d'effets.

imbroglio n.m. / *imbroglio* [ɪmˈbrəʊliˌəʊ]

Se dit d'une pièce de théâtre dont l'intrigue est très compliquée (en français le <g> ne se prononce pas non plus).

imitation n.f. / *imitation* [ˌɪmɪˈteɪʃən]

Après avoir désigné une œuvre écrite « à la manière de », le mot est utilisé aujourd'hui comme synonyme de mimésis.

I

implication n.f. / *implication* [ˌɪmplɪˈkeɪʃən]

L'implication est la relation qui existe entre deux propositions dont la seconde découle logiquement de la première. Quand la vérité de la première proposition appelle la vérité de la première, il y a double implication.

Le processus d'implication est aussi à l'œuvre dans la métaphore.

in absentia, in praesentia / ***in absentia*** [ˌɪn əbˈsentiə], ***in praesentia***

Expression propre à l'analyse linguistique. Alors que le discours s'actualise *in praesentia* sur l'axe syntagmatique, l'ensemble des unités qui peuvent se substituer à chacune de ses composantes est dit *in absentia* (ensemble des paradigmes possibles sur l'axe paradigmatique).

Exemple : l'acte III, scène 3 du *Bourgeois gentilhomme* de Molière opposant Monsieur Jourdain à Nicole pourrait être considéré comme une mise en scène du rapport entre discours *in praesentia* et paradigmes *in absentia*.

incantation n.f. / *incantation* [ˌɪnkænˈteɪʃən]

Discours dit ou chanté dont les mots produisent un effet de l'ordre du magique, elle est l'apanage des druides et sorciers et émaille les rituels primitifs.

Exemple : Shakespeare, *Macbeth*, dialogue des sorcières.

➢ Shakespeare, *Macbeth*, I, 1

[Thunder and lightning. Enter three Witches]
FIRST WITCH. — *When shall we three meet again*
In thunder, lightning, or in rain?
SECOND WITCH. — *When the hurlyburly's done,*
When the battle's lost and won.
THIRD WITCH. — *That will be ere the set of sun.*
FIRST WITCH. — *Where the place?*
SECOND WITCH. — *Upon the heath.*
THIRD WITCH. — *There to meet with Macbeth.*
FIRST WITCH. — *I come, Graymalkin!*
SECOND WITCH. — *Paddock calls.*
Third Witch. — *Anon.*
ALL. — *Fair is foul, and foul is fair:*
Hover through the fog and filthy air.

Dans la tradition chamaniste wicca, par exemple, les poèmes incantatoires, ou charmes, étaient destinés à favoriser le côté positif du destin, le prérequis étant bien sûr une croyance fervente en les pouvoirs du merveilleux et de la nature. Ainsi, une jeune fille désireuse de connaître son futur époux devait-elle aller ramasser certaines herbes à la pleine lune en répétant ces paroles :

Moon, Moon, tell unto me,
When my true love I shall see?
What fine clothes am I to wear?
How many children shall I bear?
For if my loves come not to me,
Dark and dismal my life will be.

I

incrément n.m., répétition incrémentielle / *increment* [ˈɪŋkrɪ|mənt], *incremental repetition*

Répétition dans chaque strophe d'un poème ou d'une ballade d'un même vers, parfois soumis à de faibles variations, produisant un effet quasi musical propre à la tradition orale.
⇨ **ballade** / *ballade or ballad*

indétermination n.f. / *indeterminacy* [ˌɪndɪˈtɜːmɪnəs|i]

Ce terme est utilisé en référence aux théories de la réception. Le sens d'un texte ne peut être déterminé ou fixé à l'avance par l'auteur, car c'est de la façon dont il est lu par celui qui le reçoit (en fonction de sa culture et de son appartenance sociale) que provient le sens. Il y a donc autant de lectures que de lecteurs et la première lecture d'un texte ne détermine pas non plus ses lectures ultérieures, le sens étant de nature fondamentalement instable et révisable. Chaque lecture est ainsi une ré-écriture provisoire du texte lu.

in medias res / *in medias res* [ɪn ˌmiːdiæs ˈreɪz]

Se dit d'une œuvre qui débute au beau milieu d'une action, sans introduction préalable, sans « exposition ». Cette technique permet de plonger le lecteur dans l'univers fictionnel et de ménager par la suite des allers et retours dans le temps sans avoir à subir les limitations qu'impose une chronologie stricte, dite *ab ovo*.
⇨ **analepse** / *analepsis*

inspiration n.f. / *inspiration* [ˌɪnspəˈreɪʃᵊn]

Théorie chère à Platon qui fait du poète le canal privilégié choisi par un dieu ou par les Muses, et du moment de l'écriture un état particulier de « démence » (*de-mens* : extérieur à la conscience, à l'esprit). L'inspiration est alors insufflée de l'extérieur (comme l'air dans les poumons). Cette conception prévalut jusqu'à la fin du XVIIIe siècle et fut remise en question par les tenants du seul génie humain qui voyaient dans l'écriture la résultante de l'interaction entre la vie au quotidien et le flot ininterrompu de la conscience.

intention de l'auteur n.f. / *intentional fallacy* [ˈfæləs|i]

Cette expression, plus directement critique en anglais, condamne la tendance à juger une œuvre en fonction de ce que l'auteur est supposé avoir eu comme intention au moment de son écriture. Elle confère au texte une existence propre, le texte n'appartenant à personne, pas plus à l'auteur qu'au lecteur.

interactif, roman ~ / *interactive novel*

Ce genre de roman propose plusieurs possibilités de faire évoluer la trame diégétique en fonction de choix que le lecteur est invité à faire lors de sa lecture (ou de ses lectures, l'exploration des possibles étant toutefois limitée).
Exemple : le lecteur peut choisir la fin qu'il préfère dans la nouvelle « One Man's Meat... » de Jeffrey Archer (*The Collected Short Stories*), les points de suspension évoquant cette mise en suspens de la narration et l'ouverture de possibles qui suivent, à savoir « *Rare, Burnt, Overdone, À Point* ».

I

C'est également le principe mis en œuvre dans les « histoires dont vous êtes le héros », livres composés d'énigmes et qui « se jouent » avec des dés. Les dés décident de l'endroit où est emmené le lecteur et des rôles qu'il doit assumer. Il doit déjouer des pièges, faire des choix, réfléchir aux enjeux de ses décisions. Cette littérature a été ensuite transcrite en images dans les jeux vidéos.

intérieur, monologue ~ / *interior monolog(ue)*
['mɒnəlɒg]

Comme son nom l'indique, le monologue intérieur présente le discours que se tient un personnage à lui-même, discours organisé ou plus chaotique, retraçant la venue en conscience du flot de la pensée (*stream of consciousness*) qu'il soit fragmentaire, en construction ou construit.

Certains soliloques ou monologues tragiques en sont proches, mais la rupture syntaxique, l'absence de logique apparente, la juxtaposition et parfois l'absence de ponctuation marquent le plus souvent cette forme de représentation du surgissement de la pensée. Le monologue intérieur est caractérisé par le style indirect libre.

C'est dans *Les lauriers sont coupés* (1888) qu'Édouard Dujardin utilisa le premier cette technique reprise ensuite par Joyce, Woolf et Faulkner (entre autres).

intermède n.m. / *interlude* ['ɪntəluːd]

Divertissement agrémentant les « entre-mets » lors des banquets à la cour ou les pauses entre les actes d'une pièce de théâtre.

intertextualité n.f. / *intertextuality* [ˌɪntə ˌtekstʃəæləti]

La question de l'autonomie du texte se pose alors. Pour Barthes (*Le Plaisir du texte*), un texte peut être « hors des langages », « se tirer » de « la guerre des fictions » par ce qu'il appelle un « travail progressif d'exténuation » :

➢ Roland Barthes, *Le Plaisir du texte* (1973)
> *D'abord le texte liquide tout métalangage, et c'est en cela qu'il est texte : aucune voix (Science, Cause, Institution) n'est en arrière de ce qu'il dit. Ensuite, le texte détruit jusqu'au bout sa propre catégorie discursive, sa référence sociolinguistique (son « genre ») [...] Enfin le texte peut, s'il en a envie, s'attaquer aux structures canoniques de la langue elle-même [...] Il s'agit, par transmutation (et non plus seulement par transformation), de faire apparaître un nouvel état philosophal de la matière langagière ; cet état inouï, ce métal incandescent, hors origine et hors communication, c'est alors du langage, et non un langage, fût-il décroché, mimé, ironisé.*

Comme le dit encore Barthes un peu plus loin,
> *Et bien c'est cela l'inter-texte : l'impossibilité de vivre hors du texte infini — que ce texte soit Proust, ou le journal quotidien, ou l'écran télévisuel : le livre fait le sens, le sens fait la vie.*

Le roman *Les Voleurs de Beauté* de Pascal Brückner (2002) peut, par exemple, être lu comme un essai sur l'esthétique de l'intertextualité.

intrigue n.f. / *plot* [plɒt]

L'intrigue recouvre à la fois la diégèse et l'écheveau des relations qui se mêlent et se démêlent entre événements, personnages, actions, conflits et thèmes.

invective n.f. / *invective* [ɪnˈvektɪv]

Écrit ou prise de parole d'une violence langagière généralement insultante qui dénonce, critique, vise même parfois à détruire par la satire acerbe (*lampoon*) l'objet de ses vitupérations.

Exemple : Swift, le discours du roi de Brobdingnag dans *Gulliver's Travels*.

➢ Jonathan Swift, *Gulliver's Travels* (1726), II, 6

"*As for yourself*," *continued the king, "who have spent the greatest part of your life in travelling, I am well disposed to hope you may hitherto have escaped many vices of your country. But by what I have gathered from your own relation, and the answers I have with much pains wrung and extorted from you, I cannot but conclude the bulk of your natives to be the most pernicious race of little odious vermin that nature ever suffered to crawl upon the surface of the earth.*"

ionien, vers ~ / *ionic* [aɪˈɒnɪk]

Vers composé de pieds de quatre syllabes incluant deux brèves et deux longues (petit ionien / *lesser ionic*) ou deux longues et deux brèves (grand ionien / *greater ionic*).

ironie n.f. / *irony* [ˈaɪrəni]

L'ironie est un procédé qui détourne le langage de sa référence habituelle, le dit étant généralement l'opposé de ce qui doit être entendu. Les formes que prend l'ironie sont multiples, mais trois d'entre elles sont traditionnellement étiquetées comme suit : l'ironie verbale (*verbal irony*), l'ironie dramatique (*dramatic irony*) et l'ironie cosmique (*cosmic irony*).

L'ironie verbale concerne le langage à proprement parler et le double-entendre qui caractérise certains discours. Elle utilise le sarcasme, l'allusion voilée, et systématiquement le décalage entre sens de surface et sens second. Elle se construit alors *in absentia*, sur l'axe paradigmatique des sens possibles d'un même message.

Elle est souvent l'instrument de la satire, permettant par son entremise de dévoiler des vérités cachées. Nécessitant une certaine connivence avec le lecteur ou l'auditeur, elle est fondée sur le principe d'une connaissance partagée des sujets auxquels elle s'attaque.

Si le lecteur ou l'auditeur connaît la vérité et que le personnage l'ignore, l'ironie est alors dite dramatique. Elle peut être liée à l'ironie situationnelle (*situational irony*) dans laquelle les événements qui se produisent sont contraires à l'attente des personnages.

L'ironie cosmique fait du personnage la victime des dieux ou d'une force inconnue qui le précipite dans la chute et l'anéantit.

L'ironie diffère fondamentalement du mensonge en ceci qu'elle ne demande pas à être crue, elle demande à être comprise, comme le dit V. Jankelevitch dans *L'Ironie*.

I

> V. Jankelevitch, *L'Ironie* (1964)
>
> *En réalité, l'ironie est une pseudo-pseudologie, un mensonge qui se détruit lui-même comme mensonge en se proférant, et désabuse l'abusé, et détrompe le trompé, ou plutôt laisse à ce soi-disant trompé les moyens de se détromper lui-même.*

ironie socratique n.f. / *socratic irony* [sɒˈkrætɪk]

Dans les dialogues socratiques, Socrate feint l'ignorance et la simplicité d'esprit en posant des questions d'apparence naïve, qui, petit à petit, conduisent son interlocuteur à sonder et remettre en question ses certitudes, et à voir la vérité.

Pour Jankelevitch (*L'Ironie*),

> V. Jankelevitch, *L'Ironie* (1964)
>
> *L'ironie socratique est une ironie interrogeante ; Socrate désagrège par ses questions les cosmogonies massives des Ioniens et le monisme étouffant de Parménide. [...] Socrate est la conscience des Athéniens, tout ensemble leur bonne et leur mauvaise conscience ; c'est-à-dire qu'on retrouve dans sa fonction la disparité propre aux effets de l'ironie, selon que celle-ci nous délivre de nos terreurs ou nous prive de nos croyances.*

isochronisme n.m. / *isochrony* [aɪˈsɒkrən|i]

Ce terme de mécanique a été repris par la prosodie pour manifester l'égalité de durée des unités composant un vers.

isotopie n.f. / *isotopy* [ˌaɪsəʊˈtɒpi]

Concept développé à l'origine par Greimas, l'isotopie a été ensuite sujette à plusieurs définitions et classifications. Nous reprendrons ici celle proposée par C. Kerbrat-Orecchioni dans *Problématique de l'isotopie*.

> C. Kerbrat-Orecchioni, *Problématique de l'isotopie* (1976)
>
> ***Isotopie sémantique*** *: récurrence d'unités de signification. C'est d'isotopie sémantique qu'il s'agit le plus souvent lorsque le terme isotopie est employé sans autre précision.*
>
> ***Isotopie phonétique*** *: récurrence de phénomènes (rime, assonance, allitération).*
>
> ***Isotopie prosodique*** *: récurrence d'un même rythme.*
>
> ***Isotopie syntaxique*** *: redondance de marques dans les phénomènes d'accord, ou répétition de structures syntaxiques identiques.*
>
> ***Isotopie narrative*** *: récurrence de mêmes structures narratives dans un texte.*
>
> ***Isotopie énonciative*** *: récurrence de mêmes modalités d'énonciation. En fait, un texte présente le plus souvent une succession ou un emboîtement d'isotopies énonciatives, en fonction de glissements d'une structure énonciative à une autre (par exemple du récit au discours), à la faveur d'un changement d'énonciateur, selon que la distance de l'auteur à son récit est marquée ou non.*

Elle distingue ensuite entre isotopie dénotative (mise en relation d'un certain nombre d'unités significatives de l'énoncé avec une référence), et isotopie connotative (qui relève de l'implicite). Pour elle, c'est également « le jeu sur la poly-isotopie, qu'il se situe sur le plan de la dénotation ou sur les deux plans (dénotation / connotation) à la fois, qui permet de rendre compte du langage figuré ».

J

jardin, côté ~ n.m. / *opposite prompt side, stage right*

Opposé au côté cour (*prompt side, stage left*), il désigne le côté droit de la scène (vu de la scène).

jargon n.m. / *jargon* [ˈdʒɑːgən]

À l'origine, ce mot désignait le gazouillis incompréhensible des oiseaux. C'est dans ce sens que Coleridge l'utilise dans *The Rime of the Ancient Mariner*.

> Samuel Taylor Coleridge, *The Rime of the Ancient Mariner* (1863), « Part the fifth »
> *Sometimes a-dropping from the sky*
> *I heard the sky-lark sing;*
> *Sometimes all little birds that are,*
> *How they seemed to fill the sea and air*
> *With their sweet jargoning!*

Il renvoie maintenant de façon souvent péjorative à tout langage de spécialité difficilement compréhensible par les non-initiés.

jérémiade n.f. / *jeremiad* [ˌdʒerɪˈmaɪəd]

Plainte répétitive et importune, la jérémiade s'inspire du livre de Jérémie (*Livres Prophétiques* de l'Ancien Testament).
Le mot a aujourd'hui une connotation péjorative marquée et vient qualifier d'éternelles revendications ou demandes insatisfaites itérées à l'infini.

jeu d'esprit n.m. / *witticism* [ˈwɪtɪsɪzəm]

Le jeu d'esprit prend le plus souvent pour forme l'épigramme dont l'expression quoique raffinée s'avère néanmoins le plus souvent satirique.

journal n.m. / *journal* [ˈdʒɜːnəl] *or diary* [ˈdaɪəri]

Le journal peut être un écrit de nature intime (*diary*) ou un compte rendu de voyages effectué au jour le jour (*journal*) voire un roman composé des notations journalières d'un ou plusieurs personnages. Il peut également se présenter sous la forme d'une chronique historique des événements marquant l'actualité tels que les perçoit une personne donnée (écrivain, historien ou personne lambda).
Certains ont marqué l'histoire récente, comme *Le Journal d'Anne Frank* ou encore, sur le mode comique, *The Secret Diary of Adrian Mole Aged 13¾*, de Sue Townsend (1982).

juvénalienne, satire ~ / *juvenalian satire*

La satire juvénalienne est inspirée de l'auteur latin Juvénal et affiche un front acerbe allant parfois jusqu'à l'intolérance. Elle nomme et cloue au pilori aussi bien les vices que ceux qui les incarnent, dans une langue mordante. Elle est traditionnellement opposée à la satire horacienne (*horacian satire*) plus raffinée et plus urbaine. Swift, dans *Gulliver's Travels*, se montre par exemple le digne héritier de Juvénal.

K

kabuki n.m. / *kabuki* [kəˈbuːki]

Forme traditionnelle du théâtre japonais née durant l'ère Edo (1603-1867), qui se différencie du Nô par son caractère populaire. Les pièces mettent en scène des événements historiques et l'expression de conflits moraux ou amoureux. La langue archaïque y est difficilement compréhensible, et sa monotonie est rehaussée par une musique jouée sur des instruments traditionnels. Le sens y est donc essentiellement véhiculé par la gestuelle.

La scène peut tourner sur elle-même et comprend des portes cachées et une passerelle qui donne accès à la salle. Les rôles des femmes, interdites sur scène, y sont joués par des hommes. Pendant la représentation, des pauses sont ménagées durant lesquelles le public crie le nom de son acteur préféré.

Le Kabuki le plus célèbre est certainement *Kanadehon Chushingura* ou *La Vengeance des 47 Samouraïs* qui met en scène la vendetta Ako, drame historique et didactique de la vengeance de quarante-six samouraïs après la mort de leur maître assassiné.

kafkaesque / *kafkaesque* [ˌkæfkəʳˈesk]

Se dit d'une atmosphère lourde et sinistre de cauchemar éveillé telle que représentée dans les romans de Franz Kafka. La perte d'identité, la peur et la culpabilité y rejoignent l'absurde inhérent à la destruction de toute logique habituelle par des forces inconnues.

kinesthésique / *kinesthetic* [ˌkɪniːsˈθetɪk]

Est kinesthésique tout ce qui a trait au mouvement du corps. Ce terme est également utilisé pour rendre compte d'images véhiculant un sens du mouvement, du rythme, de l'énergie comme le feraient des onomatopées en matière acoustique.

Le poème cinétique (*kinetic poem*) quant à lui, offre une structure visuelle qui reflète son mouvement interne et appartient au genre dénommé poésie concrète.

kitsch / *kitsch* [kɪtʃ]

Le monde du kitsch est un univers de l'hétéroclite, qui met côte à côte des objets (au sens large du terme) de laideur souvent avérée et de piètre qualité, tels que l'on en trouve dans les boutiques de souvenirs, ou simplement passés de mode, qui encombrent généralement greniers et poubelles.

Il peut ainsi devenir une forme d'art de la laideur ou du mauvais goût, que ce soit en peinture, sculpture ou littérature.

Künstler roman / *Künstlerroman*

Mot allemand désignant un roman dont le personnage principal est un artiste dont le texte narre la vie, de la naissance de son art à sa mort.

Il peut tendre vers l'autobiographie ou la biographie ou encore prendre comme sujet un artiste fictif. Par exemple, *Permanent Violet*, de Ronald Frame, dont les personnages centraux, Colin Brogan et la narratrice, Eilidh, sont respectivement peintre et musicienne. Le roman commence par ces mots qui ouvrent l'écriture autobiographique d'Eilidh au travers de la biographie de Colin Brogan.

➢ Ronald Frame, *Permanent Violet* (2002)
He has no monument inscribed in stone, no grave shaded by a tree. Instead it's his paintings that bear witness to his life.

kyrielle n.f. / *kyrielle*

Forme abrégée des mots grecs *Kyrie Eleeson* (ou *Eleison*), litanie religieuse inhérente à la célébration de la messe. En langage courant, le mot désigne une suite ennuyeuse de choses qui n'en finissent pas ; il est en conséquence chargé de connotations négatives.

En poésie, une rime est dite kyrielle quand elle met en place la répétition d'un même vers à la fin de chaque distique ou de chaque strophe, comme le fait la ballade.

La kyrielle était également un genre populaire au Moyen Âge en France, écrite en quatrains octosyllabiques rimés terminés par un « refrain » qui pouvait consister en la répétition d'un ou plusieurs mots, voire d'un vers entier.

➢ John Payne (1842-1916), « Kyrielle » (encore connue sous le titre
« A Little Pain »)
A lark in the mesh of the tangled vine,
A bee that drowns in the flower-cup's wine,
A fly in sunshine, —such is the man.
All things must end, as all began.
A little pain, a little pleasure,
A little heaping up of treasure;
Then no more gazing upon the sun.
All things must end that have begun.

L

lai n.m. / *lai or lay* [leɪ]

Poème médiéval mélodique, lyrique ou narratif du XIIe siècle, souvent accompagné de musique, composé de distiques de cinq pieds séparés par des vers de deux pieds, comme par exemple, *La Folie Tristan*, lai anonyme. Le lai narratif trouve son origine dans les vers composés par Marie de France entre 1160 et 1170. Le lai lyrique date du XIVe siècle et voit sa forme évoluer vers plus de souplesse, groupant en douze strophes doubles des vers de longueur variable.

Par exemple, ce lai de Guillaume de Machaut (1300-1377), *Le Lay des Dames*.

➤ Guillaume de Machaut, *Le Lay des Dames*, extrait

Amis, t'amour me contreint	*Et mes cuers toudis se pleint*
Si qu'il me convient descrire	*Que nulle fois ne desire*
Le martyre	*Gieu ne rire,*
Qui empire	*Eins soupire,*
Mon corps et mon cuer esteint	*Quant mors ma vie n'esteint ;*
Et de grieés si m'enseint	*Ne les cent pars de son pleint*
Que je ne saroie eslire	*Cuer penser ne bouche dire*
Le meins pire ;	*N'à l'escrire*
Dont matire	*Mains souffire*
N'ay qui à joie me meint.	*Ne porroit. Tant se compleint,*

Le terme fut repris en Angleterre dès le XIVe siècle, *lay or Breton lay*, où il désigne depuis lors un poème narratif de longueur moyenne.

lamentation n.f. / *lament* [lə¹ment]

Poème exprimant le chagrin profond né de la perte d'un être cher, ou consécutif à quelque mauvais coup du sort.

➤ Robert Burns, « Lament for Culloden », *The Golden Treasury* (1875)

THE lovely lass o' Inverness,
Nae joy nor pleasure can she see;
For e'en to morn she cries, "Alas!"
And aye the saut tear blin's her e'e:
"Drumossie moor—Drumossie day—
A waefu' day it was to me!
For there I lost my father dear,
My father dear, and brethren three.
"Their winding-sheet the bluidy clay,
Their graves are growin' green to see;
And by them lies the dearest lad
That ever blest a woman's e'e!
"Now wae to thee, thou cruel lord,
A bluidy man I trow thou be;
For mony a heart thou has made sair
That ne'er did wrang to thine or thee!"

langue et parole n.f. / *langue et parole* : *language* ['læŋgwɪdʒ]

La langue est un instrument de communication spécifique aux membres d'une même communauté. À l'intérieur d'une même langue l'on peut distinguer différents niveaux (de langue), argots, patois, dialectes, etc. et deux systèmes d'encodage, la langue écrite et la langue parlée. La langue forme donc un ensemble de systèmes reliés les uns aux autres par une grammaire commune.

F. de Saussure a distingué entre langue et parole. La langue, système abstrait de signes, est un produit social collectif, extérieur à l'individu, mais emmagasiné en chacun par la pratique de la parole. La parole, elle, est une composante individuelle concrète manifestant le génie créateur, l'inventivité et la liberté de l'énonciateur.

Chomsky pour sa part fait de la créativité linguistique un élément inhérent à la compétence, « système de règles qui relie les signaux à l'interprétation sémantique de ces signaux », alors que la parole se situe au niveau de la « performance », manière d'utiliser les règles.

lecteur n.m. / *reader* ['riːdə]

Que peut-on entendre par lecteur ?

Tout d'abord, l'instance de réception d'un message écrit transmis dans un cadre donné de communication. Voici ce que dit Bakhtine de cette « transmission » dans « Du discours romanesque », *Esthétique et Théorie du Roman* (1975).

> ➤ Bakhtine, « Du discours romanesque », *Esthétique et Théorie du Roman* (1975)
> *Le roman utilise doublement toutes les formes dialogiques les plus variées de la transmission de la parole d'autrui, élaborées dans la vie courante, et dans les relations idéologiques non littéraires. Premièrement, toutes ces formes sont présentées et reproduites dans les énoncés — familiers et idéologiques — des personnages de roman et aussi dans les genres intercalaires : journaux intimes, confessions, articles de journaux, etc. Deuxièmement, toutes les formes de transmission dialogique du discours d'autrui peuvent également dépendre directement des problèmes de la représentation littéraire du locuteur et de sa parole, avec une orientation sur l'image du langage, subissant une transformation littéraire précise. [...]*
>
> *Le rôle du contexte qui enchâsse le discours représenté a une signification primordiale pour la création d'une image du langage [...]. Le discours de l'auteur représente et enchâsse le discours d'autrui, crée pour lui une perspective, distribue ses ombres et ses lumières, crée sa situation et toutes les conditions de sa résonance, enfin, y pénétrant de l'intérieur, y introduit ses accents et ses expressions, crée pour lui un fond dialogique.*

Qu'en est-il alors du lecteur ? Comme le dit Genette dans *Figures III* (1972), le lecteur est une instance différente du narrataire qui, lui, fait partie de la situation narrative à part entière.

> ➤ Gérard Genette, *Figures III* (1972)
> *Comme le narrateur, le narrataire est un des éléments de la situation narrative, et il se place nécessairement au même niveau diégétique ; c'est-à-dire qu'il ne se confond plus a priori avec le lecteur (même virtuel) que le narrateur ne se*

> *confond avec l'auteur. [...] Nous, lecteurs, ne pouvons pas plus nous identifier à ces narrataires fictifs que ces narrateurs intradiégétiques ne peuvent s'adresser à nous, ni même supposer notre existence. [...] Le véritable auteur d'un récit n'est pas seulement celui qui le raconte, mais aussi, et parfois bien davantage, celui qui l'écoute. Et qui n'est pas forcément celui à qui l'on s'adresse : il y a toujours du monde à côté.*

Barthes va plus loin dans *Le Plaisir du texte* où il dresse une typologie des « lecteurs de plaisir » (1973).

➢ Roland Barthes, *Le Plaisir du texte* (1973)
> *Le fétichiste s'accorderait au texte découpé, au morcellement des citations, des formules, des frappes, au plaisir du mot. L'obsessionnel aurait la volupté de la lettre, des langages seconds, décrochés, des méta-langages (cette classe réunirait tous les logophiles, linguistes, sémioticiens, philologues : tous ceux pour qui le langage « revient »). Le paranoïaque consommerait ou produirait des textes retors, des histoires développées comme des raisonnements, des constructions posées comme des jeux, des contraintes secrètes. Quant à l'hystérique (si contraire à l'obsessionnel), il serait celui qui prend le texte « pour argent comptant », qui entre dans la comédie sans fond, sans vérité, du langage, qui n'est plus le sujet d'aucun regard critique et se « jette » à travers le texte (ce qui est tout autre chose que de s'y projeter).*
>
> *« Texte » veut dire « Tissu » ; mais alors que jusqu'ici on a toujours pris ce tissu pour un produit, un voile tout fait, derrière lequel se tient, plus ou moins caché, le sens (la vérité), nous accentuons maintenant, dans le tissu, l'idée générative que le texte se fait, se travaille à travers un entrelacs perpétuel ; perdu dans ce tissu — cette texture — le sujet s'y défait, telle une araignée qui se dissoudrait elle-même dans les sécrétions constructives de sa toile.*

Nombreux ont été les travaux sur l'esthétique de la réception, certains comme W. Iser concevant un lecteur implicite (*implied reader*) auquel le narrateur s'adresse directement, d'autres, tel M. Riffaterre un archilecteur (*superreader*), somme de tous les lecteurs possibles, d'autres encore, comme S. Fish, un lecteur « informé » (*informed reader*) à la compétence littéraire avérée, siège de toutes les réponses que peut susciter un texte au delà de la réponse individuelle. Ce sont aujourd'hui les cognitivistes qui se penchent sur une approche plus « scientifique » de l'esthétique de la réception (*reader-response theory*) (terme utilisé par H.R. Jauss dans sa discussion de l'horizon d'attente du lecteur, dans *L'Herméneutique du Sujet*).

⇨ **narrataire** / *narratee*

légende n.f. / *legend* ['ledʒənd]

Au sens premier, une légende est une histoire hagiographe (traitant de la vie des saints). Elle a évolué vers le récit mythique mettant en scène des héros, des guerriers, des grands hommes de l'histoire au travers de faits souvent héroïques, fondés parfois sur une réalité historique, retravaillés ensuite par la tradition orale, le conte, la fiction ou le théâtre.

léger / *light* [laɪt]

Adjectif utilisé en critique littéraire pour signifier ce qui ne présente pas de caractère sérieux ou dramatique (au sens commun du mot) avéré. Poésie légère, vouée au divertissement et exempte de figures obscures, style léger et enlevé caractérisant la comédie (légère) ou le vaudeville.

leitmotiv n.m. / *leitmotif or leitmotiv or leitmotive*
['laɪtməʊˌtiːf] [tɪv]

Mot d'origine allemande, d'abord appliqué à un motif récurrent associé à un personnage ou à certaines émotions dans la musique d'opéra (et plus particulièrement dans les opéras de Wagner, 1813-1883). Il fut ensuite repris par Thomas Mann (1875-1955) pour désigner un thème apparaissant plusieurs fois dans une œuvre littéraire ou dans plusieurs œuvres d'un même auteur.

léonine, poésie ~ / *leonine verse* ['liːəʊnaɪn]

Les vers léonins présentent une structure rythmique interne particulière, une même consonance se reproduisant deux à trois fois dans le vers créant des rimes internes extrêmement riches (en général avant la césure et en fin de vers). Ils doivent leur nom à Léonius (Léo), poète français du XIIe siècle.

leurre n.m. / *lure* [ljʊə]

Le principe du leurre repose sur une compétence présumée du lecteur. Pour déjouer les attentes du lecteur, l'auteur met alors en place des leurres ou fausses amorces. Pour Genette (*Figures III*) :

> Gérard Genette, *Figures III* (1972)
>
> *Ainsi aucun lecteur d'Ivan Hitch (aidé il est vrai par l'anticipation du dénouement, et par le titre même) ne peut manquer d'identifier la chute d'Ivan sur l'espagnolette comme l'instrument du destin, comme l'amorce de l'agonie. C'est d'ailleurs sur cette compétence même que l'auteur se fonde pour tromper le lecteur en lui proposant parfois de fausses amorces, ou leurres — bien connus des amateurs de romans policiers — quitte, une fois acquise chez le lecteur cette compétence au second degré qu'est l'aptitude à détecter, et donc à déjouer le leurre, à lui proposer de faux leurres (qui sont de véritables amorces) et ainsi de suite.*

lexical, champ ~ n.m. / *lexical field*

Aire de signification couverte par un mot ou plusieurs mots, il inclut les différentes acceptions d'un mot (polysémie), ses dérivations, même avec changement de sens (exemple : raffiner – raffinement – raffinage), les liens entre les mots partageant un même sémantisme (en partie ou en totalité), l'étude des relations entre tous ces mots.

D. Chrystal en donne une définition globale dans *The Cambridge Encyclopedia of the English Language*.

L

> David Chrystal, *The Cambridge Encyclopedia of the English Language*
> *The semantic or lexical field —a named area of meaning in which lexemes interrelate and define each other in specific ways.*

lieu commun n.m. ou *topos* / *lieu commun or commonplace* ['kɒmənpleɪs]

Sujet ou thème du discours puisé aux sources de la tradition, de modèles littéraires ou socioculturels et réutilisé par un auteur.

Dans *L'aventure sémiologique* (1985), Barthes les oppose aux lieux spéciaux.

> Roland Barthes, *L'Aventure sémiologique* (1985)
> *Les lieux communs ne sont pas des stéréotypes pleins mais au contraire des lieux formels : étant généraux (le général est propre au vraisemblable), ils sont communs à tous les sujets. Pour Aristote, ces lieux communs sont en tout et pour tout au nombre de trois : 1. le possible / impossible [...] 2. existant / non existant (ou réel/non réel) [...] 3. plus / moins [...]. Bien que les lieux communs, par définition, soient sans spécialité, chacun convient mieux à l'un des trois genres oratoires : le possible / impossible convient bien au délibératif (est-il possible de faire ceci ?), le réel/non réel au judiciaire (le crime a-t-il eu lieu ?), le plus / moins à l'épidictique (éloge ou blâme).*
> *[...]*
> *Les lieux spéciaux (eidè, idia) sont des lieux propres à des sujets déterminés ; ce sont des vérités particulières, des propositions spéciales, acceptées de tous ; ce sont les vérités expérimentales attachées à la politique, au droit, aux finances, à la marine, à la guerre, etc.*

limerick / *limerick* ['lɪmərɪk]

Petit poème léger du nom d'une ville irlandaise (mais dont l'origine historique n'est pas établie), généralement humoristique, dont les cinq vers comportent essentiellement des anapestes rimés *aabba*. Le genre fut popularisé par Edward Lear dans son *Book of Nonsense* (1846). Le dernier vers inclut souvent un trait d'esprit qui renforce son caractère comique.

> Edward Lear, *Book of Nonsense* (1846)
> *There was a young girl of West Ham,*
> *Who hastily jumped on a tram.*
> *When she had embarked,*
> *The conductor remarked,*
> *"Your fare." "Well, they do say I am."*

lipogramme n.m. / *lipogram* ['lɪpəʊgræm]

Œuvre littéraire dans laquelle une des lettres de l'alphabet n'est jamais utilisée.

Exemple : Georges Perec, *La Disparition*, roman dans lequel il n'utilise jamais la lettre E.

> Georges Perec, *La Disparition* (1969)
> *Un marin nantuckais immortalisait un combat colossal qui, par trois fois, opposait Achab au grand Cachalot blanc, à Moby Dick. Moby Dick ! Son nom glaçait jusqu'aux plus forts, un frisson convulsif parcourut l'octogonal tillac. Moby Dick ! L'animal d'Astaroth, l'animal du Malin. Son grand corps blanc qu'un vol d'albatros partout, toujours, accompagnait, faisait, aurait-on dit, un trou au mitan du flot, un noyau blanc sur l'horizon azur, qui vous fascinait, qui vous attirait, qui vous horrifiait, trou sans fond, ravin blanc, sillon fulgurant d'un courroux virginal, couloir qui conduisait à la mort, puits vacant, profond, lacunal, vous aspirant jusqu'à l'hallucination, jusqu'au tournis ! Huis blanc d'un Styx plus noir qu'aucun goudron, tourbillon blafard du Malström ! Moby Dick ! On n'y faisait allusion qu'à mi-voix. Signons-nous, disait parfois un bosco pâlissant. L'on voyait plus d'un marin murmurant tout bas un dominus vobiscum.*

litanie n.f. / *litany* [ˈlɪtən|i]

Prière liturgique d'invocation de Dieu, des Saints ou de la Vierge, incluant autant d'épithètes qu'en recèlent les Saintes Écritures.

Dans le langage courant, ce mot est devenu synonyme d'énumération longue et fastidieuse, souvent itérée de nombreuses fois.

litote n.f. / *litotes* [ˈlaɪtəʊtiːz]

Pour V. Jankelevitch, (*L'Ironie*), la litote, synonyme de méiose (*meiosis, understatement*), est la forme naturelle de l'ironie.

> V. Jankelevitch, *L'Ironie*
> *La litote déflationniste est l'opposé diamétral de l'emphase, qui est inflation et vaine grandiloquence, et qui ne produit que du vent.*

La litote consiste effectivement en une atténuation de l'expression qui, loin d'affaiblir le discours, lui donne plus de force. La litote met en place un énoncé le plus souvent négatif qui véhicule cependant un message clairement positif : par exemple, « il n'est pas très intelligent » se laisse aisément comprendre comme « il est vraiment bête ».

littéral / *literal* [ˈlɪtərəl]

Se dit du fait de prendre les mots dans leur sens non-figuratif, pour ce qu'ils dénotent et non pour ce qu'ils connotent. Cet adjectif met l'accent sur l'absence de jugement énonciatif et suppose l'existence d'un rapport direct entre signifiant et signifié.

littérarité n.f. / *literariness* [ˈlɪtˬərərɪnes]

Ce qui fait d'un texte un texte littéraire. L'usage de ce mot suppose que le texte littéraire se démarque des autres modes d'écriture par une forme donnée, identifiable, reconnaissable à la présence d'éléments stylistiques particuliers (linguistiques, topologiques,...).

livre à clef n.m. / *key novel* [kiː ˈnɒvəl]

Roman dont les personnages sont construits à partir de personnes réelles que seule la clé de la lecture peut permettre d'identifier à moins qu'elle ne soit donnée en annexe ou en notes. Le livre à clef est en général de veine satirique.

livret n.m. / *libretto* [lɪˈbret|əʊ]

Texte d'un opéra comprenant les dialogues, la liste des personnages et parfois un résumé de l'action.

☞ Le livret du *Carmen* de G. Bizet a été écrit par Henri Meilhac et Ludovic Halévy à partir d'une nouvelle éponyme de Prosper Mérimée.

locale, couleur ~ / *local colour* [ˌləʊkəl ˈkʌlə]

Ensemble des détails qui créent un effet de réel et d'authenticité en renvoyant fidèlement à des lieux précis, des costumes d'époque, des coutumes, etc.

loco citato (loc. cit.) ou ibidem / *loco citato (loc. cit.)* [ˈləʊkəʊ saɪˈteɪtəʊ] *or ibid.* [ˈɪbɪd]

Référence dans un texte à un ouvrage (ou un chapitre, un article, une page, etc.) cité précédemment.

logocentrisme n.m. / *logocentrism* [ˈlɒgəʊˈsentrɪzm]

Le logocentrisme est synonyme de centration sur le mot, sur le verbe (au sens transcendent du mot). Dans la philosophie derridienne, la vérité, l'identité, le savoir, reposent sur la croyance que « le sens est inhérent au monde indépendamment de toute tentative humaine de le formuler par la parole ».

Or le sens d'un texte repose à la fois sur des valeurs qui lui sont propres mais aussi sur d'autres valeurs existant en dehors du texte, en contrepoint de ce que semblerait dire le texte. Le sens n'est donc pas un produit de l'intention de l'auteur. Le texte nécessite d'être déconstruit pour qu'émerge le sens, indépendamment de la langue qui le constitue.

logomachie n.f. / *logomachy* [lɒˈgɒməki]

Bataille de mots généralement creux, relative à des sujets sans importance véritable.

logopoeia n.f. / *logopoeia* [ˌlɒgəʊˈpiːə]

Ezra Pound, partisan de l'écriture poétique en vers libres, définissait dans *How to Read* (1931) trois façons dont le langage pouvait signifier : *phanopoeia* (les mots convoquent l'image), *melopoeia* (les mots en plus de leur sens propre véhiculent une musique qui oriente la compréhension du sens) et *logopoeia*, « *the dance of the intellect among words* » (les mots véhiculent en plus de leur sens une culture, une attente de contexte, de relation avec d'autres mots que ne peut représenter à lui seul le sens).

Cette trilogie est donc de nature associative et place le sens au-delà du donné immédiat des mots dont la fonction première est de stimuler l'intellect et l'émotion.

logorrhée n.f. / *logorrhea* [ˌlɒɡəˈriː ə]
Flux excessif de paroles, discours verbeux dont l'intérêt ne se manifeste pas *a priori*.

lullaby / *lullaby* [ˈlʌlə|baɪ]
Chanson douce destinée à induire le sommeil de l'enfant, reposant sur un rythme régulier et des sonorités apaisantes.

➢ « Twinkle, Twinkle, Little Star »
Twinkle, twinkle, little star,
How I wonder what you are.
Up above the world so high,
Like a diamond in the sky.
Twinkle, twinkle, little star,
How I wonder what you are.

lyrique / *lyric* [ˈlɪrɪk] *or lyrical* [əl]
Poésie initialement chantée au son de la lyre, le poème lyrique exprime dans un style fleuri les sentiments et émotions intenses du « je » qui assume son énonciation.

➢ Leconte de Lisle, « Jane », *Chansons écossaises* (1852)
Je pâlis et tombe en langueur :
Deux beaux yeux m'ont blessé le cœur.
Rose pourprée et tout humide,
Ce n'était pas sa lèvre en feu ;
C'étaient ses yeux d'un si beau bleu
Sous l'or de sa tresse fluide.
Je pâlis et tombe en langueur :
Deux beaux yeux m'ont blessé le cœur.
Toute mon âme fut ravie !
Doux étaient son rire et sa voix ;
Mais ses deux yeux bleus, je le vois,
Ont pris mes forces et ma vie !
Je pâlis et tombe en langueur :
Deux beaux yeux m'ont blessé le cœur.
Hélas ! la chose est bien certaine :
Si Jane repousse mon vœu,
Dans ses deux yeux d'un si beau bleu
J'aurai puisé ma mort prochaine.
Je pâlis et tombe en langueur :
Deux beaux yeux m'ont blessé le cœur.

M

macabre / *macabre* [mə'kɑːb̯rə]

Adjectif qui connote les éléments présents dans un type de peinture des XIVe et XVe siècles appelé danse macabre : c'est une suite d'images représentant la Mort qui entraîne dans son sillage tous les représentants de l'humanité. Le mot a fait ensuite allusion à tout ce qui touche à la mort, du tragique au burlesque.

☞ *La Danse macabre du cimetière des innocents* (1424) ; Albrecht Dürer, *L'Apocalypse* (1498).

macaronique, poésie ~ / *macaronic verse* [ˌmækə'rəʊnɪk]

Mélange de mots de différents langages affublés de terminaisons pouvant rappeler la langue culturelle dans laquelle écrit l'auteur. De forme poétique, empruntant parfois la structure du *limerick*, ce genre se prête particulièrement à la satire, l'humour, voire la plaisanterie grossière.

Exemple : le troisième intermède du *Malade imaginaire* de Molière.

➤ Molière, *Le Malade imaginaire* (1673)

Totus mundus, currens ad nostros
  [remedios,
Nos regardat sicut Deos ;
Et nostris ordonnanciis
Principes et reges soumissos videtis.
Donque il est nostrae sapientiae,
Boni sensus atque prudentiae,
De fortement travaillare
A nos bene conservare
In tali credito, voga, et honore,
Et prandere gardam à non recevere
In nostro docto corpore

Quam personas capabiles,
Et totas dignas ramplire
Has plaças honorabiles.
C'est pour cela que nunc convocati
  [estis ;
Et credo quod trovabitis
Dignam matieram medici
In sçavanti homine que voici,
Lequel, in chosis omnibus,
Dono ad interrogandum,
Et à fond examinandum
Vostris capacitatibus.

machiavélique / *machiavellian* [ˌmækiə'veliən]

Se dit de ce qui est conforme aux principes politiques énoncés par Marchiavel (1469-1527). En général, le mot connote la perfidie, la mauvaise foi, la trahison, parfois même le meurtre et le vice. Un personnage machiavélique précipite autrui dans sa chute, comme par exemple Iago dans *Othello* ou encore Lady Macbeth dans *Macbeth*.

madrigal n.m. / *madrigal* ['mædrɪɡəl]

Petit poème lyrique à plusieurs voix, d'expression délicate, tendre et galante, à la thématique généralement pastorale.

magique, réalisme ~ / *magic realism* ['mædʒɪk]

Popularisée par les peintures d'Edward Hopper (1882-1967), cette forme de réalisme juxtapose en littérature éléments du réel et éléments fantastiques au fil d'une narration à la temporalité non linéaire favorisant l'enchevêtrement des récits et des intrigues. On y trouve côte à côte le féerique et le macabre, le surnaturel et le gothique, le savant et l'inexplicable. Voici comment le définit Jean Weisgerber, *Le réalisme magique : Roman. Peinture et cinéma*.

> ➤ Jean Weisgerber, *Le réalisme magique : Roman. Peinture et cinéma*
> *Le réalisme magique n'est ni un mouvement d'avant-garde, ni même une école, mais un simple courant littéraire groupant des écrivains isolés et qui s'insère dans le réalisme élargi du XXe siècle. Tout en étant très attentif à l'aspect sensible des choses, il professe une conception totalisante de l'univers, ne fût-ce qu'en soulignant leurs « correspondances ». De plus, il s'efforce d'appréhender par l'intellect, l'intuition ou l'imagination leur fond ontologique (métaphysique, religieux, mythique), lequel sous-tend, informe, enrichit ou sape, selon le cas, la réalité empirique. Immanente aux objets, ou à l'observation, sa magie s'oppose aux postulats sur la réalité, la perception et la logique en honneur au milieu du siècle dernier, et jugés désormais trop étroits.*

mal à propos / *malapropism* [ˈmæləprɒp‚ɪzəm]

L'expression française a été reprise par Sheridan dans *The Rivals* ; ce dernier en a fait le nom de l'un de ses personnages, Mrs Malaprop, dont le discours est émaillé d'erreurs lexicales dues à de multiples substitutions de mots les uns pour les autres, générant ainsi le rire de la salle.

> ➤ Sheridan, *The Rivals* (1775), I, 2, ll. 254-263 (les « *malapropisms* »
> ont été corrigés entre crochets [n.d.a.])
> *Then, sir, the should have a supercilious [superficial] knowledge into accounts; —and as she grew up, I would have her instructed in geometry [geography], that the might know something of the contagious [contiguous] countries; —but above all, Sir Anthony, she should be mistress of orthodoxy [orthography], that she might not mis-spell, and mis-pronounce words so shamefully as girls usually do; and likewise that she might reprehend [apprehend] the true meaning of what she is saying. —this, Sir Anthony, is what I would have a woman know; —and I don't think there is a superstitious [superfluous] article in it.*

maniérisme n.m. / *mannerism* [ˈmænər‚ɪzm]

Terme spécifique de la description de l'architecture et de la peinture du XVIe siècle caractérisant également certains écrits à la syntaxe et aux figures recherchées. Le maniérisme est empreint d'une artificialité qui dénote affectation et souci de l'ornement.

manteau d'Arlequin n.m. / *Harlequin's coat* [ˈhɑːləkwɪnz kəʊt]

C'est un rideau de théâtre de velours rouge composé d'une part de deux draperies verticales encadrant la scène et d'autre part d'un couronnement qui les réunit.

marinisme n.m. / *marinism* ['mærɪn‿ɪzm]

Proche du maniérisme littéraire, le marinisme doit son nom au style ampoulé et fleuri à l'excès du poète italien Giovanni Battista Marini (1569-1625).

marivaudage n.m. / *marivaudage*

Ce terme désigne l'atmosphère particulière des pièces de Marivaux (1688-1763), et plus spécialement le jeu galant avec les mots qui traduit la tension entre désir et retenue au cœur des relations entre les personnages. Le marivaudage est fait de galanteries précieuses, de badinage élégant, de frivolité raffinée.

marxiste, critique ~ n.f. / *marxist criticism* ['mɑːksɪst]

Depuis 1950, les théories de la critique littéraire se succèdent et s'interpellent : structuralisme, narratologie, critique marxiste, sociocritique, psychocritique, critique dialogique, post-structuralisme et déconstruction, critique féministe, etc.

La critique marxiste se donne pour objet de dévoiler les structures cachées du texte, son inconscient politique en quelque sorte. Elles constituent son « non-dit » historique social et politique, sans que toutefois histoire littéraire et Histoire puissent jamais se confondre pleinement.

masculine, rime ~ n.f. / *masculine rhyme* ['mæskjʊlɪn]

Rime tombant en anglais sur la syllabe finale accentuée d'un mot ou sur un mot d'une syllabe ; en français, sur un mot ne comportant pas de <e> muet, indépendamment de son genre grammatical.

La césure dite masculine (*masculine caesura*) tombe également après un mot porteur d'accent final.

masque n.m. / *masque* [mɑːsk]

Danse exécutée par des personnages portant des masques. À la fin du XVIe siècle, les masques étaient des représentations données à la cour, sous forme de tableaux, où les acteurs masqués, richement vêtus incarnaient des personnages mythiques ou mythologiques. Le masque intégra petit à petit la comédie, et fut mis à l'honneur par Shakespeare dans *The Tempest*. Pour témoin le masque de l'acte IV scène I qui voit apparaître Iris, Cérès, Junon et les nymphes (59-138).

maxime n.f. / *maxim* ['mæksɪm]

Brève formule proche de l'aphorisme qui énonce une règle ou une généralité sur la nature humaine. Exemple : cette maxime de La Rochefoucauld :

> *Le mal que nous faisons ne nous attire pas tant de persécution et de haine que nos bonnes qualités.*

méiose n.f. / *meiosis* [maɪˈəʊs|ɪs]

⇨ litote / *litotes*

mélique, poésie ~ / *melic poetry* ['melɪk]

Mot d'origine grecque qui désigne une poésie lyrique possédant toutes les qualités du chant, associant parole, rythme et harmonie. Exécutée par une seule voix, elle s'appelle une monode (*monode*).

mélodrame n.m. / *melodrama* ['melə͜ drɑːmə]

Mélange de musique et de drame proche de l'opéra, né à la fin du XVIe siècle en Italie. Caractérisé par des intrigues colorées d'invraisemblance et de sensationnel, il se transforme peu à peu en un genre excessif mélangeant surnaturel, réalisme et violence. Il renaît avec humour dans *Ubu Roi* (1896) d'Alfred Jarry, qui influencera les surréalistes et le théâtre de l'absurde et il se perpétue aujourd'hui le plus souvent sous la forme d'adaptations cinématographiques.

mémoires n.m. / *memoir-novel* ['memwɑː]

Écrit présenté comme une autobiographie, en vogue au XVIIIe siècle.
☞ Daniel Defoe, *Moll Flanders* (1722).

ménestrel n.m. / *minstrel* ['mɪnᵗs trəl]

Artiste du Moyen Âge qui combinait récitation de vers et chant, s'accompagnant le plus souvent d'une harpe. Certains étaient itinérants, d'autres résidaient à la cour.

ménippée, satire ~ n.f. / *menippean satire*

Inspirée par les écrits satiriques de Menippus (IIIe siècle avant notre ère), elle se présente sous une forme peu rigoureuse où se mêlent prose, vers, caricature, burlesque et parodie. Les premières connues sont les *Satires ménippées* de Varron.
⇨ satire / *satire*

merveilleux n.m. / *supernatural*

⇨ fées, conte de ~ / *fairy tale*

mésode n.f. / *mesode*

Partie comprise entre l'ode et l'antistrophe.
⇨ antistrophe / *antistrophe*

mesure n.f. / *measure* ['meʒ|ə]

⇨ mètre / *meter*

métafiction n.f. / *metafiction* ['metə͜ fɪkʃᵊn]

Fiction traitant de la fiction.
☞ *The Garden of Forking Paths* de J.L. Borges.

métalangage n.m. / *metalanguage* ['metə͜ læŋgwɪdʒ]

Langage décrivant les propriétés du langage. Dans *Problèmes de linguistique générale*, II, Benvéniste décrit ainsi la métalangue.

> E. Benvéniste, *Problèmes de linguistique générale*, II, 35
> *On peut construire des langues sur des langues, ce que l'on appelle des métalangues, des langues qui servent à décrire une langue, dont c'est la seule et unique fonction. [...] La langue de la grammaire, qui décrit l'usage des formes de la langue, est une métalangue ; parler de substantif, d'adverbe, de voyelle, de consonne, c'est parler une métalangue.*

métalepse n.f. / *metalepsis* [ˈmetə‿lepsɪs]

Forme de métonymie dans laquelle l'expression de la cause ou de l'antécédent est remplacée par celle de la conséquence : par exemple, « nous sommes orphelins » est une métalepse de « notre père est mort ».

métanoïa n.f. / *metanoia* [ˌmetəˈnɔɪ|ə]

Reprise atténuée d'une affirmation forte antérieure.

> Sterne, *Tristram Shandy* (1759-1766)
> *For, to speak the truth, Yorick had an invincible dislike and opposition in his nature to gravity; —not to gravity as such; —for where gravity was wanted, he would be the most grave or serious of mortal men for days and weeks together; —but he was an enemy to the affectation of it, and declared open war against it, only as it appeared a cloak for ignorance, or for folly;*

métaphore n.f. / *metaphor* [ˈmetəfə]

Figure reposant sur la comparaison implicite et qui consiste à remplacer un mot par un autre par substitution analogique de forme « X est Y » (alors que la comparaison a pour structure « X est comme Y »).

L'élément de base est l'idée (*tenor*), l'élément utilisé en tant qu'image du premier est l'image (*vehicle*). La métaphore vise à faciliter la compréhension du message en référant le plus souvent à un élément concret dont énonciateur et coénonciateur partagent la connaissance. Par sa simple énonciation, elle projette un faisceau d'implications sur la notion à laquelle elle se substitue.

Dans *Essais de linguistique générale II* (1973), R. Jakobson distingue « deux facteurs fondamentaux qui opèrent à n'importe quel niveau du langage » et constituent la base même de la construction métaphorique.

> R. Jakobson, *Essais de linguistique générale II* (1973)
> *Le premier de ces deux facteurs, la sélection, est produit sur la base de l'équivalence, de la similarité et de la dissimilarité, de la synonymie et de l'antonymie, tandis que dans le second, la combinaison, la construction de toute chaîne, repose sur la contiguïté : si on étudie le rôle de ces deux facteurs dans le langage poétique, il devient clair que la fonction poétique projette le principe d'équivalence de l'axe de la sélection sur l'axe de la combinaison. L'équivalence est promue au rang de procédé constitutif de la séquence.*

Il existe plusieurs sortes de métaphores : la métaphore absolue (*absolute or paralogical metaphor*) dans laquelle l'idée et de l'image ne partagent aucun sème commun. La métaphore active (*live metaphor*) qui n'est pas encore figée par l'usage. La métaphore complexe (*complex metaphor*) qui véhicule une image concrète devant être comprise comme abstraite : *tu me fais marcher* !). La *métaphore composée* (*compound metaphor*) qui tisse plusieurs associations entre idée et image (*c'est un vrai serpent* ; insaisissable, médisant, etc.). La métaphore morte (*dead metaphor*) qui ne convoque plus de lien avec l'idée première. La métaphore étendue (*extended metaphor*) qui associe plusieurs images à une même idée de départ. La métaphore implicite (*implicit metaphor*) qui ne nomme pas l'image (*Je gèle dans cette pièce* !). La métaphore mixte (*mixed metaphor*) qui utilise deux notions différentes comme image de l'idée (*Face aux journalistes, il s'est jeté à l'eau et a noyé le poisson...*). La métaphore culturelle (*root metaphor*) qui symbolise des pans entiers de la culture commune (*c'est son fil d'Ariane*).

Dans *Metaphors We Live By*, Lakoff et Johnson dégagent (dans une perspective cognitiviste) une systématicité de la structure métaphorique du langage en prenant pour base la métaphore habituelle du « conduit » qui présuppose que les idées ou le sens sont des objets (*objects*), que l'expression linguistique est leur contenant (*container*) et que la communication repose sur la transmission (*sending*).

Conscients des restrictions qu'impose le passage à la métaphore, « *in allowing us to focus on one aspect of a concept, a metaphorical concept can keep us from focusing on other aspects of the concept that are inconsistent with that metaphor* (10) », ils passent en revue la structure des métaphores liées à l'orientation, des métaphores ontologiques, etc. avant que de conclure : « *the objects of metaphorical definition are natural kinds of experience. [...] Natural kinds of experience [...] are a product of our bodies [...] our interactions with our physical environment [...], our interactions with other people within our culture [...]. Metaphor is primarily a matter of thought and action and only derivatively a matter of language.* »

La métaphore, par delà la figure linguistique, constitue donc un aspect essentiel de la conceptualisation de l'expérience par l'être humain.

métaphysique, poésie ~ n.f. / *metaphysical poetry* [ˌmetəˈfɪzɪkəl]

La poésie métaphysique caractérise le XVIIe siècle anglais, représentée principalement par John Donne, George Herbert, et Andrew Marvell. Cette forme présente des constantes en dépit de la variété des sujets ou structures poétiques qui la caractérise.

Elle est souvent de type argumentatif, exercice intellectuel tout autant qu'émotionnel, propose des satires, des discours tragiques, des analyses philosophiques liées à la problématique de la mortalité, des élans amoureux, passionnés ou raisonnés, le tout dans un style recherché, où l'enchevêtrement des images balise les mouvements de la pensée. L'abstraction y est de mise mais cède souvent le pas, néanmoins, à l'esprit et ses facéties : ils se manifestent de façon inattendue au détour de comparaisons audacieuses ou de métaphores savantes sous les traits de l'humour, de la discordance, voire du paradoxe ou de l'oxymore.

La force métaphorique s'exprime dans des images complexes appelées *conceits* qui sont le reflet figuratif des liens entre microcosme et macrocosme, emblématiques de la prédominance de l'abstraction dans cette poésie de l'élévation.

métatextualité n.f. / *metatextuality* [ˌmetə tekstʃuˈælətɪ]

⇨ métafiction / *metafiction*

métathéâtre n.m. / *metatheatre* [ˌmetəˈθɪətə]

Théâtre offrant une réflexion sur le théâtre. Se dit aussi de pièces offrant une réflexion sur les drames du quotidien sans offrir la structure classique des tragédies antiques.

☞ *A Streetcar Named Desire* (1947), de Tennessee Williams, peut être considéré comme du métathéâtre.

métonymie n.f. / *metonymy* [meˈtɒnəm|i]

Figure dans laquelle la partie représente le tout. Par exemple, « la voile » pour « le bateau », « l'aile » pour « l'oiseau », « *The Crown* » pour « la Reine », etc. L'énonciation du la partie effectue un renvoi triple : premièrement à la partie elle-même, deuxièmement à la totalité dont elle est tirée, troisièmement aux tissus associatifs respectifs de la partie et du tout. En effet, par exemple, la voile connote le vent, l'air, la liberté alors que le bateau revoie au bois, à la coque, à une structure matérielle, au transport, etc. La métonymie permet donc de renvoyer à des représentations différentes à partir de fragments d'une même image.

⇨ synecdoque / *synecdoche*

mètre n.m. / *meter* [ˈmiːtə]

Terme de métalangue poétique désignant le vers et le nombre de syllabes qu'il comprend, brèves ou longues en versification latine, accentuées et non accentuées en versification anglaise et regroupées en pieds.

Les mètres les plus utilisés sont le monomètre (*monometer*), qui ne comporte qu'un seul pied, le dimètre (*dimeter*), deux, le trimètre (*trimeter*) trois, le tétramètre (*tetrameter*), quatre, le pentamètre (*pentameter*) cinq, l'hexamètre ou Alexandrin (*hexameter or Alexandrine*), six, l'heptamètre (*heptameter*) sept, l'octamètre (*octameter*) huit.

Le pentamètre iambique est la forme la plus courante en poésie anglaise.

La métrique (*metrics* or *prosody*) est l'étude de la facture des vers.

mime n.m. / *mime* [maɪm]

Narration ou évocation gestuelle d'une action dépourvue de commentaire verbal. Le mime peut être exécuté par une personne seule, monomime (*monomime*), par exemple le mime Marceau, ou encore par un groupe de personnes (voir pantomime / *pantomime*).

mimésis / *mimesis* [mɪˈmiːsɪs]

Terme employé pour référer à tout ce qui ressort de l'imitation, que ce soit le mime, la représentation réaliste, la représentation sonore qui évoque directement le sens (Pope), la construction de la tragédie qui représente son action (Aristote).

miracle n.m. / *miracle play* [ˈmɪrəkəl]

Forme dramatique née du Mystère qui met en scène l'intervention miraculeuse de la Vierge. Elle est en général composée d'octosyllabes structurés en distiques.

⇨ mystère / *mystery play*

mise en abyme n.f. / *mise en abyme* [ˌmiːzɒn əˈbiːm]

Effet de profondeur jouant sur la récursivité d'un motif, qui place au centre d'un blason un autre blason comprenant lui même en son centre un troisième blason et ainsi de suite. En matière littéraire, procédé qui consiste à intégrer dans un écrit un écrit de forme identique au premier ; un poème dans un poème, une lettre dans une lettre, etc.

Le procédé est fort utilisé en iconographie publicitaire (par exemple, les boucles d'oreilles de « La vache qui rit »…).

mise en scène n.f. / *mise-en-scène* [ˌmiːzɒnˈseɪn]

Ensemble des procédés permettant de transposer une œuvre littéraire dans la sphère du théâtre : scénographie, musique, jeu des acteurs, articulation entre le texte et sa représentation.

modernisme n.m. / *modernism* [ˈmɒdəˌnɪzəm]

Mouvement artistique et littéraire du XXᵉ siècle qui caractérise plus particulièrement la première moitié du siècle en Europe et en Amérique. Il consiste en une rupture avec les traditions et règles établies qui autorise toute forme d'expérimentation en matière de création artistique. Il prend souvent pour objet le processus créatif lui-même, et le pouvoir de représentation du langage, explorant la déconstruction et la fragmentation, reflets de la place de l'homme dans l'univers. *Ulysses* de James Joyce (1922) et *The Waste Land* de T.S. Eliot (1922) en sont des exemples majeurs.

modernité n.f. / *modernity* [mɒˈdɜːnət|i]

Le concept de modernité n'est pas inscrit dans le temps comme celui de modernisme. L'adjectif « moderne » est entré dans le vocabulaire au XVIᵉ siècle, opposant l'« homme moderne » à l'« homme ancien », rupture qui permet à l'homme de se penser dans l'histoire. Il est relatif à tout ce qui, à toutes les époques, a représenté le transitoire, le fugitif, le contingent, le non-encore-dit, en opposition à l'éternel et l'immuable. Il est symbolisé par toutes les manifestations d'« avant-garde », concept paradoxal puisqu'il implique que toute avant-garde s'autodétruit en se constituant. Son expression extrême est le nihilisme.

monodrame n.m. / *monodrama* [ˈmɒnoʊˌdrɑːmə]

Drame dont les personnages sont présentés du seul point de vue de l'un d'entre eux.

monologue n.m. / *monologue* [ˈmɒnəlɒg]

Scène qui consiste en la prise de parole d'un seul personnage dont le discours reflète les pensées intimes. Le monologue est une forme de dialogue avec soi-même (soliloque / *soliloquy*) ou encore une forme d'adresse au public dans laquelle un personnage révèle ses intentions, jetant les bases de l'ironie dramatique dont sera victime un autre personnage.

monologue intérieur n.m. / *interior monologue*
Discours intérieur d'un personnage dans un texte narratif exprimé le plus souvent au style indirect libre.

monomètre n.m. / *monometer* [mɒˈnɒmɪtə]
⇨ mètre / *meter*

monorime n.f. / *monorhyme* [ˈmɒnəʊˌraɪm]
Poème dans lequel toutes les rimes sont identiques.

monostique n.m. / *monostich*
Poème constitué d'un seul vers.
⇨ épigramme / *epigram*

mora n.f. / *mora* [ˈmɔːr|ə], *-ae* [-iː]
Unité de mesure de longueur en versification. Une brève correspond à une mora, une longue à deux moræ.

moralité n.f. / *morality play* [məˈrælət|i]
Représentation allégorique et dramatique du combat entre le bien et le mal dans l'âme humaine.

mosaïque, rime ~ n.f. / *mosaic rhyme* [məʊˈzeɪ ɪk]
Rime de plus d'une syllabe pouvant s'étendre sur plusieurs mots, parfois uniquement visuelle, parfois visuelle et sonore. Par exemple, cet extrait de *To Dr Sheridan* de Swift (cité par Cuddon).
➤ Jonathan Swift, *To Dr Sheridan*
   I went in vain to look for Eupolis,
   Down in the Strand, just where the new pole is;
   For I can tell you one thing, that I can,
   You will not find it in the Vatican.

motet n.m. / *motet* [₍ɪ₎məʊˈtet]
Composition harmonique à deux, trois ou quatre parties, parfois utilisée pour accompagner des paroles religieuses lors de cérémonies.

motif n.m. / *motif* [₍ɪ₎məʊˈtiːf]
Image, concept ou élément de l'histoire à caractère récurrent faisant partie de la structuration thématique d'une œuvre.

motto n.m. / *motto* [ˈmɒtəʊ]
Devise représentant une famille en héraldique. Par la suite, tout expression permettant, comme un nom propre, d'identifier une personne ou un produit.

muse n.f. / *muse* [mjuːz]

Source de l'inspiration en mythologie grecque. Les neuf muses étaient filles de Zeus et Mnémosyne, associées à Apollon, dieu de la musique, dont elles constituent le chœur. Calliope, muse de l'éloquence et de la poésie héroïque, Clio, muse de l'histoire, Erato, muse de la poésie lyrique, Euterpe, muse de la musique, Melpomène, muse de la tragédie, Polymnie (*Polymnia*), muse de l'art d'écrire et de la pantomime, Terpsichore, muse de la danse, Thalie (*Thalia*), muse de la comédie et Uranie (*Urania*), muse de l'astronomie.

musicale, comédie ~ n.f. / *musical comedy* ['mjuːzɪkəl]

Forme légère de l'opéra, combinant chants, musique et dialogues parlés. Elle prend son essor au XXe siècle, grâce au cinéma (et tout particulièrement à Hollywood).
☞ Les *Ziegfeld Follies*.

mystère n.m. / *mystery play* ['mɪstr|i]

Ancêtre des Miracles, les mystères du Moyen Âge mettent en scène la création, la chute et la rédemption, transportant la mise en scène religieuse de la Bible en dehors de l'église, favorisant ainsi sa diffusion populaire.

mythe n.m. / *myth* [mɪθ]

Élément structurant la mémoire populaire. Pour Mircea Eliade, dans *Le Mythe de l'Éternel Retour*,

➢ Mircea Eliade, *Le Mythe de l'Éternel Retour* (1949)
   « Myth is the last —not the first— stage in the development of a hero » (Chadwick, vol. III, p. 762). [...] le souvenir d'un événement historique ou d'un personnage authentique ne subsiste pas plus de deux ou trois siècles dans la mémoire populaire. Cela est dû au fait que la mémoire populaire retient difficilement des événements « individuels » et des figures « authentiques ». Elle fonctionne au moyen de structures différentes ; catégories au lieu d'événements, archétypes au lieu de personnages historiques. Le personnage historique est assimilé à son modèle mythique (héros, etc.) tandis que l'événement est intégré dans la catégorie des actions mythiques (lutte contre le monstre, frères ennemis, etc.).

mythopoeïa n.f. / *mythopoeia* [ˌmɪθəʊˈpiːə]

Création consciente d'un mythe ou d'une mythologie personnelle dans une œuvre littéraire.

narrataire n.m. / *narratee* [ˌnærəˈtiː]

Le narrataire est le destinataire du récit. Il est l'un des éléments de la situation narrative, un être fictif, alors que le lecteur est, lui, réel.

Prince, à qui l'on doit le concept, définit un narrataire de degré zéro, qui connaît la langue du narrateur mais ne peut interpréter l'œuvre sans l'aide de ce narrateur ; il ne sait rien des événements ou des personnages et ne possède aucun trait distinctif de nature sociale ou psychologique. Ce narrataire est pour lui une sorte d'instance médiatrice entre narrateur et lecteur.

Il peut faire partie du récit et être l'un des personnages auquel le narrateur s'adresse directement (*vous qui lisez ces pages…*) ou implicitement, ou un lecteur virtuel que se représente l'auteur :

➢ Tzvetan Todorov, « Les catégories du récit littéraire », *Communications*, 8, Seuil (1966)

L'image du narrateur n'est pas une image solitaire : dès qu'elle apparaît, dès la première page, elle est accompagnée de ce qu'on peut appeler « l'image du lecteur ». Evidemment, cette image a aussi peu de rapports avec un lecteur concret que l'image du narrateur avec l'auteur véritable. Les deux se trouvent en dépendance étroite l'une de l'autre, et dès que l'image du narrateur commence à ressortir plus nettement, le lecteur imaginaire se trouve lui aussi dessiné avec plus de précision. Ces deux images sont propres à toute œuvre de fiction : la conscience de lire un roman et non un document nous engage à jouer le rôle de ce lecteur imaginaire et en même temps apparaît le narrateur, celui qui nous rapporte le récit, puisque le récit lui-même est imaginaire. Cette dépendance confirme la loi sémiologique générale selon laquelle « je » et « tu » l'émetteur et le récepteur d'un énoncé, apparaissent toujours ensemble.

La *persona* du narrataire est perceptible au travers de certains signaux émanant du narrateur : adresses directes (*mon ami lecteur*), utilisation d'un *nous* ou d'un *on* inclusifs, question rhétorique pouvant être conçue comme émanant du narrataire et à laquelle le narrateur apporte une réponse (*ce que nous sommes ? nul ne le sait…*), métaphores supposant une communauté de pensée et de représentation entre narrateur et narrataire, etc.

➢ Roland Barthes, *L'Analyse structurale des récits* (1966)

En fait, le problème n'est pas d'introspecter les motifs du narrateur ni les effets que la narration produit sur le lecteur ; il est de décrire le code à travers lequel narrateur et lecteur sont signifiés le long du récit lui-même. Les signes du narrateur paraissent à première vue plus visibles et plus nombreux que les signes du lecteur (un récit dit plus souvent je que tu) ; en réalité, les seconds sont simplement plus retors que les premiers ; ainsi, chaque fois que le narrateur, cessant de « représenter », rapporte des faits qu'il connaît parfaitement mais que le lecteur ignore, il se produit, par carence signifiante, un signe de lecture, car ce n'aurait pas de sens que le narrateur se donnât lui-même une information.

L'identité d'un narrataire se définit en fonction de sa situation narrative, sa position par rapport aux personnages, à la narration elle-même.

Quand le narrataire est l'un des personnages du récit, il peut jouer d'autres rôles que celui de destinataire privilégié. Il peut aussi prendre l'identité de plusieurs personnages auxquels le narrateur destine successivement ou simultanément son récit. Le narrataire principal est le destinataire de tout ce que produit le narrateur alors que le narrataire secondaire, quand il existe, n'a accès qu'à une partie du récit.

Todorov souligne que le narrataire comprend ce que signifie (et donc concrétise) le texte dans la mesure où il comprend la langue du texte, et ce, de façon constante. En revanche, c'est la conscience lisante (ou écoutante) qui interprète les figures et symboles, et ces interprétations sont infiniment variables d'un narrataire à l'autre.

⇨ **lecteur** / *reader*

narrateur n.m. / *narrator* [nəˈreɪtə]

Le narrateur est le donateur du récit (Greimas), un être de papier : « *Qui parle* (dans le récit) n'est pas *qui écrit* (dans la vie) et *qui écrit* n'est pas *qui est* » (Barthes, *L'Analyse structurale des récits*, 196).

La critique traditionnelle distinguait le narrateur à la première personne (*first-person narrator*), qui dit « je » et offre un point de vue limité (*limited narrator*), le narrateur à la seconde personne qui dit « tu » au lecteur sans pour autant toujours faire référence à lui-même en tant que « je » (*second-person narrator*) et le narrateur à la troisième personne désignant les personnages par « il » ou « elle » (*third-person narrator*). Le narrateur omniscient (*omniscient narrator*) ne fait pas partie du récit mais sait ce que font ou pensent tous les personnages. Ce que raconte le narrateur peut être fiable (*reliable narrator*) ou pas (*unreliable narrator*).

Barthes, lui, distingue deux « codes du narrateur », « personnel » et « a-personnel ». Le personnel (homodiégétique / *homodiegetic* pour Genette, narrateur présent, héros dit autodiégétique / *autodiegetic* ou simple témoin) comporte des signaux qui manifestent sa présence comme par exemple le passage possible à la première personne sans altération du discours. L'a-personnel (hétérodiégétique / *heterodiegetic* pour Genette, narrateur absent) est « le mode traditionnel du récit », fondé sur un système temporel centré sur l'aoriste (Benvéniste). Il arrive cependant que les deux codes se mélangent, comme dans le roman psychologique.

➢ Roland Barthes, *L'Analyse structurale des récits* (1966)
La « psychologie » ne peut en effet – paradoxalement – s'accommoder d'un pur système de la personne, car en ramenant tout le récit à l'instance seule du discours, ou si l'on préfère à l'acte de locution, c'est le contenu même de la personne qui est menacé : la personne psychologique (d'ordre référentiel) n'a aucun rapport avec la personne linguistique, qui n'est jamais définie par des dispositions, des intentions ou des traits, mais seulement par sa place (codée) dans le discours. C'est de cette personne formelle que l'on s'efforce aujourd'hui de parler. [...] Aujourd'hui, écrire n'est pas « raconter », c'est dire que l'on raconte, et rapporter tout le référent (« ce qu'on dit ») à cet acte de locution.

Selon la critique contemporaine, le narrateur transmet ainsi une certaine expérience du monde au narrataire.

Pour Genette (*Figures III*), il y a plusieurs niveaux dans une narration, « tout événement raconté par un récit » se situant « à un niveau diégétique immédiatement supérieur à celui où se situe l'acte narratif producteur de ce récit ». Les événements racontés par le récit premier sont dits diégétiques ou intradiégétiques (*intradiegetic*), ceux racontés dans le récit au second degré étant, eux, métadiégétiques (*metadiegetic*). De même, un personnage qui assume une fonction d'auteur dans un récit est considéré comme extradiégétique (*extradiegetic*) ; quand il parle de lui-même dans le récit qu'il fait, il est alors intradiégétique, et quand il raconte la vie et les événements liés à d'autres personnages, ces personnages du récit second sont métadiégétiques.

➢ Gérard Genette, *Figures III* (1972)
Ces termes désignent non des êtres, mais des situations relatives et des fonctions. L'instance narrative d'un récit premier est donc par définition extradiégétique, comme l'instance narrative d'un récit second (métadiégatique) est par définition diégétique.

Le récit métadiégétique (récit second) répond, « explicitement ou non, à une question du type « Quels événements ont conduit à la situation présente ? » et favorise la mise en abyme. « Le passage d'un niveau narratif à un autre ne peut être assuré que par la narration, acte qui consiste précisément à introduire dans une situation, par le moyen d'un discours, la connaissance d'une autre situation ».

➢ Gérard Genette, *Figures III* (1972), 255-256
Si l'on définit, en tout récit, le statut du narrateur à la fois par son niveau narratif (extra- ou intradiégétique) et par sa relation à l'histoire (hétéro- ou homodiégétique), on peut figurer [...] quatre types fondamentaux de statut du narrateur : 1) extradiégétique-hétérodiégétique, paradigme : Homère, narrateur au premier degré qui raconte une histoire d'où il est absent ; 2) extradiégétique-homodiégétique, paradigme : Gil Blas, narrateur au premier degré qui raconte sa propre histoire ; 3) intradiégétique-hétérodiégétique, paradigme : Schéhérazade, narratrice au second degré qui raconte des histoires d'où elle est généralement absente ; 4) intradiégétique-homodiégétique, paradigme : Ulysse, aux Chants IX à XII, narrateur au second degré qui raconte sa propre histoire.

La narration est donc cette « frontière mouvante mais sacrée entre deux mondes : celui où l'on raconte, celui que l'on raconte ».

narration n.f. / *narration* [nəˈreɪʃᵊn] *vs narrative* [ˈnærətɪv]

Le mot recouvre en français deux significations que l'anglais dissocie : la narration / *narration*, qui est le fait de raconter, et la narration / *narrative*, qui fait référence à ce qui est raconté.

La narration est prise en charge par le(s) narrateur(s) (voir ce mot), ou instance narrative. Genette (*Figures III*) distingue quatre types de narration en fonction de la position temporelle de l'instance narrative par rapport à l'histoire qu'elle raconte.

➢ Gérard Genette, *Figures III* (1972), 229
Ultérieure (position classique du récit au passé [...]), antérieure (récit prédictif, généralement au futur, mais que rien n'interdit de conduire au présent [...]),

simultanée (récit au présent contemporain de l'action) et intercalée (entre les moments de l'action).

⇨ **narrataire /** *narratee,* **narrateur /** *narrator*

narratologie n.f. / *narratology* [ˌnærəˈtɒlədʒi]

Théories développées à partir de l'étude critique de la narration, (temps, modes et voix) – cf. *La Sémantique structurale* de Greimas (1966), *Figures III*, de Genette (1972), *L'Analyse structurale des récits*, de Barthes (1981).

⇨ **actant (rôle actanciel) /** *actant*

Mais au-delà des théories, Todorov, qui pourtant avait forgé le mot « narratologie », conclut, dans *Poétique de la Prose* (1971) :

➢ Tzvetan Todorov, *Poétique de la Prose* (1971)

Il y a sans doute une part inthéorisable de la littérature (pour reprendre un mot de Michel Deguy) si la théorie présuppose le langage scientifique. Une fonction de la littérature est la subversion de ce même langage ; il est alors extrêmement dangereux de prétendre que l'on peut la lire exhaustivement à l'aide de ce même langage qu'elle met en question. Le faire équivaut à postuler l'échec de la littérature. En même temps, ce dilemme est beaucoup trop englobant pour qu'on puisse lui échapper : placés face à un poème, nous ne pouvons que nous résoudre à l'appauvrissement apporté par un langage différent, ou bien, solution factice, écrire un autre poème. Factice, car ce second texte sera une nouvelle œuvre qui toujours attend sa lecture : l'entière autonomie enlève à la critique sa raison d'être, tout comme sa soumission au langage quotidien la frappe d'une certaine stérilité. Reste bien entendu, une tierce solution qui est le silence : on ne saurait en parler.

naturalisme n.m. / *naturalism* [ˈnætʃərəˌlɪzəm]

Sorte de réalisme littéraire qui véhicule la croyance que tout ce qui existe est d'ordre naturel et peut trouver des explications naturelles.

Exemple : *Thérèse Raquin* de Zola (1867), violemment condamné lors de sa parution, au point que Zola ressentit le besoin de défendre ainsi son œuvre dans la préface de la deuxième édition (15 avril 1868), redéfinissant par là même sa conception du naturalisme :

➢ Émile Zola, *Thérèse Raquin* (1868), préface

Dans Thérèse Raquin, *j'ai voulu étudier des tempéraments et non des caractères. Là est le livre entier. J'ai choisi des personnages souverainement dominés par leurs nerfs et leur sang, dépourvus de libre arbitre, entraînés à chaque acte de leur vie par les fatalités de leur chair. Thérèse et Laurent sont des brutes humaines, rien de plus. J'ai cherché à suivre pas à pas dans ces brutes le travail sourd des passions, les poussées de l'instinct, les détraquements cérébraux survenus à la suite d'une crise nerveuse. Les amours de mes deux héros sont le contentement d'un besoin ; le meurtre qu'ils commettent est une conséquence de leur adultère, conséquence qu'ils acceptent comme les loups acceptent l'assassinat des moutons ; enfin, ce que j'ai été obligé d'appeler leurs remords, consiste en un simple désordre organique, et une rébellion du système nerveux tendu à se rompre. L'âme est parfaitement absente, j'en conviens aisément, puisque je l'ai voulu ainsi.*

[...] En un mot, je n'ai eu qu'un désir : étant donné un homme puissant et une femme inassouvie, chercher en eux la bête, ne voir même que la bête, les jeter dans un drame violent, et noter scrupuleusement les sensations et les actes de ces êtres. J'ai simplement fait sur deux corps vivants le travail analytique que les chirurgiens font sur des cadavres.

[...] À coup sûr, l'analyse scientifique que j'ai tenté d'appliquer dans Thérèse Raquin *ne les [les critiques « intelligents »] surprendrait pas ; ils y retrouveraient la méthode moderne, l'outil d'enquête universelle dont le siècle se sert avec tant de fièvre pour trouer l'avenir. Quelles que dussent être leurs conclusions, ils admettraient mon point de départ, l'étude du tempérament et des modifications profondes de l'organisme sous la pression des milieux et des circonstances. [...] Le groupe d'écrivains naturalistes auquel j'ai l'honneur d'appartenir a assez de courage et d'activité pour produire des œuvres fortes, portant en elles leur défense.*

négation n.f. / *negation* [nɪˈgeɪʃ(ə)n]

Utilisation de la négation pour rendre compte de l'affirmation.

➢ Samuel Taylor Coleridge, *The Rime of the Ancient Mariner* (1863), « Part the fourth »
But soon there breathed a wind on me,
Nor sound nor motion made:
Its path was not upon the sea,
In ripple or in shade.

Némésis n.f. / *Nemesis* [ˈnem|əsɪs]

Déesse grecque représentant la colère et la vengeance des dieux face à l'arrogance humaine, qui précipite le héros tragique dans sa chute.

Pour mémoire, tableau des principales déesses et figures féminines mythologiques en charge de l'exécution de la justice des dieux dans l'antiquité gréco-latine.

Nom	Autres appellations	Fonction
Érin(n)yes (Furies) / *Erinnies* Tisiphone, Megaera, Alecto	Dirae, Furies, Furiæ, Eumenides, Semnæ, Potniæ, Maniæ, Praxidikæ	Poursuite des criminels Exécution des ordres de Hadès et Perséphone
Destin / *Fate* (fille de la nuit et d'Erebos)	Ananke, Fatum	Le destin
Parques / *Parcae* / *Moires* Clotho (file), Lachésis (dévide), Atropos (coupe)	The Fates	Exécution des sentences du destin
Némésis / *Nemesis* (fille d'Océan et de Nyx, amante de Zeus, mère d'Hélène)	Adrastée / Adrasteia	Vengeance (crimes impunis)
Dike, Poena, Erinys		Exécution de la justice décidée par Némésis (justice / châtiment / vengeance)

néologisme n.m. / *neologism* [niˈɒləˌdʒɪzəm]

➢ Dubois, *Dictionnaire de linguistique et des sciences du langage* (1994)
Unité lexicale (nouveau signifiant ou nouveau rapport signifiant-signifié) fonctionnant dans un modèle de communication déterminé, et qui n'était pas réalisée antérieurement.

nihilisme n.m. / *nihilism* [ˈnaɪ ɪˌlɪzəm]
Attitude extrême de refus de toutes les valeurs.

nô n.m. / *noh* [nəʊ]
Drame lyrique japonais mimé, chanté et dansé, d'une grande sobriété, exécuté sur une scène dépourvue de tout autre décors qu'un toit et trois arbres symboliques de la terre, du ciel et de l'humanité. Il dure généralement environ sept heures, et comporte cinq pièces séparées par des intermèdes burlesques. Comme dans le Kabuki, tous les rôles y sont tenus par des hommes.

nœud de l'action n.m. / *climax* [ˈklaɪmæks]
Moment dans une représentation dramatique où le conflit atteint son paroxysme.

nom de guerre ou de plume n.m. / *nom de plume*
[ˌnɒm dəˈpluːm] *or alias*
Pseudonyme utilisé par un auteur.

nouveau roman n.m. / *nouveau roman*
Nom donné par A. Robbe-Grillet à sa théorie sur la nature et l'avenir du roman qu'il considérait comme devant se détacher de la tradition établie (intrigue, personnages, analyse psychologique) et se centrer sur l'objet. *Tropismes* de N. Sarraute (1939) est considéré comme le prototype du nouveau roman.

nouvelle n.f. / *short story*
Écrit en prose, de longueur variable, mais inférieure à celle de la *novella* italienne ou anglaise, qui ressemble plus à un petit roman (environ 50 000 mots).

La nouvelle est une forme très souple dont le contenu constitue un tout. E.A. Poe (1809-1849) est considéré comme l'un des premiers grands écrivains du genre et a consacré les dix dernières années de sa vie à l'écriture de ses plus célèbres nouvelles (le plus souvent fantastiques). Il définissait ainsi le genre dans un extrait de sa recension de *Twice-Told Tales* de Hawthorne (1842) :

➢ Hawthorne, *Twice-Told Tales* (1842)
Were we called upon however to designate that class of composition which, next to such a poem as we have suggested, should best fulfil the demands of high genius —should offer it the most advantageous field of exertion —we should unhesitatingly speak of the prose tale, as Mr. Hawthorne has here exemplified it. We allude to the short prose narrative, requiring from a half-hour to one or two hours in its perusal. The ordinary novel is objectionable, from its length, for

reasons already stated in substance. As it cannot be read at one sitting, it deprives itself, of course, of the immense force derivable from totality. Worldly interests intervening during the pauses of perusal, modify, annul or counteract, in a greater or less degree, the impressions of the book. But simple cessation in reading would, of itself, be sufficient to destroy the true unity. In the brief tale, however, the author is enabled to carry out the fullness of his intention, be it what it may. During the hour of perusal the soul of the reader is at the writer's control. There are no external or extrinsic influences —resulting from weariness or interruption.

En France, les grands noms du XIXe sont Daudet, Flaubert et Maupassant. Les écrivains du XXe ont ensuite fait évoluer le genre au gré des courants littéraires qui ont émaillé le siècle, voguant entre gothique, horreur, science-fiction, aventures, satire, romance, espionnage, humour, fable, etc.

nouvelle critique n.f. / *new criticism* [nju: 'krıtı, sız³m]

Mouvement littéraire qui a connu son heure de gloire entre les années 1920 et 1960, consacré par *The New Criticism* de J.C. Ransom (1941). La perspective développée par le mouvement fait fi de l'analyse psychologique et socio-historique et privilégie l'analyse du texte lui-même. Le concept de « nouvelle » critique est bien sûr révisable à loisir et toute nouvelle approche ultérieure de la critique littéraire (par exemple, structuralisme ou déconstruction) pourrait revendiquer cette appellation.

nouvelle vague n.f. / *nouvelle vague*

Voisine de la pensée des écrivains du nouveau roman, la nouvelle vague est caractéristique d'une approche expérimentale de l'œuvre d'art, du cinéma ou de la littérature dans les années 1950-1960.

O

objectif, corrélat ~ n.m. / *objective correlative*
[əbˈdʒektɪv kəˈrelətɪv]

T.S. Eliot, poète du modernisme, a beaucoup influencé la critique littéraire. Pour lui, l'émotion ne peut se décrire, elle est présente dans les images et les rouages de l'œuvre.

Dans « Hamlet and His Problems », *The Sacred Wood : Essays on Poetry and Criticism* (1922), il analyse *Hamlet* de Shakespeare, confrontant dans un premier temps cette version de l'histoire à celle de Kid. Il met ensuite à jour une « faille » de la pièce elle-même, selon lui, le manque de corrélation entre le monde intérieur de l'émotion et le monde extérieur de la dramatisation qui s'avère incapable de représenter véritablement l'émotion. C'est alors qu'il définit cette relation nécessaire sous le vocable de « objective correlative » :

➢ T.S. Eliot, « Hamlet and His Problems », *The Sacred Wood : Essays on Poetry and Criticism* (1922)
The only way of expressing emotion in the form of art is by finding an "objective correlative"; in other words, a set of objects, a situation, a chain of events which shall be the formula of that particular emotion; such that when the external facts, which must terminate in sensory experience, are given, the emotion is immediately evoked.

objectivisme n.m. / *objectivism*

Mouvement poétique américain qui fut lancé par la publication de *Poetry* de Louis Zukofsky en 1931 et de *An Objectivist Anthology* en 1932. Suivi par G. Oppen, L. Niedecker, C. Rakosi, B. Bunting, et C. Reznikoff, le mouvement défend l'idée selon laquelle le poème est un objet matériel construit très précisément et non pas une mouvance idéelle projetée sur la feuille blanche.

Lakoff a déconstruit le mythe objectiviste dans *Women, Fire and Dangerous Things* où il met à jour, en particulier, les relations entre « *the objectivist paradigm* » et « *cognitive semantics* » :

➢ Lakoff, *Women, Fire and Dangerous Things* (1987), 159
Objectivist metaphysics goes beyond the metaphysics of basic realism. Basic realism assumes that there is a reality of some sort. Objectivist metaphysics is much more specific. It additionally assumes that reality is correctly and completely structured in a way that can be modelled by set-theoretical models — that is, in terms of entities, properties and relations. On the objectivist view, reality comes with a unique, correct ans complete structure in terms of entities, properties and relations. This structure exists, independent of any human understanding.

objurgation n.f. / *objurgation* [ˌɒbdʒəˈgeɪʃən]

Figure de rhétorique par laquelle on adresse à quelqu'un des reproches.

O

➤ Charles Dickens, *The Pickwick Papers* (1837), chap. XLVIII
At length, when this determination had been announced half a hundred times, the old lady suddenly bridling up and looking very majestic, wished to know what she had done that no respect was to be paid to her years or station, and that she should be obliged to beg and pray, in that way, of her own nephew, whom she remembered about five-and-twenty years before he was born, and whom she had known, personally, when he hadn't a tooth in his head; to say nothing of her presence on the first occasion of his having his hair cut, and assistance at numerous other times and ceremonies during his babyhood, of sufficient importance to found a claim upon his affection, obedience, and sympathies, for ever.

While the good lady was bestowing this objurgation on Mr. Ben Allen, Bob Sawyer and Mr. Pickwick had retired in close conversation to the inner room, where Mr. Sawyer was observed to apply himself several times to the mouth of a black bottle, under the influence of which, his features gradually assumed a cheerful and even jovial expression.

octosyllabe n.m. / *octosyllabic verse*

Mètre de huit syllabes, fréquent dans les poèmes d'aventure du Moyen Âge.

⇨ **mètre** / *meter*

ode n.f. / *ode* [əʊd]

Poème lyrique à la structure très élaborée qui exprime en général des sentiments élevés. Les Grecs Sappho (-600), et Pindare (-522/-442) et le Latin Horace (-65/-8) en sont les maîtres originels.

L'ode horacienne, plus poétique et personnelle, inspira le XVIIe siècle anglais, et en particulier A. Marvell, mais l'ode pindarique influença également à la même époque l'écriture de A. Cowley et de Dryden. C'est au XVIIIe et au XIXe siècle cependant que fleurirent les plus belles odes de la poésie anglaise avec Gray, Coleridge, Shelley et Keats alors que Lamartine, Hugo et Musset s'exerçaient au genre que Ronsard avait initié en France en 1550 avec *Quatre Premiers Livres d'Odes*.

➤ John Keats, « Ode to a Nightingale » (1820)
MY heart aches, and a drowsy numbness pains
My sense, as though of hemlock I had drunk,
Or emptied some dull opiate to the drains
One minute past, and Lethe-wards had sunk:
'Tis not through envy of thy happy lot,
But being too happy in thine happiness,
That thou, light-wingèd Dryad of the trees,
In some melodious plot
Of beechen green, and shadows numberless,
Singest of summer in full-throated ease.

Œdipe, complexe d' ~ n.m. / *Œdipus complex* [ˈiːdɪpəs]

Terme de psychanalyse (Freud 1910) dérivé du nom du héros mythique Œdipe. Dans *Œdipe Roi* (420 avant notre ère), tragédie de Sophocle, Œdipe rivalise avec son père pour l'amour de sa mère avant que de le tuer par méprise.

omniscient, narrateur ~ n.m. / *omniscient narrator*

⇨ narrateur / *narrator*

onomastique n.f. / *onomastics* [ˌɒnəˈmæstɪks]

Étude des noms. L'onomastique s'intéresse plus particulièrement aux noms propres, ou noms des personnages (anthroponymie / *anthroponymy*) et à ceux des lieux mentionnés dans le texte (toponymie / *toponymy*). Elle tente ainsi d'éclairer la lecture et la compréhension des relations ou thématiques tissées par le texte.

onomatopée n.f. / *onomatopoeia* [ˌɒnəʊmætəˈpiːə]

L'onomatopée est une unité lexicale qui tente de reproduire un son du réel au travers d'une image acoustique. Cette unité lexicale peut prendre la forme du verbe, du nom, de l'adjectif voire de l'adverbe.

L'anglais possède beaucoup plus d'onomatopées que le français et les représentations graphiques des sons entre les deux langues ne coïncident pas toujours.

Exemples : au « *cock-a-doodle-do* » anglais correspond le « cocorico » français ; à *berk* / beurk ! ; *boom, crash* / badaboum ; *hee-haw* / hi-han ; *knock knock* / toc toc ; *splash* / plouf ; *purr purr* / ronron ; *quack quack* / coin coin ; *yum yum* / miam miam.

ontologie n.f. / *ontology* [ɒnˈtɒlədʒi]

Théorie de l'être en philosophie, l'ontologie devient en poétique l'étude de ce qui ressortit spécifiquement à l'écriture poétique en tant que telle. Elle suppose un passage progressif du concret à l'abstrait, qui reflète la mouvance de la pensée entre phénoménologie et herméneutique littéraires. L'ontologie poétique s'inscrit dans le domaine de l'esthétique littéraire dont elle partage le champ de recherche.

opéra n.m. / *opera* [ˈɒpərə]

Drame lyrique, entièrement chanté, donné au théâtre, dont les livrets sont très souvent écrits à partir de poèmes lyriques, de tragédies ou inspirés par les mythes antiques.

⇨ livret / *libretto*

L'opéra-comique / *opéra-comique*, quant à lui, tient de la comédie par le texte de ses dialogues et de l'opéra par les chants.

opérette n.f. / *operetta* [ˌɒpəˈretə]

Mot venant de l'allemand qui désigne une comédie lyrique à la veine souvent satirique, au ton léger, mélangeant dialogues et chants, voire pantomimes.

O

opposant n.m. / *opponent* [əˈpəunənt]
⇨ actant (rôle actanciel) / *actant*

orale, tradition ~ n.f. / *oral tradition*
Forme première de la communication orale des textes épiques, de la poésie, des textes sacrés, des fables, etc. à destination d'une population le plus souvent analphabète. Cette tradition n'établit pas de fixité du texte, ce dernier étant le plus souvent remanié, augmenté, transformé par ses exécutants successifs.

oratorio n.m. / *oratorio* [ˌɒrəˈtɔːriəu]
Drame lyrique d'une très grande sobriété, relatif aux domaines du sacré ou du religieux. Il exclut l'utilisation de décors ou de costumes et est exécuté en concert.

organique, forme ~ n.f. / *organic* [ɔːˈgænɪc]
Terme désignant l'analogie entre la « croissance » d'une œuvre et la croissance biologique de l'être humain. Cette conception entre en opposition avec celle qui conçoit l'œuvre comme un ensemble créé à partir d'une structure fixe dominée par des règles de composition et des conventions d'écriture rigides.

C'est sans doute le *Phèdre* de Platon qui a le premier posé les prémices de cette conception de l'œuvre en faisant dire à Socrate ce qui suit.

> Platon, *Phèdre*, 264b
>> *Et le reste ? Ne semble-t-il pas avoir jeté pêle-mêle les éléments du discours ? Ou bien apparaissait-il qu'il y eût quelque nécessité, obligeant à mettre à la deuxième place ce qu'il a dit le deuxième, plutôt que n'importe quelle autre des propositions énoncées ? Mon avis est en effet (avis de quelqu'un qui ne sait pas !) que tout ce qui lui venait, l'écrivain, non sans intrépidité, l'a exprimé... Tiens-tu, de ton côté, quelque nécessité logographique, en vertu de laquelle l'auteur en question a, de la sorte, mis ces choses bout à bout, les unes à côté des autres ? [...] C'est que tout discours doit être organisé à la façon d'un être vivant ; avoir lui-même un corps à lui, de façon à n'être ni sans tête ni sans pieds ; mais avoir un milieu aussi bien que des extrémités, tout cela ayant, dans l'écrit, convenance mutuelle et convenance avec l'ensemble.*

orismologie n.f. / *orismology*
Partie de la linguistique qui prend en charge la définition des termes techniques.

ottava rima n.f. / *ottava rima* [əuˈtɑːvə ˈriːmə]
Strophe d'origine italienne composée de huit vers rimés selon le schéma abababcc.

Peu utilisée en poésie anglaise, cette forme a cependant été reprise par Byron dans son *Don Juan* (1819-1824) ou encore par l'Irlandais Yeats, par exemple dans « Byzantium ».

> Yeats, « Byzantium », *The Winding Stair and Other Poems* (1930)
>> *Before me floats an image, man or shade,*
>> *Shade more than man, more image than a shade;*

For Hades' bobbin bound in mummy-cloth
May unwind the winding path;
A mouth that has no moisture and no breath
Breathless mouths may summon;
I hail the superhuman;
I call it death-in-life and life-in-death.

oxymore n.m. / *oxymoron* [ˌɒksiˈmɔːr|ɒn]

Figure proche du paradoxe qui associe des termes contradictoires afin de surprendre ou de refléter la dialectique de la pensée, voire l'aporie.

Exemple : ces vers de Roméo (Shakespeare, *Romeo and Juliet*).

➢ Shakespeare, *Romeo and Juliet* (1597), I, 1, v. 169-181
Alas, that love, whose view is muffled still,
Should, without eyes, see pathways to his will!
Where shall we dine? O me! What fray was here?
Yet tell me not, for I have heard it all.
Here's much to do with hate, but more with love.
Why, then, O brawling love! O loving hate!
O any thing, of nothing first create!
O heavy lightness! serious vanity!
Mis-shapen chaos of well-seeming forms!
Feather of lead, bright smoke, cold fire,
sick health!
Still-waking sleep, that is not what it is!
This love feel I, that feel no love in this.
Dost thou not laugh?

oxytone n.m. / *oxytone* [ˈɒksitəʊn]

Caractéristique du vers iambique ou anapestique, qui place l'accent sur la dernière syllabe du mot ou du vers.

pageant / *pageant* [ˈpædʒənt]

Terme anglais dérivé du latin *pagina*, dans son sens de « scène ». Le mot fait aujourd'hui référence à un spectacle en plusieurs tableaux produit lors de fêtes populaires et agrémenté de chansons et de danses. Exemple : *a beauty pageant*.

palilogie n.f. / *palilogy*

Répétition emphatique du même mot ou de la même expression.

➢ Charles Baudelaire, « Chambre double », *Le Spleen de Paris* (1869)
Horreur ! je me souviens ! je me souviens ! Oui ! ce taudis, ce séjour de l'éternel ennui, est bien le mien. Voici les meubles sots, poudreux, écornés ; la cheminée sans flamme et sans braise, souillée de crachats ; les tristes fenêtres où la pluie a tracé des sillons dans la poussière ; les manuscrits, raturés ou incomplets ; l'almanach où le crayon a marqué les dates sinistres !

palindrome n.m. / *palindrome* [ˈpælɪndrəum]

Figure de renversement des lettres d'un mot, d'une expression ou d'une phrase qui permet sa lecture dans les deux sens, de gauche à droite et de droite à gauche. Exemple : *live not on evil* ou encore Ésope reste ici et se repose.

pamphlet n.m. / *pamphlet* [ˈpæmPflət]

Écrit satirique et polémique, bref et généralement violent. En anglais, ce mot désigne aussi un manifeste.
Exemple : ce pamphlet anonyme de 1790, « Rendez-moi mes Boucles ; À Messieurs de l'Assemblée Nationale ».

➢ Anonyme, « Rendez-moi mes Boucles ; À Messieurs de l'Assemblée Nationale » (1790)
Faites-moi la charité, je n'y vois goutte.
J'étois aveugle lorsque les comices de l'empire français se renouvellèrent. On me dit que tout étoit dans le désordre, qu'il n'y avoit plus d'argent pour payer les pensions des grands seigneurs, leurs maîtresses, leurs valets, leurs menins ; qu'il étoit plus juste que je donnasse mes boucles [1], sous le prétexte qu'elles serviroient à la patrie, qui n'a cependant besoin que de courage, que de bras & d'hommes vertueux : je le crus. L'on accaparoit les grains & les farines ; nous manquions de pain ; je fus néanmoins ébahi quand j'entendis de beaux discours ; l'on m'ajouta que je ferois riche, si je donnois mes boucles ; je les donnai ; mais comme l'on m'a trompé, que je n'ai pas de pain, rendez-moi mes Boucles.
L'on me dit que les Français avoient conquis leur liberté ; je le crus, parce que je n'y vois pas. Mais pour assurer cette liberté, il falloit en boucler les enemis ; je donnai donc mes Boucles aux Représentans de la Nation ; quel usage en ont-ils fait ? nous le verrons. Mais je croyais être libre ; je courus à tâton ; je tombai dans un fossé ; j'appelai à mon secours, & l'on me répondit que j'étois libre, que je devois être content. Je me désespérois : alors on me demanda un louis d'or

pour me retirer ; je ne l'avois pas. On exigea le quart de mon revenu, accompagné de plusieurs autres ; j'y consentis, & m'apperçus que l'on m'avoit retiré du précipice. Ah ! m'écriai-je, j'en ferois forti à meilleur marché, si j'avois eu mes Boucles. rendez-moi donc mes Boucles !

panégyrique n.m. / *panegyric* [ˌpænəˈdʒɪrɪk]

Discours de louange publique. De nos jours, il peut prendre une forme plus politique et mettre à jour des injustices voire des meurtres encore non châtiés au travers de l'évocation du charisme de la personne qui en fut l'objet.
Exemple : « Martyrs » de Cikuru Batumiké, poète congolais, célébrant Patrice Lumumba (assassiné le 17 janvier 1961) et ceux qui périrent avec lui.

➢ Cikuru Batumiké, « Martyrs », extrait

Ils étaient vingt-deux martyrs	*qui volaient comme des arc-en-ciel*
Sur une file	*berçant les cimes des montagnes*
Dessous les firmaments	*dessous les firmaments*
Des forcenés décapitaient les membres	*le sang suintant*
De Mulumba	*la terre devenait fièvrée*
Des forcenés trouaient les yeux	*Mais donc qui leur offrait ces cœurs*
de Kizito,	*Ces forces, ces paroles qui ont fait*
Elles étaient majestueuses	*[grandir*
leurs chansons	*tant de peuples jusqu'à leur dignité ?*

pantalon n.m. / *pantaloon* [ˌpæntəˈluːn]

Nom (nom propre, donc avec majuscule) d'un personnage de la comédie italienne vêtu d'un long pantalon, représentant de façon générique les « vieillards ».
Son utilisation en nom commun (sans majuscule) évoque une personne prête à tous les déguisements et subterfuges pour arriver à ses fins, une sorte de bouffon.
De là la pantalonnade / *slapstick comedy*, farce burlesque ou Arlequinade / *Harlequinade* dans laquelle le pantalon joue le rôle principal.

pantomime n.f. / *pantomime* [ˈpæntəmaɪm]

Spectacle généralement destiné aux enfants qui met en scène les héros des contes de fées et repose entièrement sur la gestuelle, parfois accompagné cependant de musique et de chansons populaires. Il est avant tout divertissant et facile à comprendre.

parabase n.f. / *parabasis* [pəˈræbəsɪs]

Moment où le chœur du théâtre grec s'avance vers le public à visage dévoilé et laisse le coryphée préciser la pensée de l'auteur ou commenter quelque grande question politique ou religieuse.

parabole n.f. / *parable* [ˈpærəbəl]

Terme générique faisant référence à un texte oral ou écrit destiné à enseigner une valeur morale, religieuse ou philosophique par le biais de la narration d'un épisode familier de la vie quotidienne. Comme la métaphore ou l'allégorie, la parabole repose sur la transposition imagée de valeurs abstraites.

parade n.f. / *parade* [pəˈreɪd]

Terme relatif au vocabulaire équestre, la parade consiste à arrêter le cheval dans sa course, le plus souvent de façon saisissante. C'était également, par analogie, la façon dont le badaud se trouvait arrêté dans la rue par un spectacle donné à la porte d'un théâtre par des bateleurs souhaitant attirer les spectateurs.

Le mot a pris d'autres sens en fonction du lieu où la parade se déroule ; dans la rue il est souvent synonyme de défilé, au cirque, de présentation des artistes.

paradigme n.m. / *paradigm* [ˈpærədaɪm]

En linguistique, ce mot désigne l'ensemble des éléments pouvant figurer à un endroit donné de la chaîne parlée (éléments de la même classe morphosyntaxique et/ou sémantique). Les rapports entre ces divers éléments sont dits paradigmatiques et sont donc de nature substitutive.

En littérature, le paradigme peut être associé à la notion de niveau et renvoyer à une écriture qui comporte plusieurs niveaux de lecture. L'ironie, l'antiphrase, l'euphémisme, par exemple, sont des figures qui impliquent une opération de substitution sémantique de type paradigmatique.

paradoxe n.m. / *paradox* [ˈpærədɒks]

Fait référence à ce qui est contraire à la doxa (ce qui est admis par le corps social). Assertion ou raisonnement qui comprend sa propre négation et débouche parfois sur l'absurde. La figure la plus emblématique du paradoxe est l'oxymore.

⇨ oxymore / *oxymoron*

parallélisme n.m. / *parallel* [ˈpærəlel] , *-ism* [-ɪzəm]

Figure qui consiste à utiliser la même structure interne dans des phrases qui se suivent. Le parallélisme de construction crée un effet de balancement et de rythme évoquant calme et sérénité, et par là même une pensée qui se veut équilibrée.

Le parallélisme peut reposer sur la similitude des structures propositionnelles, des structures sémantiques, lexicales, ou encore phonologiques.

➢ Walt Whitman, « Salut au Monde », *Leaves of Grass* (1867)
O TAKE my hand, Walt Whitman!
Such gliding wonders! such sights and sounds!
Such join'd unended links, each hook'd to the next!
Each answering all —each sharing the earth with all.
What widens within you, Walt Whitman?
What waves and soils exuding?
What climes? what persons and lands are here?
Who are the infants? some playing, some slumbering?
Who are the girls? who are the married women?
Who are the three old men going slowly with their arms about each others' necks?
What rivers are these? what forests and fruits are these?
What are the mountains call'd that rise so high in the mists?
What myriads of dwellings are they, fill'd with dwellers?

paraphrase n.f. / *paraphrase* ['pærəfreɪz]

Re-formulation explicative d'un énoncé censée faciliter la compréhension. Le mot peut aussi faire référence au développement verbeux d'un énoncé source bien écrit et se charge alors de connotations négatives. Il sanctionne également l'absence d'apport personnel dans le commentaire d'un sujet donné.

parataxe n.f. / *parataxis* [ˌpærə'tæksɪs]

Juxtaposition de phrases dépourvues de mot de liaison manifestant les relations sémantiques qui existent (ou pas) entre elles et/ou absence de subordonnants marqueurs de hiérarchisation grammaticale entre les propositions constitutives. C'est au coénonciateur / lecteur qu'il appartient alors de reconstruire ces relations en fonction de ce qu'il sait déjà ou imagine savoir.

⇨ **asyndète** / *asyndeton*

paratexte n.m. / *peripheral elements* [pə'rɪfᵊr‿əl]

Ensemble des éléments graphiques et/ou iconographiques et des autres informations périphériques qui entourent un texte. Exemple : la source, le titre, la page, l'illustration, les notes infra-paginales, etc.

parodie n.f. / *parody* ['pærəd|i]

Transformation humoristique, ludique, ou satirique d'un texte premier en un texte second. La parodie utilise l'exagération, la caricature, l'hyperbole, la distorsion mesurée, l'humour, le tout à des fins souvent didactiques, la dérision étant supposée permettre la correction.

parodos / *parodos*

La tragédie grecque est rythmée par les interventions du chœur qui ponctuent périodiquement les dialogues entre les personnages. Elle comprend quatre moments essentiels :
- le prologue / *prologue*, qui correspond à l'exposition de la situation ;
- le chœur entre alors en scène et se place dans l'orchestra. C'est la parodos ;
- les acteurs entreprennent ensuite de dialoguer au cours de trois ou quatre épisodes / *episodes* entrecoupés de stasima / *stasima*, parties chorales chantées ;
- la tragédie se termine par l'exodos / *exodos* moment où le chœur quitte la scène.

paronomase n.f. / *paronomasia* [ˌpærənə'meɪzɪə]

Jeu de mots reposant sur des similitudes ou rapprochements phonétiques. Exemple : que l'on ne me rembourse pas mes frais m'effraie. *What a nice scream... for an ice-cream.*

partielle, rime ~ n.f. / *pararhyme*

Rime fondée sur le seul son de consonne finale de la dernière syllabe du vers, n'incluant pas le son vocalique précédant le son consonantique. La rime partielle peut être riche si plusieurs sons de consonnes sont ainsi placés en écho.

➤ W. Owen, « Strange Meeting » (1917)
With a thousand pains that vision's face was grained;
Yet no blood reached there from the upper ground,
And no guns thumped, or down the flues made moan.
'Strange friend,' I said, 'here is no cause to mourn.'
'None,' said that other, 'save the undone years,
The hopelessness. Whatever hope is yours,
Was my life also; I went hunting wild
After the wildest beauty in the world,
Which lies not calm in eyes, or braided hair,
But mocks the steady running of the hour,
And if it grieves, grieves richlier than here.

⇨ **rime** / *rhyme*

pastiche n.m. / *pastiche* [pæ'stiːʃ]

Collage de mots, phrases, passages entiers d'un ou de plusieurs textes visant le plus souvent à parodier une œuvre ou des œuvres originale(s).

Exemple : un entretien publié dans le magazine *Lire* (février 1998) dans lequel P. Rambaud (prix Goncourt 1997) définit ce qu'il entend par pastiche et parodie. Il est interrogé par Laurence Liban.

➤ Entretien avec P. Rambaud, *Lire* (février 1998)
— *On vous présente souvent comme un pasticheur, vous dites faire des parodies. Quelle est la différence entre ces deux genres ?*
— *(P.R.) C'est très simple : le pastiche est un exercice d'admiration. C'est ce qu'a fait Proust dans ses Pastiches et Mélanges, où il raconte les méfaits d'un arnaqueur célèbre à la manière d'un roman de Balzac, de Flaubert, d'une critique de Sainte-Beuve ou du Journal des Goncourt. La parodie, elle, est un exercice de moquerie. Avec des degrés dans la méchanceté. [...]*
— *Quelles sont les qualités d'un bon pastiche ?*
— *(P.R.) Il faut avoir un style reconnaissable d'emblée et une grosse tête. Plus le parodié a la grosse tête, plus il est facile de taper dessus et plus le plaisir dure. Voyez Marguerite Duras : elle était si gonflée d'elle-même que j'ai pu sans problème écrire deux romans : Virginie Q. et Muruoa Mon Amour. Le tout signé Marguerite Duraille.*

pastorale n.f. / *pastoral* ['pɑːstᵊr ᵊl]

Mode d'écriture très conventionnel qui célèbre la vie paisible des bergers, l'innocence, réminiscence idéalisée d'un Âge d'or, et l'amour tendre entre les hôtes de la nature, loin de la corruption, de la guerre, de la cupidité. La forme de la pastorale a varié, oscillant entre poème et églogue, voire roman et drame pastoral, devenant tour à tour simple ou précieuse, rustique ou élégante, réaliste ou idéaliste.

La pastorale est généralement comprise comme un mode d'écriture très conventionnel qui célèbre la vie paisible des bergers, l'innocence, réminiscence idéalisée d'un Âge d'or, et l'amour tendre entre les hôtes de la nature, loin de la corruption, de la guerre, de la cupidité. Cependant, la forme de la pastorale a varié,

oscillant entre poème et églogue, voire roman et drame pastoral, devenant tour à tour simple ou précieuse, rustique ou élégante, réaliste ou idéaliste.
Philippe Romanski, dans un article à paraître, recense les différents moments de cette évolution qui contrecarrent parfois les idées reçues.

Il est nécessaire d'opérer une mise à jour terminologique et de s'interroger sur les topoï *liés au genre de la pastorale. L'Arcadie telle qu'elle a existé et telle qu'elle a été décrite par le grec Polybe, est loin d'être un lieu, originellement, de félicité :*

« *[Les Arcadiens] menaient une vie dure et pénible ; ils considéraient aussi l'austérité des mœurs qui est leur lot par suite de la rudesse du milieu et de la tristesse quasi générale de la région environnante* » *[Polybe 4. 20].*

Aussi, comme le souligne Erwin Panofsky,

« *ce n'est pas merveille, dès lors, si les poètes grecs se sont abstenus de situer leurs pastorales en Arcadie. Les plus célèbres d'entre elles, les* Idylles *de Théocrite, ont pour cadre la Sicile, si richement dotée de ces prairies fleuries, ces bosquets ombragés, ces brises légères qui faisaient cruellement défaut [à la] vraie Arcadie* » *[Panofsky 282].*

Cependant, même le chant bucolique, tel qu'il est « défini » par Théocrite, n'exclut, en aucune façon, la présence d'éléments réalistes et « négatifs ». Les Idylles *de Théocrite comportent aussi de nombreuses références à la cruauté (celle du dieu Pan, par exemple) [Théocrite 1. 15-18], aux paysages parfois arides et aux blessures que peuvent infliger les fourrés épineux [Théocrite 7. 140], aux coups de corne des boucs [Théocrite 3. 4-5], à la mort par noyade [Théocrite 3. 25-27, 6. 13-15] ou par empoisonnement [Théocrite 2. 57-62], au vol et à la duperie [Théocrite 4. 1-4, 5. 1-5], à la rudesse des saisons, à l'assèchement des sources [Théocrite 5. 108-109, 22. 15-16], au péril que constituent les pièges ou au danger omniprésent que représentent les bêtes fauves*[1]. *La pastorale, et c'est là sa grande richesse, demeure intimement liée à la vie naturelle, à la dureté du quotidien : « Dans la Sicile réelle de Théocrite, les joies et les peines du cœur humain se répondent aussi naturellement, aussi inéluctablement que le font, dans la vie de la nature, la pluie et le beau temps, le jour et la nuit » [Panofsky 284]. La pastorale prête ainsi parfois son décor à des réflexions politiques, sociales ou philosophiques (par exemple,* The Arcadia *de Sir Philip Sidney). Elle brasse toute la psychologie de l'amour, dans ses variétés timides et violentes. Elle y mêle l'appréhension de la nature dans toute son ampleur, du « décoratif » à l'inquiétant. Et le terme « appréhension » doit être pris dans ses deux acceptions : approche et crainte. Faisons nôtre, par conséquent, ce vers de Virgile : « pauca tamen suberunt priscae uestigia fraudis » [Virgile 4. 31].*
Il y aura toujours un serpent caché quelque part, prêt à mordre[2].

---

1. Chacals, loups, lions, ours, etc. font partie du bestiaire théocritien [Théocrite 1. 71-72, 115, 7. 106-114, 11. 24, 13. 6, 61, 24. 85-87].
2. « Qui legitis flores et humi nascentia fraga, / frigidus, o pueri, fugite hinc, latet anguis in herba » [Virgile 3. 92-3].

Certes, l'on peut aussi tout organiser afin de ne pas le voir. Et il nous faut ici prendre en compte le rôle considérable joué par Virgile lui-même[1], puis par les poètes de la Renaissance, comme, entre autres, Jacopo Sannazzaro (Arcadia, 1502-1504) ou Jorge de Montemayor (Diana, 1559), dans l'idéalisation et le travestissement mignard du lieu pastoral.

Progressivement, la pastorale en vient à perdre sa définition première. Ainsi, en 1658, Guillaume Colletet, dans son Art poëtique, *devait expliciter, de façon très révélatrice, les (nouvelles) règles du chant bucolique :*

« Et en effet, ce n'est pas tout de representer la nature, il faut la representer par ce qu'elle a de plus noble, & de plus beau. Autrement on choque les loix de la bonne Poësie, & de la bienseance mesme. Il faut si bien mesler la severité de la Ville auecque la liberté de la campagne, que par leur opposition la campagne paroisse tousiours plus belle, & plus agreable » *[Colletet 16].*

Les clichés[2] ont donc ici, peut-être plus qu'ailleurs, joué un rôle mutilateur, en faisant oublier la complexité et la subtilité originelles du genre. Souvenons-nous de ces vers si significatifs de La Fontaine :

Allons dans cette prairie :
C'est un tranquille séjour ;
Jamais les larmes d'amour
N'y baignent l'herbe fleurie ;
Les moutons y sont en paix,
Et les loups n'y font jamais
D'outrage à la bergerie.
    [Daphné, La Fontaine 1. 1-7]

Et il serait facile de s'exclamer, comme Monsieur Jourdain, « Pourquoi toujours des bergers ? On ne voit que cela partout » [Le Bourgeois gentilhomme 1. 2][3].

Les mièvreries conventionnelles ont, en quelque sorte, refroidi et figé la forme pastorale. Elle a perdu sa voix (ses voix) et la confusion s'est installée. L'agacement aussi.

Bibliographie spécifique :
COLLETET, G. *L'Art poëtique : où il est traité de l'épigramme, du sonnet, du poème bucolique, de l'éclogue, de la pastorale, et de l'idylle, de la poésie morale et sententieuse.* Réimpression de l'édition de Paris, 1658. Genève : Slatkine, 1970.
HULUBEI, A. *L'Églogue en France au XVIe siècle.* Paris : Droz, 1938.
LA FONTAINE, J. de. *Œuvres complètes.* Préface de P. Clarac. Présentation et notes de J. Marmier. Paris : Seuil, 1965.

---

1. « Dans l'Arcadie idéale de Virgile, au contraire, la souffrance humaine et la surhumaine perfection du cadre naturel créent une dissonance... Il serait faux de prétendre que Virgile oublie l'amour contrarié, la mort ; mais il leur enlève leur caractère de faits réels. Il projette le drame soit dans le futur, soit, de préférence, dans le passé » [Panofsky 284-285].
2. « [L'âge d'or] fait partie de ces thèmes accessoires [qui] deviennent, à force de servir, de véritables clichés... Les thèmes sur l'âge d'or et sur la vertu foncière des bergers, sur la pureté de leurs mœurs et la noble dignité de leur état, contribuent en particulier à faire contracter aux bucoliques un caractère d'idéalisme. » [Hulubei 727].
3. Mais Molière lui-même sait utiliser ces conventions et artifices. Voir ainsi les divertissements pastoraux qui constituent les intermèdes de *George Dandin.*

PANOFSKY, E. *L'Œuvre d'art et ses significations : essais sur les « arts visuels »*. Traduit de l'anglais par M. et B. Teyssèdre. Paris : Gallimard, 1969.
POLYBE. *Histoires*. Texte établi et traduit par J. de Foucault. Livre IV. Paris : Les Belles Lettres, 1972.
THÉOCRITE. *Bucoliques grecs*. Texte établi et traduit par Ph.-E. Legrand. Paris : Les Belles Lettres, 1960.
VIRGILE. *Bucoliques*. Texte établi et traduit par E. de Saint-Denis. Paris : Les Belles Lettres, 1949.

⇨ **églogue** / *eclogue*

pathétique n.m. / *pathos* [ˈpeɪθɒs]

Le terme évoque une émotion profonde qui éveille la pitié, la compassion, la commisération, plus particulièrement chez les spectateurs de la tragédie classique.
Le pathétique peut frôler le mélodramatique quand l'émotion devient excessive, ou encore le bathos quand cet excès génère une chute du sublime.
L'expression *pathetic fallacy* (Ruskin, *Modern Painters* « Of the Pathetic Fallacy », 1856) fait référence à la projection des sentiments du poète sur son environnement.
Exemple : de façon simpliste, quand le poète est triste, le ciel est gris et la pluie tombe, fine et persistante ; quand il est heureux, le soleil brille de tous ses feux et les oiseaux chantent.

➤ Ruskin, « Of the Pathetic Fallacy », *Modern Painters* (1856)

This fallacy is of two principal kinds. Either, as in this case of the crocus, it is the fallacy of wilful fancy, which involves no real expectation that it will be believed; or else it is a fallacy caused by an excited state of the feelings, making us, for the time, more or less irrational. Of the cheating of the fancy we shall have to speak presently; but, in this chapter, I want to examine the nature of the other error, that which the mind admits when affected strongly by emotion. Thus, for instance, in Alton Locke-
They rowed her in across the rolling foam-
The cruel, crawling foam.
The foam is not cruel, neither does it crawl. The state of mind which attributes to it these characters of a living creature is one in which the reason is unhinged by grief. All violent feelings have the same effect. They produce in us a falseness in all our impressions of external things, which I would generally characterize as the 'Pathetic Fallacy'.
6. Now we are in the habit of considering this fallacy as eminently a character of poetical description, and the temper of mind in which we allow it as one eminently poetical, because passionate. But, I believe, if we look well into the matter, that we shall find the greatest poets do not often admit this kind of falseness —that it is only the second order of poets who much delight in it. [...]
Therefore, we see that the spirit of truth must guide us in some sort, even in our enjoyment of fallacy. Coleridge's fallacy has no discord in it, but Pope's has set our teeth on edge. Without farther questioning, I will endeavour to state the main bearings of this matter.
8. The temperament which admits the pathetic fallacy, is, as I said above, that of a mind and body in some sort too weak to deal fully with what is before them or upon them; borne away, or over-clouded, or over-dazzled by emotion; and it is a more or less noble state, according to the force of the emotion which has induced

it. For it is no credit to a man that he is not morbid or inaccurate in his perceptions, when he has no strength of feeling to warp them; and it is in general a sign of higher capacity and stand in the ranks of being, that the emotions should be strong enough to vanquish, partly, the intellect, and make it believe what they choose. But it is still a grander condition when the intellect also rises, till it is strong enough to assert its rule against, or together with, the utmost efforts of the passions; and the whole man stands in an iron glow, white hot, perhaps, but still strong, and in no wise evaporating; even if he melts, losing none of his weight.

⇨ bathos / *bathos, bathetic*

pensée n.f. / *thought* [θɔːt]

L'un des six éléments constitutifs de la tragédie selon Aristote. Le mot peut aussi désigner les pensées d'un auteur transcrites sous forme littéraire.

☞ Diderot, *Pensées philosophiques* (1746).

⇨ catastrophe / *catastrophe*

pentamètre n.m. / *pentameter*

⇨ mètre / *meter*

performance n.f. / *performance* [pəˈfɔːmənᵗs]

Manifestation de la compétence du sujet au travers de ses actes : gestuelle, mouvement corporel, actes de langage. La performance peut devenir expression artistique dans un contexte de communication prêt à la recevoir comme telle.

performatif / *performative* [pəˈfɔːmətɪv]

Se dit d'un énoncé à la première personne du présent de l'indicatif dont l'énonciation accomplit l'action exprimée par le verbe. Exemple : Je vous nomme président de cette association.

péripétie n.f. / *peripetia* [ˌperɪpəˈtiːə]

Changement subit qui opère un renversement par rapport à l'attente. Dans la tragédie, la péripétie correspond à la catastrophe et au dénouement. Le mot implique généralement aussi la surprise (du spectateur ou du lecteur) face à cet inattendu.

périphrase / *periphrasis* [pəˈrɪfrəsɪs]

Figure qui consiste à remplacer un mot par un groupe de mots de même sens mais de facture plus précieuse. Dans sa représentation la moins élogieuse, la périphrase est l'une des figures de… la langue de bois.

L'on pourrait définir le lexique du *politiquement correct* comme un passage systématique du mot à la périphrase. Exemple : voici quelques périphrases politiquement correctes émaillant les articles de journaux américains et dont certaines ne manquent pas de faire sourire :

Handicapped : *Physically Challenged / Differently Abled*
Blind : *Optically Darker / Photonically Non-receptive*

Deaf :	*Visually Oriented*
Poor :	*Economically Unprepared*
Hunter :	*Animal Assassin / Meat Mercenary / Bambi Butcher*
Old Person / Elderly :	*4th-Dimensionally Extended / Gerontologically Advanced*
Drug Addict :	*Chemically Challenged*
Bisexual :	*Sexually Non-preferential*
Midget, Dwarf :	*Little People / Vertically Challenged*
Dead People :	*Dysfunctional Earth Children / Biologically Challenged / Metaphysically Challenged.*

persona n.f. / *persona* [pəˈsəʊn|ə]

Terme qui désigne l'instance narrative d'un poème ou d'un roman. Comme le masque de la tragédie antique qui lui a donné son nom, la persona n'a pas d'identité propre et fixe ; elle ne fait qu'assumer une fonction, la fonction narrative, dans une œuvre de fiction.

personnage n.m. / *character* [ˈkærəktə]

Ensemble de traits psychologiques, physiques et comportementaux définissant un être de fiction dans une œuvre littéraire. Chaque personnage joue un rôle dans la structure de l'ensemble. Le travail de structuration des portraits et relations entre les personnages se nomme en anglais *characterization*.
⇨ **actant (rôle actanciel) /** *actant*

personnification n.f. / *personification* [pəˌsɒnɪfɪˈkeɪʃən]

Qualité, notion, ou abstraction faite chair. La personnification est un processus qui permet d'attribuer des sentiments aux plantes ou aux animaux, de les décrire comme s'ils étaient des êtres humains. Les figures les plus utilisées pour générer ce procédé sont la métaphore et la comparaison.

➢ Charles Baudelaire, « L'Albatros », *Les Fleurs du Mal*
Souvent, pour s'amuser, les hommes d'équipage
Prennent des albatros, vastes oiseaux des mers,
Qui suivent, indolents compagnons de voyage,
Le navire glissant sur les gouffres amers.
À peine les ont-ils déposés sur les planches,
Que ces rois de l'azur, maladroits et honteux,
Laissent piteusement leurs grandes ailes blanches
Comme des avirons traîner à coté d'eux.
Ce voyageur ailé, comme il est gauche et veule !
Lui, naguère si beau, qu'il est comique et laid !
L'un agace son bec avec un brûle-gueule,
L'autre mime, en boitant, l'infirme qui volait !
Le Poète est semblable au prince des nuées
Qui hante la tempête et se rit de l'archer ;
Exilé sur le sol au milieu des huées,
Ses ailes de géant l'empêchent de marcher.

pétrarquiste / *petrarchan*

Pétrarque (1304-1374), poète de la Renaissance italienne, a beaucoup influencé l'écriture poétique par son introduction d'images complexes dans la forme du sonnet. Le sonnet italien (à la Pétrarque) comporte quatorze vers répartis en un octet / *octave* et un sizain / *sestet* avec un maximum de cinq rimes.

➢ T. Wyatt, « Farewell Love and all thy laws for ever » (c. 1536)
*Farewell Love and all thy laws for ever,
Thy baited hooks shall tangle me no more;
Senec and Plato call me from thy lore
To perfect wealth my wit for to endeavour.
In blind error when I did persever,
Thy sharp repulse, that pricketh aye so sore,
Hath taught me to set in trifles no store
And scape forth, since liberty is lever.
Therefore farewell; go trouble younger hearts
And in me claim no more authority;
With idle youth go use thy property
And thereon spend thy many brittle darts.
For hitherto though I have lost all my time,
Me lusteth no lenger rotten boughs to climb.*

phantasmagorie n.f. / *phantasmagoria* [ˌfæntæzməˈgɒri‿ə]

Production de fantômes... Trompe-l'œil qui fait voir des figures lumineuses au sein de l'obscurité. De la même façon, en littérature, l'illusion peut être créée par les figures au travers des images, métaphores et effets qui sont autant de lanternes magiques faisant se mouvoir leurs fantômes immatériels vers le lecteur.

phatique / *phatic* [ˈfætɪk]

Fonction du langage qui permet de maintenir la communication entre énonciateur et coénonciateur. Certains mots comme « Allô ! » n'ont d'autre but que d'entretenir cette fonction.

philologie n.f. / *philology* [fɪˈlɒladʒi]

Science qui considère l'étude historique des textes comme étant la base de la connaissance des civilisations. Cherchant à établir le texte et à l'éditer, la philologie ne se différencie guère parfois de la génétique littéraire et nécessite le secours de la critique littéraire et de la linguistique.

⇨ **génétique littéraire** / *literary genetics*

picaresque, roman ~ / *picaresque novel* [ˌpɪkəˈresk]

De l'espagnol *picaro*, le fripon. Le roman picaresque écrit la satire de la société dans laquelle vit son narrateur, généralement le *picaro* lui-même, à l'esprit coquin et rusé.
☞ *La Vie de Lazarillo de Torme(s)* (anonyme, 1554) ; Defoe, *Moll Flanders* (1722) ; LeSage, *Gil Blas* (1715).

pictural, poème ~ / *picture or pattern poem*

Sorte de poème visuel dans lequel la structure graphique des vers offre à l'œil une représentation globale du sens.

⇨ **calligramme** / *calligramme*

pièce-bien-faite n.f. / *well-made play*

Pièce réaliste faisant usage de conventions strictes, dont l'intrigue est construite méticuleusement. Le héros est le plus souvent aux prises avec un conflit généré par des tensions entre devoir et passion. Des portes s'ouvrent et se referment, le secret est révélé par de nombreuses batailles de mots (*battles of wit*), et le renversement final s'opère dans la scène à faire (the *compulsory scene*) qui voit le héros sortir vainqueur du conflit.

Cette structure de cadrage de l'intrigue visait à établir une sorte de technicité de la dramaturgie dont E. Scribe fut l'un des premiers apôtres (1791-1861). Il fit des émules, tels Victorien Sardou (1831-1908) et Alexandre Dumas fils (1824-1895) qui utilisa la pièce-bien-faite comme modèle de ses pièces à thèse (*thesis play*) au sujet plus manifestement social voire sociologique.

H. Ibsen tourna en dérision les pièces de Scribe, tout en empruntant leur structure, et en fit des drames dépouillés de toute perspective divertissante.

La rigueur austère du genre fut souvent critiquée et Dorothy Parker, par exemple, en fit une satire mordante dans « The Drama, a Hymn of Hate ».

➤ Dorothy Parker, « The Drama, a Hymn of Hate », in « The Hate Verses », *Life* (5 mai 1921)

> *There is the Farthest North performance*
> *Of the Play That Makes You Think—*
> *Makes you think that you should have gone to the movies.*
> *It is translated from the Norwegian;*
> *They might just as well give it in the original.*
> *All the lighting is dim*
> *So that the actors' faces can scarcely be distinguished,*
> *Which is doubtless all for the best.*
> *The heroine is invariable Misunderstood—*
> *Probably because of her accent.*
> *She is a regular little Glad Girl,*
> *Always falling in love with an innocent bystander,*
> *Or finding that she has married her uncle by mistake,*
> *Or going out into the night and slamming the door.*
> *And things come to a rousing climax*
> *In a nice, restful suicide, or a promising case of insanity.*
> *You tell 'em, Ibsen; you've got the Scandinavian rights.*

pied n.m. / *foot* [fʊt]

Unité de mesure du vers définie en fonction de la durée des syllabes ou de leur accentuation. Symboles utilisés ici : — (syllabe accentuée ou durée longue) ; ∪ (syllabe non accentuée ou brève).

Il est possible de distinguer trois sortes de pieds :
- ceux dont les deux demi-pieds ont une mesure égale : pyrrhique (deux brèves), spondée (deux longues), dactyle (une longue et deux brèves), anapeste ou antidactyle (deux brèves et une longue), procéleusmatique (deux pyrrhiques), choriambe (un chorée et un iambe) ;
- ceux dont un demi-pied a une mesure double de l'autre : iambe (brève suivie de longue), trochée ou chorée (longue suivie de brève), tribraque ou brachysyllabe (trois brèves), molosse ou trimacre (trois longues), ditrochée (deux trochées), ioniques (ionique majeur : longue, longue, brève, brève ; ionique mineur : brève brève longue longue) ;
- ceux dont l'un des demi-pieds vaut une fois et demie l'autre (encore appelé sesquialtère) : crétique ou amphimacre (longue, brève, longue), péon (longue, brève, brève, brève), bacchée (brève, longue, longue) et antibacchée (longue, longue, brève) ;
- ceux dont un des demi-pieds vaut trois fois l'autre (amphibraque ou brachychorée : brève longue brève) ou quatre fois l'autre (épitrite : brève, longue, longue, longue) ;
- le dochmius, qui n'appartient à aucune de ces compositions, avec une brève, une longue, une longue, une brève, une longue.

Les pieds les plus fréquents sont les suivants :

Nom du pied	Composition Exemple	Rythme	Terminaison du vers si ce pied est le dernier du vers
Iambe / *Iamb*	∪ — *alone*	Ascendant / *rising*	masculine
Trochée / *Trochee*	— ∪ *double*	Descendant / *falling*	féminine
Spondée / *Spondee*	— — *bookstore*		
Pyrrhique / *Pyrrhic*	∪ ∪ (en contexte)		
Anapeste / *Anapaest*	∪ ∪ — *introduce*	Ascendant / *rising*	masculine
Dactyle / *Dactyl*	— ∪ ∪ *syllable*	Descendant / *falling*	féminine
Amphibraque / *Amphibrach*	∪ — ∪ *another*	Descendant / *falling*	féminine
Amphimacre / *Amphimacer*	— ∪ — *forty-five*	Ascendant / *rising*	masculine

De façon à faciliter l'assimilation des noms et composition des pieds, Coleridge (1772-1834) écrivit un poème mnémonique (*mnemonic*) intitulé « A Lesson For a Boy » (le découpage des vers en pieds a été ajouté par l'auteure).

➢ Samuel Taylor Coleridge, « A Lesson For a Boy »
Trochee | trips from | long to | short;
From long| to long| in so|lemn sort
Slow Spon | dee stalks; | strong foot, | yet ill able
Ever to | come up with | Dactyl tri | syllable
Iamb | ics march | from short | to long;
With a leap | and a bound | the swift An | apests throng.

*One sylla|ble **long**, with |one **short** at |each side,*
*Amphibra |chys **hastes** with | a **state** |ly stride —*
***First** and **last** | being **long**|, middle **short**|, Amphima|cer*
Strikes his thun|dering hoofs| like a proud| high-bred Ra|cer.
If Derwent be innocent, steady, and wise,
And delight in the things of earth, water, and skies;
Tender warmth at his heart, with these meters to show it,
With sound sense in his brains, may make Derwent a poet—
May crown him with fame, and must win him the love
Of his father on earth and his father above.
My dear, dear child!
Could you stand upon Skiddaw, you would not from its whole ridge
See a man who so loves you as your fond S.T. Colerige.

pittoresque n.m. / *picturesque* [ˌpɪktʃəˈresk]

Souci du détail dans la description de paysages ou de jardins, propre au XVIIIe siècle. Le pittoresque, né de l'attrait provoqué par la peinture de N. Poussin (1594-1665) et Claude Gellée dit le Lorrain (1600-1682) au siècle précédent, se rattache à la vision romantique de la nature et au culte du sublime.
Exemple : il est ainsi défini par Addison dans *The Spectator*, n° 412 du 23 juin 1712.

➢ Addison, in *The Spectator*, n° 412 (23 juin 1712)

I shall first consider those pleasures of the imagination which arise from the actual view and survey of outward objects; and these, I think, all proceed from the sight of what is great, uncommon, or beautiful. There may indeed, be something so terrible or offensive, that horror or loathsomeness of an object may overbear the pleasure which results from its greatness, novelty or beauty; but still there will be such a mixture of delight in the very disgust it gives us, as any these three qualifications are most conspicuous and prevailing.

By greatness, I do not only mean the bulk of any single object, but the largeness of a whole view, considered as one entire piece. Such are the prospects of an open champaign country, a vast uncultivated desert, of huge heaps of mountains, high rocks precipices, or a wide expanse of waters, where we are not struck with the novelty or beauty of the sight, but with that rude kind of magnificence which appears in many of these stupendous works of nature. Our imagination loves to be filled with an object, or to grasp at anything that is too big for its capacity. We are flung into a pleasing astonishment at such unbounded views, and feel a delightful stillness and amazement in the soul at the apprehension of them. The mind of man naturally hates everything that looks like a restraint upon it, and is apt to fancy itself under sort of confinement, when the sight is pent up in a narrow compass, and shortened on every side by the neighbourhood of walls or mountains. On the contrary, a spacious horizon is an image of liberty, where the eye has room to range abroad, to expatiate at large on the immensity of its views, and to lose itself amidst the variety of objects that offer themselves to its observation. Such wide and undetermined prospects are as pleasing to the fancy, as the speculations of eternity or infinitude are to the understanding. But if there be a beauty or uncommonness joined with this grandeur, as in a troubled ocean, a heaven adorned with stars and meteors, or a spacious landscape cut out into rivers, woods, rocks, and meadows, the pleasure still grows upon us, as it arises from more than a single principle.

plaisanterie n.f. / *pun* [pʌn]

Discours plaisant agrémenté de jeux de mots susceptibles de déclencher le sourire ou le rire. La plaisanterie est souvent associée à l'humour et peut se jouer de thèmes sérieux pour soulager les tensions dans une situation tragique.
Exemple : ces paroles de Mercutio mourant dans *Roméo and Juliette*.
➢ Shakespeare, *Romeo and Juliet* (1599), III, 1, ll. 98-100
*Ask for me tomorrow and you shall find me a **grave** man. I am peppered, I warrant, for this world.*
⇨ **paronomase** / *paronomasia*

pléonasme n.m. / *pleonasm* [ˈpliːə næzəm]

Redondance inutile venant cependant parfois souligner l'importance de ce qui est dit. Exemples : « je suis monté en haut » est un pléonasme inutile, alors que « je l'ai de mes yeux vu » est un pléonasme d'insistance attestant de la véracité des propos tenus.

poème en prose n.m. / *prose poem* [ˈpəʊɪm]

Forme poétique libérée des contraintes de la composition. Le poème en prose fait cependant usage des mêmes figures, rythmes et sonorités que le poème en vers.
Max Jacob et ses fables surréalistes cubistes (1876-1944), Jean Follain et son mélange du quotidien et de l'historique (1903-1971), et Francis Ponge avec son langage de l'objet (1899-1988) sont considérés comme les pères de la poésie en prose en France, exploitant les prémices du genre jetées par Baudelaire au XIXe siècle. J. Joyce, V. Woolf, W. Faulkner se sont également essayés à cette forme d'écriture.
➢ Francis Ponge, « Le Papillon », *Le Parti-pris des choses* (1942)
Allumette volante, sa flamme n'est pas contagieuse. Et d'ailleurs, il arrive trop tard et ne peut que constater les fleurs écloses. N'importe : se conduisant en lampiste, il vérifie la provision d'huile de chacune. Il pose au sommet des fleurs la guenille atrophiée qu'il emporte et venge ainsi sa longue humiliation amorphe de chenille au pied des tiges.
Minuscule voilier des airs maltraité par le vent en pétale superfétatoire, il vagabonde au jardin.

poésie n.f. / *poetry* [ˈpəʊətri], *verse* [vɜːs]

Le mot désignait à l'origine l'art de faire des vers et impliquait un style élevé orné de figures. Par extension, il en est venu à caractériser tout écrit inspiré manifestant une recherche particulière de l'esthétique langagière.
L'anglais opère une distinction entre *poetry* (forme de création littéraire supérieure) et *verse* (les vers eux-mêmes, de facture recherchée ou pas).

La poésie narrative, par exemple (*narrative poetry*) remonte à la tradition orale et est composée de vers racontant une histoire souvent épique.

point de vue n.m. / *point of view*
⇨ **narrateur** / *narrator*

pointe n.f. / *final twist*
Trait d'esprit ou tournure qui vient clore un développement de façon brillante et inattendue. C'est le cas, par exemple, dans les fables de J. Thurber où la morale finale vient signer d'une pointe la satire construite par l'auteur.
⇨ **fable** / *fable*

polyphonie n.f. / *polyphony* [pəˈlɪfən|i]
Combinaison de plusieurs voix et/ou de rythmes diversifiés (poème polyrythmique / *polyrhythmic poem*) à l'intérieur d'une même œuvre, en poésie comme en prose, ou encore au théâtre.

polysyndète n.f. / *polysyndeton* [ˌpɒlɪˈsɪndətən]
Répétition de plusieurs conjonctions à l'intérieur d'une même phrase.
➤ Hemingway, *A Farewell to Arms* (1929), livre I, chap. I
In the bed of the river there were pebbles and boulders, dry and white in the sun, and the water was clear and swiftly moving and blue in the channels. Troops went by the house and down the road and the dust they raised powdered the leaves of the trees.
⇨ **asyndète** / *asyndeton*

portrait n.m. / *portrait* [ˈpɔːtrat]
Peinture des traits physiques du visage d'une personne, le portrait peut également dépeindre son caractère.

postcoloniale, critique ~ n.f. / *postcolonial criticism*
Approche littéraire qui étudie l'expression particulière d'auteurs ayant vécu sous le joug colonial dans des pays ayant ensuite accédé à l'indépendance. Il peut s'agir également d'œuvres d'auteurs des pays colonisateurs réfléchissant sur la colonisation et la culture des pays colonisés.
☞ E. Said, *Culture and Imperialism*, et des auteurs comme S. Rushdie, A. Roy, Ngugi Wa Thiongo, etc.

praeteritio n.f. ou prétérition n.f. / *paralipsis, praeteritio, preterition*
Le mot fait référence, dans le cours d'un récit ou du discours, à un épisode passé sous silence. Paradoxalement, il n'est pas rare que cette ellipse narrative que l'on pourrait considérer comme d'intérêt moindre, gagne en importance de par son omission elle-même.

Exemple : l'intérêt pour le testament portant le sceau de César, dont Marcus Antonius refuse de révéler le contenu, dans *Julius Caesar* de Shakespeare.

➢ Shakespeare, *Julius Caesar*, III, 2, ll. 134-143
But here's a parchment with the seal of Caesar;
I found it in his closet, 'tis his will.
Let but the commons hear this testament—
Which, pardon me, I do not mean to read—
And they would go and kiss dead Caesar's wounds,
And dip their napkins in his sacred blood,

pragmatique n.f. / *pragmatics* [præg'mætɪks]

La pragmatique étudie le langage dans sa dimension d'outil de communication.
Voici quelques références utiles pour parfaire la connaissance de ce champ de la recherche en linguistique qui manifeste la grande hétérogénéité des traitements possibles de la pragmatique.

- Austin, John Langshaw. 1970. *Quand dire, c'est faire*. Paris : Seuil, « L'Ordre philosophique ».
- Bourdieu, Pierre. 1982. *Ce que parler veut dire. L'économie des échanges linguistiques*. Paris : Fayard.
- Ducrot, Oswald. 1980 [1972]. *Dire et ne pas dire. Principes de sémantique linguistique*. Paris : Herman, « Savoir ».
- Foucault, Michel. 1990 [1966]. *Les Mots et les choses. Une archéologie des sciences humaines*. Paris : Gallimard, « Bibliothèque des sciences humaines ».
- Habermas, Jurgen. 1987 [1981]. *Théorie de l'agir communicationnel*. Paris : Fayard, « L'Espace du politique », 2 vol.
- Levinson, Stephen C. 1987 [1983]. *Pragmatics*. Cambridge : C.U.P., « Cambridge Textbooks in Linguistics », xvi.
- Maingueneau, Dominique. 1984. *Genèses du discours*. Bruxelles : Pierre Mardaga, « Philosophie du langage ». 1990. *Pragmatique pour le discours littéraire*. Paris : Dunod, xi. SEARLE, John R. 1972 [1969]. *Les Actes de langage. Essai de philosophie du langage*. Paris : Herman, « Savoir ».
- Searle, John R. 1982 [1979]. *Sens et expression. Étude de la théorie des actes de langage*. Paris : Minuit, « Le Sens commun ».
- Shusterman, Richard. 1992 [1986]. *L'Art à l'état vif. La pensée pragmatique et l'esthétique populaire*. Paris : Minuit, « Le Sens commun ».

praxis n.f. / *praxis* ['præksɪs]

Aristote (384-326 avant notre ère) avait le premier défini la praxis en opposition à la *poiesis*, dans l'*Éthique à Nicomaque*. Il distinguait en fait trois sciences, la science pratique mise en œuvre par tout homme libre (et non par l'esclave), ayant pour sujet l'action, ou praxis, émanation du libre arbitre et de la responsabilité personnelle, action guidée par l'idéal personnel ; ensuite la science de la production concrète ou science poïétique (*poiesis*) ; et en dernier lieu, la science de la contemplation, ou science théorique, *episteme* (*theory*).

La praxis est donc un phénomène anthropologique relevant de la philosophie pratique. Elle est le fruit de la pensée rationnelle logique qui détermine ses objectifs pratiques en fonction du but final qu'est l'atteinte du bien et du bon.

L'objet ultime de la praxis est donc l'action humaine libre et responsable telle que mise en mouvement par l'aptitude à la décision de l'homme libre de ses choix.

Pour paraphraser Sartre, l'on pourrait dire que nommer, c'est créer, c'est faire exister et qu'ainsi, l'écrivain, bon gré mal gré, est le principe premier qui donne vie à l'univers du langage qui constitue son œuvre. C'est en ceci que l'activité littéraire est essentiellement une expérience de la liberté fondamentale de l'être. La praxis littéraire ressortit en quelque sorte à cette activité de création de l'œuvre littéraire *ab initio*.

problème, pièce à ~ n.f. / *problem play*

Pièces popularisées par H. Ibsen, dépourvues de tout romantisme, supposées éveiller la conscience sociale de l'auditoire en proposant des solutions parfois inattendues ou provocatrices aux conflits qu'elles mettent en scène.

procatalepse n.f. / *procatalepsis*

Figure qui consiste à anticiper un contre-argument implicite et à y répondre avant qu'il n'ait eu le temps d'être formulé.

prolepse n.f. / *prolepsis* [prəʊˈliːpsɪs]

Description anticipatoire d'un événement ou simple allusion à la suite du récit, encore inconnue des protagonistes. Figure de connivence entre narrateur et narrataire.

prologue n.m. / *prologue* [ˈprəʊlɒg]

⇨ **parodos** / *parodos*

prose n.f. / *prose* [prəuz]

Forme de langage dépourvue d'artifices poétiques, libérée des critères formels, mais respectueuse de l'encodage grammatical culturel.

prosodie n.f. / *prosody* [ˈprɒsəd|i]

Étude de la versification et des mètres (la métrique / *metrics*), du rythme, de la rime et de la forme générale des poèmes. Le mot désigne aussi en linguistique l'étude du réseau des relations fondées par l'accentuation et la prononciation des mots individuels, des groupes de mots et de la phrase ainsi que par l'intonation ou la mélodie de la voix.

⇨ **rime** / *rhyme*, **rythme** / *rhythm*

prosopographie n.f. / *prosopography*

Description des traits extérieurs, du maintien et de l'apparence d'une personne ou d'un animal.

➢ Jonathan Swift, « A Voyage to the Country of the Houyhnhnms », IV, 1, *Gulliver's Travels* (1726)
Their Shape was very singular and deformed, which a little discomposed me, so that I lay down behind a Thicket to observe them better. Some of them coming forward near the Place where I lay, gave me an Opportunity of distinctly marking their Form. Their Heads and Breasts were covered with a thick Hair, some frizzled and others lank; they had Beards like Goats, and a long ridge of Hair down their Backs and the fore-parts of their Legs and Feet, but the rest of their Bodies were bare, so that I might see their Skins, which were of a brown buff Colour. They had no Tails, nor any Hair at all on their Buttocks, except about the Anus; which, I presume, Nature had placed there to defend them as they sate on the Ground; for this Posture they used, as well as lying down, and often stood on their hind Feet. They climbed high Trees, as nimbly as a Squirrel, for they had strong extended Claws before and behind, terminating in sharp points, and hooked. They would often spring, and bound, and leap with prodigious Agility. The Females were not so large as the Males, they had long lank Hair on their Heads, but none on their Faces, nor any thing more than a sort of Down on the rest of their Bodies, except about the Anus, and Pudenda. Their Dugs hung between their Fore-feet, and often reached almost to the Ground as they walked. The Hair of both Sexes was of several Colours, brown, red, black and yellow. Upon the whole, I never beheld in all my Travels so disagreeable an Animal, nor one against which I naturally conceived so strong an Antipathy.

prosopopée n.f. / *prosopopoeia*
Figure qui permet de donner la parole à des morts, des absents ou, plus généralement, à tout être privé de la parole.
☞ D. Guedj, *Le Théorème du Perroquet* (1998), dans lequel un perroquet savant, Nofutur, élucide équations et mystères.
⇨ **personnification** / *personification*

protagoniste n.m. / *protagonist* [prəʊˈtæɡənɪst]
Acteur qui joue le rôle principal dans une tragédie. Plus généralement, le personnage central, héros de l'action.

proxémique n.f. / *proxemics* [prɒkˈsiːmɪks]
Étude de la structuration de l'espace humain : distances, organisation de l'habitat, types d'habitat, lieux habités, etc.

pseudonyme n.m. / *pseudonym* [ˈsjuːdənɪm]
Nom d'emprunt ou encore « nom de plume » ou « nom de guerre ».
Exemple : Mark Twain était en réalité Samuel Clemens ; George Eliot / Mary Ann Evans ; Boz / Charles Dickens ; Émile Ajar / Romain Kacew ; Guillaume Apollinaire / Wilhelm Apollinaris de Kostrowitzky ; Louis Aragon / Louis Andrieux.
⇨ **nom de guerre ou de plume** / *nom de plume or alias*

psychodrame n.m. / *psychodrama* [ˈsaɪkəʊˌdrɑːmə]

Technique qui consiste à faire jouer un scénario improvisé à des personnes afin de révéler les conflits intérieurs latents ou manifestés, pour pouvoir ensuite les analyser au travers du filtre de l'action et de la réaction.

Se dit aussi de certains rites initiatiques mettant en scène des récits mythiques auxquels l'impétrant participe afin d'accéder à une connaissance supérieure.

psychologique, critique ~ n.f. / *psychological criticism*

Approche critique de la littérature et de sa réception par le biais de l'analyse freudienne ou lacanienne de l'inconscient, de la motivation individuelle à l'action et de la symbolique de l'événement.

Q

quatrain n.m. / *quatrain* [ˈkwɒtreɪn]

Strophe de quatre vers offrant en général un schéma de rimes de type *abab*.

quatrième mur n.m. / *fourth wall*

Concept né de Diderot et repris par Zola. Le quatrième mur est ce mur virtuel séparant la scène de la salle dans le théâtre naturaliste. La scène devient alors un espace clos représentant le « vrai » milieu du personnage où l'on peut parfois voir des animaux vivants, sentir des odeurs de cuisine, regarder des personnages manger ou boire sans faire semblant. L'acteur peut ignorer le public plongé dans le noir, jouer de dos, impulser dans son jeu théâtral l'expressivité, le naturel, la simplicité du quotidien transposé sur une scène qui se referme ainsi sur lui.

question rhétorique n.f. / *rhetorical question*

Énoncé interrogatif qui n'attend pas de réponse d'un coénonciateur ; la question rhétorique permet à l'énonciateur de manifester le cheminement de sa pensée et de son argumentation au travers des problématiques qu'il met ainsi en exergue.

quintil n.m. / *quintet* [ˌ(ˌ)kwɪnˈtet] *or quintain* [ˈkwɪntən]

Stance de cinq vers, de longueur et de composition variables.

quiproquo n.m. / *quidproquo* [ˌkwɪd prəʊ ˈkwəʊ]

Confusion des identités de personnes ou méprise langagière sur le sens à donner à une expression entendue de façon différente par deux personnes.

réalisme n.m. / *realism* [ˈrɪəlˌɪzəm]

Mouvement artistique du XIXᵉ siècle tentant de rendre le réel, l'ici et maintenant, tel qu'il est, sans le magnifier ou le styliser.

☞ Champfleury, *Le Réalisme* (1857), Flaubert, *Madame Bovary* (1857), œuvre dans laquelle le réalisme devient naturalisme, Ibsen au théâtre, Kipling en poésie.
Exemple : Lettre de George Sand à Champfleury, le 30 juin 1954. À la question de savoir si « faire vrai » c'est rejeter le romantisme, si « analyser le fait », c'est faire fi du « beau, du rare », de « l'exceptionnel », voici la réponse que propose l'auteur à son correspondant :

➤ Lettre de George Sand à Champfleury (30 juin 1954)
Je ne me passe pas d'idéal, mais je ne me sers que du mien. Je n'analyse pas, je montre, je ne démontre pas, je prouve. C'est là le profit qu'on trouve à ne vouloir traiter que ce que l'on a éprouvé vrai. Je ne sens pas l'exceptionnel où vous le sentez, dans la fiction. Je n'ai pas besoin d'orner. Quand je parle d'un chat, je ferai aussi bien pleurer qu'avec un drame, et l'histoire d'un chat bien comprise et bien dite, vaut mieux que celle d'une étoile mal interprétée. Enfin je fais de la nature aussi belle que la nature, et il n'y a encore que le daguerréotype qui l'ait faite ainsi.

réception, théorie de la ~ n.f. / *theory of reception and reader-response theory*

La théorie de la réception de Jauss rejoint la problématique du rôle du lecteur face à l'œuvre. Contrairement au formalisme et à la nouvelle critique, ces approches reconnaissent au lecteur une place non négligeable dans la mesure où elles impliquent que l'acte de lecture est complémentaire de l'écriture et donne son existence à l'œuvre.

⇨ **lecteur** / *reader*, **narrataire** / *narratee*, **narration** / *narration vs narrative*

récit n.m. / *narration* [nəˈreɪʃən]

En partant des deux systèmes temporels de Benvéniste (*Problèmes de linguistique générale I*, 1966) manifestant les plans de l'histoire et du discours, il est possible de définir le récit comme narration d'événements passés, c'est-à-dire des événements qui ont cessé d'être et ne seront plus. Dans *Introduction à l'Analyse structurale des récits* (1966) Barthes décrit la multiplicité des genres et des formes dans lesquels se rencontre le récit :

➤ Roland Barthes, *Introduction à l'Analyse structurale des récits* (1966)
Innombrables sont les récits du monde. C'est d'abord une variété prodigieuse de genres, eux-mêmes distribués entre des substances différentes, comme si toute matière était bonne à l'homme pour lui confier ses récits : le récit peut être supporté par le langage articulé, oral ou écrit, par l'image, fixe ou mobile, par le geste et par le mélange ordonné de toutes ces substances ; il est présent dans le

mythe, la légende, la fable, le conte, la nouvelle, l'épopée, l'histoire, la tragédie, le drame, la comédie, la pantomime, le tableau peint (que l'on pense à la Sainte Ursule de Carpaccio), le vitrail, le cinéma, les comics, le fait divers, la conversation. De plus, sous ces formes presque infinies, le récit est présent dans tous les temps, dans tous les lieux, dans toutes les sociétés ; le récit commence avec l'histoire même de l'humanité ; il n'y a pas, il n'y a jamais eu nulle part aucun peuple sans récit ; toutes les classes, tous les groupes humains ont leurs récits, et bien souvent ces récits sont goûtés en commun par des hommes de culture différente, voire opposée : le récit se moque de la bonne et de la mauvaise littérature : international, transhistorique, transculturel, le récit est là, comme la vie.

⇨ **narration** / *narration vs narrative*

reconnaissance n.f. / *recognition* [ˌrekəgˈnɪʃən]

Moment du récit (ou de la tragédie) dans lequel le protagoniste (le héros tragique) apprend une vérité cachée à laquelle il était jusqu'alors demeuré aveugle et qui l'avait le plus souvent précipité dans un conflit qu'il ne savait résoudre (la catastrophe).

Encore appelée anagnorèse (*anagnorisis*), cette reconnaissance est donc synonyme de passage de l'ignorance à la connaissance.

redondance n.f. / *redundancy* [rɪˈdʌndəntsᵢ|i]

Réitération d'une information, le plus souvent sous une forme variante ou à l'aide d'un système d'encodage différent : un geste soulignant une parole performative par exemple.

⇨ **pléonasme** / *pleonasm*

référence n.f. / *reference* [ˈrəfᵊr‿ənts]

Élément stable, étalon mesure.

En linguistique, ce terme désigne la propriété qu'a un signe linguistique de signifier le réel (ou le non-réel), l'extralinguistique. La fonction référentielle est donc une fonction de représentation. Le référent (*referent*) est l'objet (au sens large) auquel renvoie le signe linguistique. Pour Benvéniste, dans *Problèmes de linguistique générale*, II,

➢ E. Benvéniste, *Problèmes de linguistique générale*, II (1974)
Nous posons pour principe que le sens d'une phrase est autre chose que le sens des mots qui la composent. Le sens d'une phrase est son idée, le sens d'un mot est son emploi (toujours dans l'acception sémantique). À partir de l'idée chaque fois particulière, le locuteur assemble des mots qui dans cet emploi ont un « sens » particulier. De plus, il faut introduire ici un terme qui n'était pas appelé par l'analyse sémiotique : celui de « référent », indépendant du sens, et qui est l'objet particulier auquel le mot correspond dans le concret de la circonstance ou de l'usage [...] Si le « sens » de la phrase est l'idée qu'elle exprime, la « référence » de la phrase est l'état de choses qui la provoque, la situation de discours ou de fait à laquelle elle se rapporte et que nous ne pouvons jamais, ni prévoir, ni deviner.

refrain n.m. / *refrain* [rɪˈfreɪn]

Vers ou ligne répétés (de façon exacte ou avec de légères variantes) à la fin d'une strophe ou entre des strophes, caractéristique de la ballade et aujourd'hui de la chanson populaire.

⇨ ballade / *ballade or ballad*

régional, roman ~ n.m. / *regional novel* [ˈnɒvəl]

Roman qui prend pour cadre de son récit une région particulière, ses habitants, ses coutumes, sa langue et les décrit minutieusement et fidèlement.
Par exemple T. Hardy (1840-1928) et le Wessex, W. Faulkner (1897-1962) et le sud des États-Unis, ou encore J. Giono (1895-1970) et sa peinture de la Provence.

registre n.m. / *register* [ˈredʒɪstə]

Terme initialement utilisé pour qualifier la hauteur de la voix.
Les registres de parole sont, eux, les niveaux de langue afférents aux divers usages sociaux du discours : registre familier, relâché, soutenu, etc. par lesquels on entend aussi l'utilisation de certains types de mots, styles ou codes grammaticaux emblématiques d'un niveau de langue donné et donc facilement identifiables.

renaissance n.f. / *renaissance* [rɪˈneɪsənts]

Période ayant succédé au Moyen Âge, marquée par la « renaissance » de la littérature et des valeurs grecques et latines. Elle s'étend de la fin du XIVe siècle à la fin du XVIe bien que ces dates ne soient qu'approximatives, certains écrivains italiens du XIIe et du XIIIe siècle pouvant déjà en être jugés représentatifs.
Exemples : Dante, Montaigne, Rabelais, les poètes de la Pléiade, Spenser, Shakespeare, Bacon.

renversement n.m. / *reversal* [rɪˈvɜːsəl]

Moment où le destin du héros tragique prend une direction que ce dernier n'avait pas envisagée et qui va le précipiter dans la chute.

⇨ péripétie / *peripetia*

répétition n.f. / *repetition*

Figure d'unification qui donne au texte une cohésion à la fois structurelle, sémantique et sonore.

⇨ figures de répétition *in* figure de style, trope / *figure of speech, trope*

réplique n.f. / *line* [laɪn] *or cue* [kjuː]

Tour de parole dans un dialogue. Au théâtre, la réplique correspond au texte dit par un acteur à la suite d'un autre. Elle n'implique pas, comme en sens courant, une réponse à des propos tenus antérieurement, ni la vivacité voire l'agressivité que peut parfois connoter le mot.

résolution n.f. / *resolution* [ˌrezəˈluːʃən]

Moment lors duquel le conflit trouve sa solution, après la montée de l'action et la crise.

⇨ dénouement / *dénouement*

restauration n.f. / *restoration period*

Période initiée par la restauration de la monarchie anglaise en 1660 et se terminant à la fin du XVIIᵉ siècle.

Le mot est généralement couplé à celui de comédie (*Restoration comedy*) car c'est à cette époque que sont nées la comédie sentimentale (*sentimental comedy*) et un peu plus tard la comédie de mœurs (*comedy of manners*). Dryden, Congreve, Wycherley, Butler, par exemple, contribuèrent à populariser le genre.

revue n.f. / *revue* [rɪˈvjuː]

Représentation théâtrale incluant chansons, danses, mime, sketches, née au début du XIXᵉ siècle mais véritablement popularisée au début du XXᵉ siècle.

rhétorique n.f. / *rhetoric* [ˈretərɪk], *-al*

Art de la persuasion, la rhétorique repose sur l'utilisation de figures et de règles de composition très strictes : inventio, dispositio, style, mémoire et discours.

Selon une légende, Hiéron, tyran de Syracuse avait interdit l'usage de la parole en Sicile. Corax, disciple d'Empédocle, écrivit alors un livre sur l'art oratoire susceptible d'aider le peuple malmené (460 avant notre ère). Protagoras enrichit le « corax » de la dialectique (480-410 avant notre ère) et Gorgias (485-374 avant notre ère) introduisit les figures et l'esthétique. Aristote, Cicéron, puis Sénèque, Tacite, Dumarsais, Fontanier et Lamy s'en firent les dignes héritiers et théorisèrent le vaste champ ouvert par leurs prédécesseurs.

Au XXᵉ siècle, la rhétorique a participé de la recherche sur la production des textes littéraires entreprise par l'*Oulipo* (*Ouvroir de Littérature Potentielle* de R. Queneau, G. Perec, J. Tardieu, M. Duchamp, entre autres, 1960-1973) mais a aussi éclairé les travaux de la linguistique, de la sémiotique, de la néo-rhétorique de l'argumentation (R. Jakobson, T. Todorov, G. Genette pour ne citer qu'eux).

ridicule n.m. / *ridicule* [ˈrɪdɪkjuːl]

Utilisation du langage destinée à rendre risible une personne ou une idée en faisant généralement ressortir ses manques ou ses faiblesses. C'est l'arme de la caricature et de la satire.

Molière en a utilisé tous les ressorts dans *Les Précieuses ridicules*.

➤ Molière, *Les Précieuses ridicules* (1659), I, 1

LA GRANGE. — Pour moi, je vous avoue que j'en suis tout scandalisé. A-t-on jamais vu, dites-moi, deux pecques provinciales faire plus les renchéries que celles-là, et deux hommes traités avec plus de mépris que nous ? À peine ont-elles pu se résoudre à nous faire donner des sièges. Je n'ai jamais vu tant parler à l'oreille qu'elles ont fait entre elles, tant bâiller, tant se frotter les yeux, et demander tant de fois : « Quelle heure est-il ? » Ont-elles répondu que oui et non

ℛ

à tout ce que nous avons pu leur dire ? Et ne m'avouerez-vous pas enfin que, quand nous aurions été les dernières personnes du monde, on ne pouvoit nous faire pis qu'elles ont fait ?

DU CROISY. — *Il me semble que vous prenez la chose fort à cœur.*

LA GRANGE. — *Sans doute, je l'y prends, et de telle façon, que je veux me venger de cette impertinence. Je connois ce qui nous a fait mépriser. L'air précieux n'a pas seulement infecté Paris, il s'est aussi répandu dans les provinces, et nos donzelles ridicules en ont humé leur bonne part. En un mot, c'est un ambigu de précieuse et de coquette que leur personne. Je vois ce qu'il faut être pour en être bien reçu ; et si vous m'en croyez, nous leur jouerons tous deux une pièce qui leur fera voir leur sottise, et pourra leur apprendre à connoître un peu leur monde.*

rime n.f. / ***rhyme*** [raɪm]

Communauté de son entre des phrases, des expressions, des mots, des syllabes, des parties de syllabes.

Nom	Description	Exemple
Rime féminine / *Feminine rhyme*	Dernière voyelle accentuée suivie de sons inaccentués	*Raining / refraining*
Rime masculine / *Masculine rhyme*	Dernière voyelle accentuée dans la dernière syllabe	*Smile / mile*
Rime visuelle / *Eye rhyme*	Rime graphique mais pas sonore	*Rough / though*
Rime pleine / *Full rhyme*	Dernière voyelle accentuée et les suivantes	*Fish / rich*
Rime riche / *Identical rhyme*	Dernière voyelle accentuée ainsi que d'autres sons la précédant	*Apprehension / comprehension. There / their*
Rime vocalique / *Vowel rhyme* (a form of *half-rhyme*)	Dernière voyelle accentuée identique mais sons qui la suivent différents	*Painter / painful*
Pararime / *Pararhyme* (a form of *half-rhyme*)	Dernière voyelle accentuée différente mais sons qui la suivent identiques	*Picture / departure*
Rime interne / *Internal rhyme*	Mots qui forment rime à l'intérieur d'un vers ou d'une simple phrase	*Entre ses mains, il tenait mon destin*
Rime externe / *External rhyme*	Rimes localisées dans des vers ou phrases successifs. (rime initiale / *initial rhyme*, médiane / *medial rhyme*, terminale / *terminal rhyme*)	
Rime léonine / *Leonine rhyme*	Les mots qui riment sont celui avant la césure et celui placé en fin de vers	
Monorime / *Monorhyme*	Une seule rime dans l'ensemble des vers	
Rimes croisées / *Cross-rhyme*	Rimes alternées de type *abab*	
Rimes embrassées / *Arch-rhyme or chiasmic rhyme*	Rimes féminines et masculines alternées de type *abba*	
Rimes liées ou enchaînées / *Linked or chained rhymes*	Le dernier mot d'un vers rime avec le premier du vers suivant	

On appelle rime royale (*rhyme royal*) une strophe de sept décasyllabes de rimes *ababbcc*.

⇨ **prosodie** / *prosody*

rôle n.m. / *part*

Parchemin enroulé (*roll*). Ensemble des répliques d'un personnage.

roman n.m. / *novel* [ˈnɒvəl]

Le roman est un écrit de fiction plus long que la nouvelle et la *novella*.

Il se décline en genres fort différents déterminés par les vocables qui suivent : roman d'aventures (*novel of adventure*), roman d'idées (*novel of ideas*), roman à sensations ancêtre du roman noir (*novel of sensation, thriller*), roman sentimental (*novel of sensibility*), roman à clef, roman naturaliste, roman philosophique, etc.

roman à clef n.m. / *roman à clef* [rəʊmɒ̃]

⇨ **livre à clef** / *key novel*

romance / *romance* [rəʊˈmænts]

Écrits généralement en prose, ou en vers simples et naïfs, ayant pour sujet amour courtois et/ou aventures chevaleresques, les romances médiévales s'inspiraient des légendes, telles celles construites autour du roi Arthur, de la guerre de Troie, ou encore de Charlemagne.

Dans les siècles qui suivirent, le concept de romance subit des modifications et adaptations reflétant les préoccupations de chacune des périodes littéraires et les variations du genre romanesque.

romanesque n.m. / *fictional* [ˈfɪkʃən əl] *or novelistic*

Au sens strict (*novelistic*), se dit de ce qui relève du roman en tant que genre littéraire ; au sens large, (*fictional*) l'adjectif fait allusion à ce qui présente les caractéristiques du roman et plus particulièrement au merveilleux, au fabuleux, au chimérique qui en sont parfois les ingrédients. *Romanesque* en anglais évoque un style architectural des XIe et XIIe siècles aux arches rondes et aux piliers épais.

romantisme n.m. / *romanticism* [rəʊˈmæntɪˌsɪzəm]

Mouvement littéraire né au XVIIIe siècle, qui se poursuivit au XIXe, et manifeste un intérêt particulier pour la nature, les paysages, vus comme reflétant les sentiments du poète, la spontanéité de la pensée et de l'action, l'imagination, la liberté individuelle, le culte du bon sauvage.

Les grands noms de ce mouvement, outre Goethe et Schiller en Allemagne, sont par exemple en France Rousseau, Chateaubriand, Lamartine et Hugo, Musset et en Angleterre Coleridge, Wordsworth, Keats et Shelley.

⇨ *pathetic fallacy in* **pathétique** / *pathos*

rythme n.m. / *rhythm* [ˈrɪðəm]

Mouvement créé par l'ensemble des sonorités, pauses, montées et descentes mélodiques contenues dans le langage oral et retranscrites dans le langage écrit par les signes de ponctuation, les effets stylistiques et les figures.

⇨ **prosodie** / *prosody*, **rime** / *rhyme*

S

sarcasme n.m. / *sarcasm* [ˈsɑːk̬æzəm]

Du grec *sarkasmos*, de *sarkazein*, « mordre la chair ».

Le sarcasme est un tour ironique caractérisé par son aigreur mordante et sa finalité agressive voire insultante.

Entre *Satires* et *Sottisier* certaines saillies de Voltaire ont parfois résonance de sarcasmes.

Exemple : cette célèbre épigramme dirigée contre Jean Fréron.

➢ Voltaire, *Satires*, CCXLIX
L'autre jour, au fond d'un vallon,
Un serpent piqua jean Fréron.
Que pensez-vous qu'il arriva ?
Ce fut le serpent qui creva.

Ou encore cette remarque misogyne du *Sottisier*, « Contradictions ».

➢ Voltaire, « Contradictions », *Sottisier*
Les femmes ressemblent aux girouettes : elles se fixent quand elles rouillent.

satire n.f. / *satire* [ˈsætaɪə]

La satire est à l'origine une pièce dramatique où se mêlaient danse, musique et texte. Elle expose les folies et faiblesses de l'homme, de groupes sociaux, d'institutions ou de philosophies, avec pour but de les réformer et d'améliorer les choses.

Avec Lucilius (*lucilian satire*) (180-102 avant notre ère), la satire devint un genre particulier, ouvrage en vers, écrit de dénonciation des travers humains ou institutionnels. Trois grands poètes satiriques latins ont ensuite marqué l'histoire de la satire : Horace (*horacian satire*) qui inspira Boileau ou La Fontaine ; Perse, auteur de satires dogmatiques ; Juvénal (*juvenalian satire*) qui porta la veine satirique à son summum, alliant rhétorique et traits incisifs.

Varron, contemporain de César, intitula *Satires ménippées* ses écrits satiriques variés.

Au Moyen Âge, la satire apparut dans les épigrammes, les fabliaux, les soties, les farces et autres sirventes, puis, plus tard, dans les romans ; nombreux y aiguisèrent leur plume, Rabelais, Ronsard, dans *les Discours des Misères de ce Temps*, et surtout les acolytes de Jean Leroy (1594) qu'inspira *la Satire Ménippée* (*Menippean satire*) de Varron : naquit alors un genre éponyme, la satire ménippée (*menippean or varronian satire*) (1594) qui désigna certains recueils de pièces mordantes ridiculisant les États Généraux.

En France, Boileau, Voltaire, Montesquieu avec *Les Lettres persanes*, André Chénier, et Victor Hugo, avec *les Châtiments* contribuèrent aussi, par exemple, à la perpétuation du genre.

Dans la satire directe (*direct satire*), un narrateur à la première personne s'adresse directement au narrataire et donne libre cours à de violentes diatribes dirigées contre le mal et ses représentations.

Dans la satire indirecte (*indirect satire*), ce sont les divers personnages qui incarnent les défauts et points de vue encourant le commentaire satirique du narrateur.

La satire n'est souvent qu'un mode d'écriture introduit dans une forme littéraire, rarement un genre en soi. Elle fonctionne de pair avec le ridicule, l'ironie, l'exagération, la contradiction et le mot peut aujourd'hui désigner tout discours s'attaquant à un sujet en utilisant la raillerie, le rire, la dérision.

☞ Jonathan Swift, *Gulliver's Travels* (1726).

➢ Nicolas Boileau, « Satire VI » (composée entre 1663 et 1665), *Satires*
Qui frappe l'air, bon Dieu ! de ces lugubres cris ?
Est-ce donc pour veiller qu'on se couche à Paris ?
Et quel fâcheux démon, durant des nuits entières,
Rassemble ici les chats de toutes les gouttières ?
J'ai beau sauter du lit, plein de trouble et d'effroi,
Je pense qu'avec eux tout l'enfer est chez moi :
L'un miaule en grondant comme un tigre en furie,
L'autre roule sa voix comme un enfant qui crie.
Ce n'est pas tout encor, les souris et les rats
Semblent, pour m'éveiller, s'entendre avec les chats,
Plus importuns pour moi, durant la nuit obscure,
Que jamais, en plein jour, ne fut l'abbé De Pure.

saynète n.f. / *sketch*

Petite comédie bouffonne, originaire d'Espagne, à mi-chemin entre l'opérette et la chanson comique, comportant seulement deux ou trois personnages. La saynette est à l'origine du *sketch*.

scansion n.f. / *scansion* [ˈskæntʃən]

La scansion permet le partage du vers en plusieurs pieds au travers de la reconnaissance des syllabes ou encore, en poésie anglaise, des accents (longues et brèves, accentuées, non accentuées). La scansion permet de dégager le rythme propre à chaque vers.

⇨ **prosodie** / *prosody*

scène n.f. / *scene* [siːn]

Terme désignant à l'origine l'espace de jeu des acteurs, la scène peut aussi, de façon plus générale, faire référence au lieu où se passe l'action théâtrale et par extension, toute action présentant une unité, dans une œuvre littéraire ou cinématographique.

Il est ainsi coutume d'appeler scènes les divisions d'un acte dans une pièce de théâtre, chaque partie ainsi délimitée présentant une unité de représentation et une absence théorique de changement des personnages.

scénographie n.f. / *scenography* [siːˈnɒgrəfi]

À l'origine, la scénographie était l'art de dessiner les édifices en perspective. Elle est devenue l'art de l'organisation de la scène et de l'espace théâtral. Ce mot désigne tout à la fois le principe organisateur et les éléments qui déterminent et constituent cet espace, toiles peintes, mobilier, etc. Le scénographe est l'architecte de la scène.

S

D'après l'Académie Royale des Beaux-Arts de Liège,
Le scénographe est un inventeur du lieu, de l'image. L'apport du scénographe est une œuvre d'art. Il crée l'environnement d'une représentation théâtrale et en assure la cohérence. [...] étude historique, analyse dramaturgique de textes, conception et réalisation de décors, art du costume, connaissance concrète des matériaux, apprentissage des techniques d'éclairage, initiation au masque, au mobilier, au maquillage, aux marionnettes, à la sono, etc. Il faut que le créateur maîtrise tous les moyens de l'invention pour devenir un artisan de l'imaginaire théâtral.

scesis onomaton n.m. / *scesis onomaton*

Figure de rhétorique qui permet le renforcement d'une idée par la répétition.
Exemple : Franklin D. Roosevelt, *A Day of Infamy*, discours du 8 décembre 1941, jour où il apprit l'attaque menée contre Pearl Harbour. Cette expression fut à nouveau entendue soixante ans après, le 11 septembre 2001.

➤ Franklin D. Roosevelt, *A Day of Infamy*, discours du 8 décembre 1941
Yesterday, December 7, 1941 —a date which will live in infamy— the United States of America was suddenly and deliberately attacked by naval and air forces of the Empire of Japan. [...]
Last night Japanese forces attacked Hong Kong.
Last night Japanese forces attacked Guam.
Last night Japanese forces attacked the Philippine Islands.
Last night the Japanese attacked Midway Island.

Comme un écho venu du passé, le discours du Président Bush le 20 septembre 2001 faisait usage de cette même figure de style...

➤ Georges W. Bush, discours du 20 septembre 2001
We will come together to improve air safety, to dramatically expand the number of air marshals on domestic flights and take new measures to prevent hijacking.
We will come together to promote stability and keep our airlines flying with direct assistance during this emergency.
We will come together to give law enforcement the additional tools it needs to track down terror here at home.
We will come together to strengthen our intelligence capabilities to know the plans of terrorists before they act and to find them before they strike.
We will come together to take active steps that strengthen America's economy and put our people back to work.

science-fiction n.f. / *science fiction*

Genre littéraire affectionnant la forme du roman ou de la nouvelle dans lequel des découvertes scientifiques futuristes ou des principes scientifiques actuels soumis à distorsion fictionnelle constituent la base du récit. Les ingrédients y sont le voyage dans l'espace, la vie sur d'autres planètes, des visions conflictuelles du devenir de l'humanité, sur fond d'utopie ou de dystopie, le tout situé dans un cadre temporel élastique jouxtant les confins du temps.

☞ Quelques exemples célèbres : R. Bradbury, *Martian Chronicles* (1950) et Kurt Vonnegut, *Slaughterhouse-5* (1969).

sentence n.f., sentencieux / *sentence, sententious*
[sen'ten^tʃəs]

La sentence est une parole qui renferme un grand sens, une pensée morale. L'adjectif est aujourd'hui plus utilisé que le nom pour désigner un discours qui contient des maximes à valeur morale. L'usage en a fait un terme critique à connotation péjorative. En anglais, le mot *sententia* est synonyme d'adage, aphorisme, proverbe. Il fait référence à une vérité générale utilisée pour commenter une situation spécifique.

séquence n.f. / *sequence* ['sɪːkwən^ts]

Deux sens particuliers à ce mot en français :

Il peut désigner, comme en anglais, une pièce de plain-chant en vers mesurés et rimés, chantée aux messes solennelles après le graduel et l'alléluia. Au XVIe siècle, seules cinq d'entre elles étaient autorisées : *Dies Irae, Lauda Sion, Stabat Mater, Veni Sancte Spiritus,* et *Victimae paschali.* Le *Dies Irae* peut encore figurer aujourd'hui lors de messes de requiem.

La séquence peut également désigner un segment textuel en narratologie. L'analyse séquentielle se fonde alors sur la typologie définie par J.-M. Adam (« Cadre théorique d'une typologie séquentielle », *Études de linguistique appliquée*, n°83, Paris : Didier, 1991, pp. 7-18) : il reconnaît cinq types de séquences : argumentatif, descriptif, narratif, explicatif et dialogal. L'analyse séquentielle permet de montrer l'hétérogénéité structurelle du texte, son organisation en séquences différenciées les unes des autres mais reliées entre elles par une séquence argumentative qui structure la totalité du discours.

sestina n.f. ou sextine n.f. / *sestina*

Plus connue en français sous le nom de « sextine », cette forme de poème remonte au temps des troubadours du XXIIe siècle, poètes écrivant en provençal. L'invention de cette forme particulière est, dit-on, le fait d'Arnaut Daniel (1180-1210).

Voici les deux premières strophes de l'une d'elles, « Lo ferm voler » (approximativement, « Le Ferme Désir ») :

> ➢ Arnaut Daniel, « Lo ferm voler »
> 1.
> *Lo ferm voler q'el cor m'intra*
> *no.m pot ies becs escoissendre ni ongla*
> *de lausengier, qui pert per mal dir s'arma ;*
> *e car non l'aus batr'ab ram ni ab verga,*
> *sivals a frau, lai on non aurai oncle,*
> *iauzirai ioi, en vergier o dinz cambra.*
> 2.
> *Qan mi soven de la cambra*
> *on a mon dan sai que nuills hom non intra*
> *ans me son tuich plus que fraire ni oncle,*
> *non ai membre no.m fremisca, neis l'ongla,*
> *aissi cum fai l'enfas denant la verga :*
> *tal paor ai no.l sia trop de l'arma.*

159

S

Si la forme n'est plus guère utilisée aujourd'hui en poésie française, elle continue cependant de l'être en poésie anglaise, et comme le haïku japonais, donne même lieu à des exercices de style et créations originales chez les poètes amateurs contemporains.

La structure est en effet très rigoureuse : six strophes de six vers chacune. Les mots terminant les vers de la première strophe sont ensuite repris dans les strophes suivantes, dans un ordre différent mais fixe suivant le schéma ci-dessous :

Strophe numéro...	1	2	3	4	5	6
Ordre des mots finissant chaque vers	1	6	3	5	4	2
	2	1	6	3	5	4
	3	5	4	2	1	6
	4	2	1	6	3	5
	5	4	2	1	6	3
	6	3	5	4	2	1

La sestina / sextine se termine par l'envoi, composé de trois vers dans chacun desquels apparaissent deux des mots utilisés en fin de vers dans les sizains précédents.
Exemple : Ezra Pound (1885-1972) *Altaforte*, qui, dans l'introduction place Bertan de Born dans l'enfer de Dante. La scène se passe à Hautefort, en présence de Papiols, ménestrel de Bertan de Born. En voici la dernière sextine et l'envoi.

➢ Ezra Pound, *Altaforte*
VI
Papiols, Papiols, to the music!
There's no sound like the swords swords opposing,
No cry like the battle's rejoicing
When our elbows and swords drip the crimson
And our charges 'gainst 'The Leopard's' rush clash.
May God damn for ever all who cry 'Peace!'
VI
And let the music of the swords make them crimson!
Hell grant soon we hear the swords clash!
Hell blot black for alway the thought 'Peace"!

similitude n.f., comparaison n.f. / *simile* [ˈsɪməlɪ]

Cette figure établit une comparaison explicite entre deux éléments possédant au minimum un trait en commun. Elle utilise des connecteurs de type « comme » (*as*, *like*), « ainsi » (*so*).

Elle permet au coénonciateur de mieux comprendre ce qui est dit et de se créer une représentation imagée du discours.

L'expression de la similitude passe par des constructions syntaxiques clés telles que :

• l'identité : X est même que (*is the same as*) Y, X est semblable à (*is similar to*) Y :
➢ Washington Irving, *The Legend of Sleepy Hollow* (1819)
*To see him striding along the profile of a hill on a windy day, with his clothes bagging and fluttering about him, one **might have mistaken him for** the genius of famine descending upon the earth, or some scarecrow eloped from a cornfield.*

- la comparaison, avec l'aide d'une préposition : comme (*like*) : X est (*is*) comme (*like*) Y :
➢ Washington Irving, *The Legend of Sleepy Hollow* (1819)
*I mention this peaceful spot with all possible laud for it is in such little retired Dutch valleys, found here and there embosomed in the great State of New York, that population, manners, and customs remain fixed, while the great torrent of migration and improvement, which is making such incessant changes in other parts of this restless country, sweeps by them unobserved. They are **like** those little nooks of still water, which border a rapid stream, where we may see the straw and bubble riding quietly at anchor, or slowly revolving in their mimic harbor, undisturbed by the rush of the passing current.*
- la comparaison utilisant le degré et la qualité : X est plus / moins ... que Y (*X is more (less)... than Y*), X est aussi... que Z (*X is as ... as Z*) :
➢ Sir Arthur Conan Doyle, *A Study in Scarlet* (1887)
*I had neither kith nor kin in England, and was therefore **as** free **as** air —or **as** free **as** an income of eleven shillings and sixpence a day will permit a man to be.*
- la comparaison utilisant des structures verbales : X ressemble à (*resembles*) Y, X fait (*does*) Y ; (*so does*) Z aussi :
➢ Edith Wharton, *The Age of Innocence* (1920)
*In the middle distance symmetrical mounds of woolly green moss bounded by croquet hoops formed the base of shrubs shaped like orange-trees but studded with large pink and red roses. Gigantic pansies, considerably larger than the roses, and **closely resembling** the floral pen-wipers made by female parishioners for fashionable clergymen, sprang from the moss beneath the rose-trees; and here and there a daisy grafted on a rose-branch flowered with a luxuriance prophetic of Mr. Luther Burbank's far-off prodigies.*
- la comparaison entre des situations : X fait (*does*) Y de la façon dont (*the way*) Z fait (*does*) A :
➢ H.G. Wells, *The Wheels of Chance* (1896), XII. The Dreams of Mr Hoopdriver
*For it seemed that the place they were in was a vast shop, and then Mr. Hoopdriver perceived that the other man in brown was the shop-walker, differing from most shop-walkers in the fact that **he was lit from within as a Chinese lantern might be**.*

situation n.f., cadre / *setting*

Le mot renvoie à tous les éléments qui permettent au narrataire de concevoir le temps, le lieu, l'environnement, l'atmosphère particuliers d'un récit. La situation peut aller du vraisemblable au fantastique et aucune contrainte ne régit *a priori* sa relation à l'univers extralinguistique.

Elle peut être l'objet de descriptions minutieuses convoquant des représentations très documentées (comme dans les romans régionaux) ou être emblématique de certaines valeurs qui aident à structurer la thématique de l'œuvre au même titre que, par exemple, les personnages.

S

> Edith Wharton, *The Age of Innocence* (1920)
> *No expense had been spared on the setting, which was acknowledged to be very beautiful even by people who shared his acquaintance with the Opera houses of Paris and Vienna. The foreground, to the footlights, was covered with emerald green cloth. In the middle distance symmetrical mounds of woolly green moss bounded by croquet hoops formed the base of shrubs shaped like orange-trees but studded with large pink and red roses. Gigantic pansies, considerably larger than the roses, and closely resembling the floral pen-wipers made by female parishioners for fashionable clergymen, sprang from the moss beneath the rose-trees; and here and there a daisy grafted on a rose-branch flowered with a luxuriance prophetic of Mr. Luther Burbank's far-off prodigies.*

La situation dramatique (*dramatic situation*) regroupe toutes les données nécessaires à la compréhension du texte et de l'action par le narrataire ou le spectateur.

sizain n.m. / *sestet* [ˌsesˈtet]

Strophe de six vers. Le sonnet pétrarquiste ou italien se termine généralement par un sizain de rime *cde cde*, pour le sizain italien, ou *cdc dcd*, pour le sicilien.

> Rupert Brooke (1887-1915), « The Dead » (1914)
> *Blow, bugles, blow! They brought us, for our dearth,*
> *Holiness, lacked so long, and Love, and Pain.*
> *Honour has come back, as a king, to earth,*
> *And paid his subjects with a royal wage;*
> *And Nobleness walks in our ways again;*
> *And we have come into our heritage.*

sociologique, critique ~ n.f. / *sociological criticism*

Approche de la littérature qui prend en compte les représentations sociales (individus, groupes, valeurs) et la construction de rapports de force entre les individus ou les groupes. La critique marxiste et la critique féministe s'inscrivent dans ce courant.

⇨ **structuralisme** *in* **marxiste, critique ~ /** *marxist criticism*

soliloque n.m. / *soliloquy* [səˈlɪləkǀwi]

Discours d'une personne qui se parle à elle-même, même en présence d'autres personnes ou personnages. Forme de dialogue à une voix avec le public, lors d'une représentation théâtrale, le soliloque permet à l'audience de pénétrer dans la conscience du personnage comme le feraient le monologue intérieur ou la focalisation interne dans un roman.

sonnet n.m. / *sonnet* [ˈsɒnɪt]

Poème de forme fixe et d'origine italienne, composé de deux quatrains aux rimes croisées ou embrassées (*abab* ou *abba*) et de deux tercets comprenant chacun trois rimes (*cdecde* ou *ceddce*). Dans le sonnet français, les tercets arborent deux ou trois rimes (*cdcdcd*, *ccdccd*, *ccdeed*, ou *ccdede*).

Originellement importé en Angleterre par T. Wyatt et H. Howard, au XVIe siècle, le sonnet subit quelques transformations et se déclina ultérieurement en trois quatrains aux rimes croisées suivis d'un distique final.

Ce fut la forme que prit le sonnet Shakespearien (*Shakespearean sonnet*), construit avec des rimes en *abab cdcd efef gg*. Spenser (« Amoretti », 1595) introduisit une variante en faisant se continuer les rimes d'un quatrain à l'autre : *abab bcbc cdcd ee*.

➢ Shakespeare, *Sonnet LIV* (1623-1664)
O! How much more doth beauty beauteous seem
By that sweet ornament which truth doth give!
The rose looks fair, but fairer we it deem
For that sweet odour which doth in it live.
The canker-blooms have full as deep a dye
As the perfumed tincture of the roses,
Hang on such thorns, and play as wantonly
When Summer's breath their masked buds discloses:
But, for their virtue only is their show,
They live unwoo'd, and unrespected fade;
Die to themselves. Sweet roses do not so;
Of their sweet deaths are sweetest odours made:
And so of you, beauteous and lovely youth,
When that shall vade, my verse distils your truth.

➢ Ronsard (1524-1585), « Sonnet à Marie »
Je vous envoie un bouquet, que ma main
Vient de trier de ces fleurs épanouies,
Qui ne les eut à ces vêpres cueillies,
Tombées à terre elles fussent demain.
Cela vous soit un exemple certain,
Que vos beautés, bien qu'elles soient fleuries,
En peu de temps, seront toutes flétries,
Et, comme fleurs, périront tout soudain.
Le temps s'en va, le temps s'en va ma Dame,
Las ! le temps non, mais nous nous en allons,
Et tôt serons étendus sous la lame,
Et des amours, desquelles nous parlons
Quand serons morts, n'en sera plus nouvelle :
Donc, aimez-moi, cependant qu'êtes belle.

sophisme n.m. / *sophistry* ['sɒfɪs|tri]

École philosophique grecque du Ve au IIIe siècle avant notre ère. En raison de la critique qu'en ont fait Socrate et Platon, le terme sophisme a pris une valeur péjorative et désigne un raisonnement qui se veut logique, reposant sur une argumentation forte, mais qui en fait n'est qu'illusion et s'apparente au faux syllogisme. Molière en fait grand usage dans ses comédies.

spondée n.m. / *spondee* ['spɒndi:]
⇨ **pied** / *foot*

S

stances n.f. / ***stanza*** [ˈstænzə]
Les stances sont des ensembles de strophes de même composition constituant un poème lyrique.

stéréotype n.m. / ***stereotype*** [ˈsteriˌətaɪp]
Simplification extrême d'un personnage dont le comportement est régi par des constantes facilement identifiables car souvent caricaturales. Le stéréotype peut aussi être d'ordre abstrait et concerner des valeurs ou des idées qui font fréquemment l'objet d'une remise en question en raison de leur caractère univoque.

stichomythie n.f. / ***stichomythia*** [ˌstɪkəʊˈmɪθiˌə]
Dialogue aux répliques très rapides que l'on dirait aujourd'hui du « tac au tac ».
⇨ **hémistychomythie** *in* **hémistiche** / *hemistich*

strophe n.f. / ***stanza***
Ensemble de vers constituant généralement un tout et marquant la division d'un poème en unités pouvant être de longueur variable.
⇨ **quatrain** / *quatrain*

strophe spensérienne n.f. / ***spenserian stanza***
Strophe de neuf vers dont les huit premiers sont des pentamètres iambiques et le dernier un alexandrin, construite sur le modèle qu'en a donné E. Spenser dans *The Faerie Queene* (1589).

style n.m. / ***style*** [ˈstaɪəl]
Ensemble des caractéristiques dessinant un profil d'écriture : choix des mots, structures de phrase, figures, atmosphère, etc. au service de la communication des idées.

style direct, indirect, indirect libre n.m. / ***direct, indirect, free indirect speech***
⇨ **discours** / *discourse*, **narrateur** / *narrator*, **narration** / *narration vs narrative*, **courant de conscience** / *stream of consciousness*

stylistique n.f. / ***stylistics*** [staɪˈlɪstɪks]
Étude des effets de style qui émaillent une écriture donnée. La stylistique ressortit à la phonologie, la prosodie, la morphologie, la syntaxe, la lexicologie et utilise la linguistique comme outil au service de la critique littéraire. Elle est encore appelée poétique par certains linguistes (R. Jakobson par exemple).

sublime n.m. / ***sublime*** [səˈblaɪm]
Sentiment de dépassement ressenti lors de la perception du beau ou du sacré, qui transporte le sujet percevant hors des limites de l'expérience esthétique commune et l'amène à transcender la condition humaine (Longinus). Le sublime, associé à la notion d'infinitude, peut engendrer aussi bien la grandeur que l'horreur la plus absolue (E. Burke).

Voici comment Longinus (c. 213-273) décompose le sublime dans *On the Sublime* (traduction de W.R. Roberts).
➢ Longinus, *On the Sublime*
There are, it may be said, five principal sources of elevated language. Beneath these five varieties there lies, as though it were a common foundation, the gift of discourse, which is indispensable. First and most important is the power of forming great conceptions, as we have elsewhere explained in our remarks on Xenophon. Secondly, there is vehement and inspired passion. These two components of the sublime are for the most part innate. Those which remain are partly the product of art. The due formation of figures deals with two sorts of figures, first those of thought and secondly those of expression. Next there is noble diction, which in turn comprises choice of words, and use of metaphors, and elaboration of language. The fifth cause of elevation —one which is the fitting conclusion of all that have preceded it —is dignified and elevated composition.

⇨ pittoresque / *picturesque*

suite n.f. / *sequel* [ˈsiːkwel]
Écrit qui incorpore les mêmes personages et situations que ceux qui l'ont précédé. Parfois, l'intrigue suit celle de l'œuvre précédente mais est vue sous un autre angle, par d'autres personages.
☞ Les romans de J.K. Rowling, *Harry Potter and the Sorcerer's Stone, Harry Potter and the Chamber of Secrets, Harry Potter and the Prisoner of Azkaban, Harry Potter and the Goblet of Fire, Harry Potter and the Order of the Phoenix*.

surréalisme n.m. / *surrealism* [səˈrɪəlˌɪzəm]
Mouvement né entre les deux guerres mondiales dont l'objectif est de parvenir à faire fusionner le monde fantasmatique de l'inconscient et le monde du conscient dans une sur-réalité ou réalité absolue.
A. Breton le définit dans son premier *Manifeste du Surréalisme*.
➢ André Breton, *Manifeste du Surréalisme* (1924)
L'esprit de l'homme qui rêve se satisfait pleinement de ce qui lui arrive. L'angoissante question de la possibilité ne se pose plus. [...]
Je crois à la résolution future de ces deux états, en apparence si contradictoires, que sont le rêve et la réalité, en une sorte de réalité absolue, de surréalité, si l'on peut ainsi dire. C'est à sa conquête que je vais, certain de n'y pas parvenir mais trop insoucieux de ma mort pour ne pas supporter un peu les joies d'une telle possession.
Et le défend dans le *Second Manifeste du Surréalisme*.
➢ André Breton, *Second Manifeste du Surréalisme* (1930)
Nous combattons sous toutes leurs formes l'indifférence poétique, la distraction d'art, la recherche érudite, la spéculation pure, nous ne voulons rien avoir de commun avec les petits ni avec les grands épargnants de l'esprit. Tous les lâchages, toutes les abdications, toutes les trahisons possibles ne nous empêcheront pas d'en finir avec ces foutaises. Il est remarquable, d'ailleurs, que,

S

livrés à eux-mêmes et à eux seuls, les gens qui nous ont mis un jour dans la nécessité de nous passer d'eux ont aussitôt perdu pied, ont dû aussitôt recourir aux expédients les plus misérables pour rentrer en grâce auprès des défenseurs de l'ordre, tous grands partisans du nivellement par la tête. C'est que la fidélité sans défaillance aux engagements du surréalisme suppose un désintéressement, un mépris du risque, un refus de composition dont très peu d'hommes se révèlent, à la longue, capables. N'en resterait-il aucun, de tous ceux qui les premiers ont mesuré à lui leur chance de signification et leur désir de vérité, que cependant le surréalisme vivrait.

suspense n.m. / *suspense* [sə'spen{{t}}s]

Construction d'une tension fondée sur l'attente et l'incapacité à anticiper. Le suspense est l'un des ressorts du roman policier (*thriller*) qui conduit à des révélations imprévues ou des renversements de situation inopinés.

syllepse n.f. / *syllepsis* [sɪ'leps|ɪs]

Utilisation d'un même mot dans une phrase, avec deux sens différents.
Exemple : Benjamin Franklin est supposé avoir dit, lors de la signature de la Déclaration d'Indépendance le 4 juillet 1776 :
We must all hang together or assuredly we shall all hang separately.

syllogisme n.m. / *syllogism* ['sɪlə dʒɪzəm]

Forme de raisonnement en trois parties comprenant une première proposition tenue pour vraie, appelée la majeure, une seconde proposition également tenue pour vraie, la mineure, et une troisième proposition, la conclusion, qui découle logiquement des deux prémisses et doit donc nécessairement être vraie.

Il est évident que si le syllogisme se vérifie dans certains cas, dans d'autres, il relève de l'absurde. Exemple : Cet homme est un rat ! un rat a quatre pattes. Ces deux prémisses ne vérifient pas la conclusion : cet homme a quatre pattes !

symbolisme n.m. / *symbolism* ['sɪmbə lɪzəm]

Mouvement artistique et littéraire du XIXe siècle qui, frère ennemi du naturalisme, entreprit de fonder l'art sur une vision spirituelle du monde, traduite par des moyens d'expression métaphoriques. Exemple : Mallarmé.

synecdoque n.f. / *synecdoche* [sɪ'nekdəki]

Figure qui consiste à désigner le tout par la partie, ou la partie par le tout.

synérèse n.f. / *syneresis* [sɪ'nɪər|əsɪs]

Notion de prosodie ; fait de prononcer ensemble deux voyelles qui se suivent, pour des raisons métriques.

synesthésie n.f. / *synesthesia* [ˌsɪniːs'θiːzi ə]

Union des sensations, la synesthésie interprète selon les critères associés à un organe de perception les sensations relevant d'un autre organe. Ainsi la peinture décrite en termes musicaux par Kandinsky ou encore des sons qui font voir des couleurs particulières. Ceci est fort fréquent dans l'écriture qui permet l'utilisation d'adjectifs relevant d'une perception pour en qualifier une autre : par exemple, un doux son (toucher + ouïe), une peinture bruyante (vue + ouïe), une caresse parfumée (toucher + odorat), une musique suave (ouïe + goût).

Pour Kandinsky, les couleurs sont autant d'instruments de musique qui jouent une partition sur le tableau. Le peintre avait même donné la clef de la palette de *Résonance multicolore* (1928) : le jaune, la trompette, la fanfare ; le bleu azur, la flûte ; le bleu profond, l'orgue ; le bleu marine, la contrebasse ; le vert, le violon ; le blanc, une pause ; le noir, la dernière pause, etc.

tableau n.m. / *tableau* ['tæbləʊ]

Au théâtre, ce mot peut désigner plusieurs choses : un changement de décor à l'intérieur d'un acte ou une simple division, semblable à la division créée par l'acte ou la scène, fondée sur un changement d'espace ou d'espace-temps. C'est ainsi que Bertolt Brecht à divisé en douze tableaux *Mère Courage et ses enfants* (1949), sous-titrée *Chronique de la guerre de Trente ans*, inspirée des *Aventures de Simplicius Simplicissimus* (1669) de Grimmelshausen. Cette technique fut récemment utilisée par R. Hossein dans sa mise en scène de *Crime et Châtiment* de Dostoïevski (1866) où des tableaux humains ponctuent les grandes divisions de l'œuvre (2001). Le mot de tableau désigne donc parfois aussi le tableau vivant.

Tableau vivant : technique de production, le tableau vivant immobilise les acteurs dans une pose expressive faisant penser à un instantané photographique. Il permet de synthétiser certaines actions, d'évoquer le résultat d'événements impossibles à représenter sur scène parce que trop violents ou trop longs ou considérés comme sacrilèges.

La petite histoire : d'abord embauchée comme domestique chez Sir Hamilton (1730-1803), Amy Lyon, née c. 1761 à Ness, finit par devenir sa maîtresse puis sa femme. Alors que son mari était en mission à Naples, elle y fut fort remarquée car elle donnait des après-midis « tableaux vivants ». C'étaient des représentations fondées sur la posture et le mime, dans lesquelles elle imitait des figures historiques, littéraires ou artistiques.

tautologie n.f. / *tautology* [tɔːˈtɒlədʒ|i]

Du grec *tautos*, le même, et *logos*, le discours. La tautologie concerne la répétition d'une même idée à l'aide de termes différents, voire la répétition des mêmes termes : « noir, c'est noir », « moi, je… » Elle est parfois décrite comme proche du truisme, vérité banale sans portée informative réelle, ou du pléonasme, amalgame de mots ayant la même signification, comme « descendre en bas ».

☞ Pour exemple, *Exercices de Style* de R. Queneau (1947), dans lequel il décrit la même histoire de 99 façons différentes.

⇨ **pléonasme** / *pleonasm*

tercet n.m. / *tercet* ['tɜːsɪt]

Un tercet est une strophe composée de trois vers. Dans un sonnet, on trouve deux quatrains et deux tercets.

⇨ **sonnet** / *sonnet*

terza rima n.f. / *terza rima* [ˌteətsəˈriːmə]

Schéma de rimes sur trois vers qui suit le modèle : *aba, bcb, cdc, ded,…*

➤ P.B. Shelley, « Ode to the West Wind », première partie
O wild West Wind, thou breath of Autumn's being,
Thou, from whose unseen presence the leaves dead
Are driven, like ghosts from an enchanter fleeing,
Yellow, and black, and pale, and hectic red,
Pestilence-stricken multitudes: O thou,
Who chariotest to their dark wintery bed
The winged seeds, where they lie cold and low,
Each like a corpse within its grave, until
Thine azure sister of the Spring shall blow
Her clarion o'er the dreaming earth, and fill
(Driving sweet buds like flocks to feed in air)
With living hues and odours plain and hill:
Wild Spirit, which art moving everywhere;
Destroyer and preserver; hear, oh, hear!

texte n.m. / *text*

Plusieurs sens peuvent être donnés au mot texte. Étymologiquement dérivé du latin *textus*, le tissu, le texte apparaît d'emblée comme un ensemble, un assemblage d'éléments se constituant en un tout dont la forme peut aller de la phrase à l'œuvre complète, être matérialisé par le canal de l'oral ou de l'écrit.

Le terme peut aussi bien faire référence au contenant qu'au contenu, à l'esprit autant qu'à la lettre. Son premier but est de signifier, tant au niveau des mots individuels composant le texte qu'au niveau de l'ensemble créé par leur association. Si l'énonciateur n'est guère responsable du sens des mots individuels dans le lexique commun, il prend néanmoins en charge leur sélection et leur assemblage syntaxique afin de leur donner une signification dans le contexte qu'il aura choisi, en fonction de l'intention de communication qui aura présidé à la facture de son texte.

Un texte n'est donc pas seulement un assemblage grammatical de mots sur une chaîne, il est aussi et avant tout un outil de communication. Il devient par là même discours.

Texte-à-dire : on désigne par ces mots la partie du texte dramatique dite par les acteurs, une fois ôtées les indications scéniques (didascalies).

théâtralité n.f. / *theatricality* [θiˌætrɪˈkæləti]

Comme le suggère la suffixation en *-ité*, la théâtralité concerne tout ce qui peut avoir « qualité » théâtrale soit par l'apparence, soit par la structure. Une écriture, un lieu, un événement peuvent évoquer le monde du théâtre et la dramaturgie. Un texte peut également présenter une structure habituellement caractéristique de l'œuvre théâtrale : découpage en scènes, en tableaux, dialogue dont les énoncés évoquent telle ou telle réplique ou tel comportement verbal associé à la comédie ou la tragédie. L'on pourrait dire que la théâtralité relève en quelque sorte d'une intertextualité implicite.

thème n.m. / *theme* [θiːm]

Par thème, on désigne plus volontiers l'idée centrale explorée par une œuvre que son sujet apparent. Le thème est la plupart du temps l'élément unificateur qui sert de

centre organisateur et permet la création de liens entre la construction des personnages, la mise en place des situations, la constitution du point de vue, etc.
Il peut être véhiculé par les personnages, les événements, mais aussi les symboles, images et autres figures de style. Ces éléments, quand ils sont récurrents, sont parfois appelés motifs, par référence implicite aux compositions picturales.

tirade n.f. / *tirade* [ˌtaɪəreɪd]

Le mot désigne la suite de phrases que dit un personnage sans être interrompu par un autre. Il connote avant tout la longueur et implique le développement complet d'un point de vue.
Exemple : Edmond Rostand, la tirade du nez, dans *Cyrano de Bergerac*.

➢ Edmond Rostand, *Cyrano de Bergerac* (1897)
Ah ! Non ! C'est un peu court, jeune homme !
On pouvait dire... Oh ! Dieu !... Bien des choses en somme.
En variant le ton, — Par exemple, tenez :
Agressif : « Moi, monsieur, si j'avais un tel nez,
Il faudrait sur-le-champ que je me l'amputasse ! »
Amical : « Mais il doit tremper dans votre tasse !
Pour boire, faites-vous fabriquer un hanap ! »
Descriptif : « C'est un roc !... C'est un pic !... C'est un cap !
Que dis-je, c'est un cap ?... C'est une péninsule ! »
Curieux : « De quoi sert cette oblongue capsule ?
D'écritoire, monsieur, ou de boîte à ciseaux ? »
Gracieux : « Aimez-vous à ce point les oiseaux
Que paternellement vous vous préoccupâtes
De tendre ce perchoir à leurs petites pattes ? »
Truculent : « Ça monsieur, lorsque vous pétunez,
La vapeur du tabac vous sort-elle du nez
Sans qu'un voisin ne crie au feu de cheminée ? »
Prévenant : « Gardez-vous, votre tête entraînée
Par ce poids, de tomber en avant sur le sol ! »
Tendre : « Faites-lui faire un petit parasol
De peur que sa couleur au soleil ne se fane ! »
Pédant : « L'animal seul, monsieur, qu'Aristophane
Appelle Hippocampelephantocamélos
Dut avoir sous le front tant de chair sur tant d'os ! »
Cavalier : « Quoi l'ami, ce croc est à la mode ?
Pour pendre son chapeau, c'est vraiment très commode ! »
Emphatique : « Aucun vent ne peut, nez magistral,
T'enrhumer tout entier, excepté le mistral ! »
Dramatique : « C'est la mer Rouge quand il saigne ! »
Admiratif : « Pour un parfumeur, quelle enseigne ! »
Lyrique : « Est-ce une conque, êtes-vous un triton ? »
Naïf : « Ce monument, quand le visite-t-on ? »
Respectueux : « Souffrez, monsieur, qu'on vous salue ;
C'est là ce qui s'appelle avoir pignon sur rue ! »

Campagnard : « Hé, ardé ! C'est-y un nez ? Nanain !
C'est queuqu'navet géant ou ben queuqu'melon nain ! »
Militaire : « Pointez contre cavalerie ! »
Pratique : « Voulez-vous le mettre en loterie ?
Assurément, monsieur, ce sera le gros lot ! »
Enfin, parodiant Pyrame en un sanglot :
« Le voilà donc ce nez qui des traits de son maître
A détruit l'harmonie ! Il en rougit, le traître ! »
— Voilà ce qu'à peu près, mon cher, vous m'auriez dit
Si vous aviez un peu de lettres et d'esprit :
Mais d'esprit, ô le plus lamentable des êtres,
Vous n'en eûtes jamais un atome, et de lettres
Vous n'avez que les trois qui forment le mot : Sot !
Eussiez-vous eu, d'ailleurs, l'invention qu'il faut
Pour pouvoir là, devant ces nobles galeries,
Me servir toutes ces folles plaisanteries,
Que vous n'en eussiez pas articulé le quart
De la moitié du commencement d'une, car
Je me les sers moi-même, avec assez de verve,
Mais je ne permets pas qu'un autre me les servent

tmèse n.f. / *tmesis, -ses* ['tmiːsɪs]

Le premier élément (suffixe ou pronom) d'un mot latin pouvait être coupé du second par l'introduction d'un mot ou groupe de mots. Ce procédé a parfois été repris en français et permet l'intégration, le plus souvent entre deux noms composés, d'un segment en incise.

Exemple : Je me tenais sur la plate-, étroite et bondée, -forme de l'autobus.

Barthes quant à lui l'utilise pour métaphoriser cette mise entre parenthèse par le lecteur de certains passages du texte qu'il lit, et qu'il ne lira pas... sorte d'anti-tmèse peut-être...

> Roland Barthes, *Le Plaisir du texte* (1973)
> *Le récit le plus classique [...] porte en lui une sorte de tmèse affaiblie : nous ne lisons pas tout avec la même intensité de lecture [...] ; l'avidité même de la connaissance nous entraîne à survoler ou à enjamber certains passages (pressentis « ennuyeux ») pour retrouver au plus vite les lieux brûlants de l'anecdote [...] : nous sautons impunément (personne ne nous voit) les descriptions, les explications, les considérations, les conversations ; nous sommes alors semblables à un spectateur de cabaret qui monterait sur la scène et hâterait le strip-tease de la danseuse, en lui ôtant prestement ses vêtements, mais dans l'ordre, c'est-à-dire : en respectant d'une part et en précipitant de l'autre les épisodes du rite (tel un prêtre qui avalerait sa messe).*

ton n.m. / *tone* [təʊn]

Associé tout d'abord à la hauteur de la voix, à son timbre, son intensité, ce mot en est venu à désigner la manière dont sont dites les choses, significative d'un état d'esprit, de sentiments. Codifié culturellement par l'utilisation de certaines façons de parler dans certaines situations sociales, le ton entre en rapport avec le vocabulaire utilisé ; quand l'un et l'autre sont en adéquation, ils correspondent à une tonalité reconnue et identifiable. En revanche un décalage entre le ton et le vocabulaire est souvent porteur d'ironie, d'humour voire de satire et donc de commentaire de la part soit de l'énonciateur, soit de l'instance en charge de la narration. Un même texte peut donc prendre des significations fort différentes selon le ton sur lequel il est dit ou écrit.

topique / *topos* [ˈtɒp|ɒs]

Le *topos* (lieu, en grec) équivaut en littérature à une façon habituelle de décrire un sujet particulier. En rhétorique, le lieu topique est synonyme de lieu commun.
Exemple : *Les Topiques* de Cicéron (cité par le *Littré*) :
> Les Topiques *de Cicéron contiennent la méthode de trouver les arguments par le moyen de certains termes qui les caractérisent et qu'on appelle lieux de rhétorique ou lieux de logique.*

tragédie n.f. / *tragedy* [ˈtrædʒəd|i]

Du grec *tragos*, bouc, puberté, premiers désirs, lubricité et *ôde*, chant de deuil, de louanges, poésie lyrique.

Le mot de tragédie a tout d'abord désigné le chant religieux accompagnant le sacrifice du bouc lors des Bacchanales, fêtes de Bacchus encore appelées mystères dionysiaques. Par extension, il s'est vu associé à tout événement tragique manifesté au sein d'une communauté et supposant un sacrifice. Ce n'est qu'au VIe siècle avant notre ère qu'il a pris le sens actuel lié à la représentation théâtrale.

En effet, la tragédie est née en Grèce au VIe siècle avant notre ère et a quasiment disparu comme genre littéraire après le romantisme. Entre temps, elle n'a existé que de façon irrégulière, disparaissant au Moyen Âge pour réapparaître à la Renaissance. Si elle existe toujours aujourd'hui, elle emprunte cependant d'autres formes, telles que l'opéra ou le cinéma.

Longtemps définie en opposition à la comédie, la tragédie classique donne au spectateur le sentiment de pénétrer un monde décalé du quotidien ; le sujet, les personnages, les événements sont généralement empruntés à l'histoire, aux mythes fondateurs de la culture gréco-latine, le langage y est relevé, châtié, orné de tropes, et elle a pour but de déclencher chez le spectateur la terreur ou la pitié qui donneront naissance à la *catharsis*. Dominée par une transcendance d'essence divine, passionnelle ou morale, la tragédie condamne le héros à mener contre le destin un combat inégal qui le conduit inéluctablement à la chute et à la mort, juste rétribution de son *hybris*, faute originelle ou orgueil insensé.

La tragédie sous sa forme classique semble avoir disparu définitivement au XIXe siècle. Les événements et mythes constitutifs ont cependant continué d'être explorés par des écrivains comme Anouilh, Camus, Cocteau ou Ionesco, donnant naissance à des formes plus dépouillées, plus symboliques qui invitent le spectateur ou le lecteur à s'interroger sur la signification du tragique au travers d'écritures de l'absurde ou de l'incommunicable.

En philosophie, Nietzsche, débattant de la naissance de la tragédie, retrouve les rapports existant à l'origine entre le tragique et le dionysiaque.

➢ Friedrich Nietzsche, *Ecce Homo* (1888)
J'avais donc trouvé là l'idée du « tragique », la notion définitive de la psychologie de la tragédie ; dans quelle mesure ? c'est ce que j'ai dit encore dans le Crépuscule des Dieux, à la page 139 : « Approuver la vie jusque dans ses problèmes les plus étranges et les plus ardus ; vouloir vivre, se réjouir de rester irresponsable tout en sacrifiant ses types les plus hauts, voilà ce que j'appelais dionysiaque, voilà ce qui m'ouvrait la psychologie du poète tragique. « Et il ne s'agit pas de se débarrasser de la crainte et de la pitié, de se purifier d'une passion dangereuse par sa décharge véhémente, — c'est ainsi que l'entendait à tort Aristote —, mais de devenir personnellement, par-delà la crainte et la pitié, l'éternelle joie du « devenir » elle-même, cette joie qui comporte celle de l'anéantissement... C'est en ce sens que j'ai le droit de me considérer moi-même comme le premier philosophe tragique, c'est-à-dire le contraire et l'antipode d'un philosophe pessimiste.

⇨ **catharsis** / *catharsis*, **hamartia** / *hamartia*, **hubris** / *hubris*, **Némésis** / *Nemesis*

tragi-comédie n.f. / *tragicomedy*

La tragi-comédie est un assemblage d'éléments comiques et tragiques appartenant à l'un et l'autre genres. L'action s'achemine vers la catastrophe mais un renversement heureux de situation la fait se colorer de romanesque et le dénouement est heureux. La plus célèbre est sans doute *Le Cid* de Corneille (1645).

trochée n.m. / *trochee* ['trəʊkiː]

Le trochée est un pied composé d'une syllabe longue et d'une syllabe brève, et ainsi appelé car il confère au vers une certaine rapidité.

⇨ **pied** / *foot*

trope n.f. / *trope* [trəʊp]

Figure de style dans laquelle les mots sont employés dans un sens différent de leur sens habituel ; par exemple la métaphore, la métonymie. La figure, quant à elle, joue sur l'ordre et la place des mots dans la phrase.

unité n.f. / *unity* [ˈjuːnət|i]

Parler d'unité en matière de théâtre, c'est faire explicitement référence à Aristote et aux notions développées dans la *Poétique*, connues sous l'appellation « règle des trois unités » ; ces règles de composition dramatique étaient respectées conjointement dans les pièces classiques : unités de temps (en général douze heures, parfois vingt-quatre, le temps de l'action devant s'inscrire dans le temps de la représentation pour ménager l'effet de vraisemblance), de lieu (un seul lieu représenté dans l'espace scénique, devant coïncider avec le champ de vision du spectateur), d'action (une action unique reflétant une cohérence logique et psychologique, accompagnée éventuellement de petites actions secondaires s'y rattachant).

Les dramaturges anglais et espagnols n'ont jamais véritablement prêté attention à cette règle des trois unités.

utopie n.f. / *utopia* [juˈtəupi‿|ə]

L'utopie pose la création d'un monde imaginaire doté d'une société idéale (exemple : H.G. Wells, *A Modern Utopia*, 1905). De l'*Utopie (De optimo reipublicae statu, deque nova insula Utopia)* de Thomas More (1516) à l'univers carcéral d'Orwell dans *1984* (1948) ou de M. Atwood dans *The Handmaid's Tale* (1985), l'utopie qui dessinait les contours et institutions d'une organisation sociale parfaite s'est parfois transformée en vision cauchemardesque exprimant les limites que peut atteindre la cruauté humaine dans sa soif de pouvoir et son désir de puissance. Elle est alors très éloignée de « l'Élysée » de Rabelais, où se retrouvent mêlés la femme de Gargantua, cette « fille du roi des Amaurotes en Utopie », Pantagruel, « le prince des Utopiens », et l'abbaye de Thélème, bâtie comme une société monastique inversée, sans murs ni règles où la seule consigne chère à Saint Augustin était : « fais ce que voudras ».

vaudeville n.m. / *vaudeville* ['vɔːdəvɪl]

Traditionnellement défini comme associant comédie, chansons, acrobaties, danses et monologues, le vaudeville était à l'origine souvent émaillé d'incidents burlesques, de quiproquos. À l'origine du vaudeville, les *Vaux-de-Vire*, du nom d'un village de Normandie, le Val de Vire. Chantés par Olivier Basselin au XVe siècle dans ses poèmes satiriques en musique, ils furent repris par Jean Le Houx au XVIIe.
Exemple : un poète médiéval anonyme chantait ainsi Basselin.

➢ Anonyme, « Hélas ! Olivier Bachelin »
Hélas ! Olivier Bachelin
Orrons-nous plus de vos nouvelles ?
Vous ont les Anglois mis a fin ?
Vous souliés gaiement chanter
Et demener joyeuse vie,
Et blanche livrée porter
Par le païs de Normandie
Jusqu'à Saint Gille en Constantin
En une compagne tres belle,
Oncques ne vy tel pellerin.
Les Anglois ont fait desraison
Aux compaignons du Val de Vire :
Vous n'orrez plus dire chançon
Aceulx qui les souloient bien dire.
Nous prirons Dieu de bon cueur fin,
Et la doulce vierge Marie
Qu'il doint aux Anglois male fin.

C'est ainsi qu'à son tour, au début du XVIIe siècle, Le Houx rendait hommage à Basselin dans l'une de ses chansons, *Les Chants Biberons* :

➢ Le Houx, *Les Chants Biberons*, extrait

Basselin faisoit leurs chansons | *Or bien, ce bon temps est passé.*
Qu'on nomma partant Vaudevire, | *De toutes choses une pose !*
Et leur enseignoit à les dire | *Va dans mon cors et t'y repose ;*
En mille gentilles façons. | *Benoist soit-il qui t'a versé !*
Où sont ces moulins, ô valons, | *Où sont ces moulins, ô valons,*
Source de nos chants biberons ? | *Source de nos chants biberons ?*

véhicule n.m. / *vehicle* ['viː ɪkəl]

⇨ métaphore / *metaphor*

verbale, ironie ~ n.f. / *verbal irony*

⇨ ironie / *irony*

175

verbe n.m. / *verb* [vɜːb]

Le verbe est le moteur de la phrase : il exprime le processus (action que fait le sujet), l'existence, l'état (permanent ou transitoire) ou encore le simple lien qui unit le sujet à ses attributs. Il est le plus souvent porteur d'une charge aspectuelle lexicale qui permet de différencier les verbes d'état, des perfectifs, imperfectifs, résultatifs, terminatifs, incohatifs, performatifs, etc.

vers blancs n.m. / *blank verse*

Forme d'écriture où les vers ne riment pas entre eux.
En Angleterre, ces mots renvoient à une forme poétique flexible dépourvue de rimes mais généralement constituée de pentamètres iambiques.

➤ Robert Frost (1874-1963), « Mending Wall », extrait
Something there is that doesn't love a wall,
That sends the frozen-ground-swell under it,
And spills the upper boulders in the sun;
And makes gaps even two can pass abreast.
The work of hunters is another thing:
I have come after them and made repair
Where they have left not one stone on a stone,
But they would have the rabbit out of hiding,
To please the yelping dogs. The gaps I mean,
No one has seen them made or heard them made,
But at spring mending-time we find them there.

versification n.f. / *versification*

Du latin *versificatio*, l'art de composer des vers. Le terme s'applique à la mise en œuvre de règles et habitudes de construction de la poésie. La prosodie, elle, établit les règles qui régissent l'utilisation des voyelles (longueur, quantité) essentiellement dans les vers grecs ou latins.

Monomètre / *Monometer* : *1 foot* (pied)
Dimètre / *Dimeter* : *2 feet*
Trimètre / *Trimeter* : *3 feet*
Tétramètre / *Tetrameter* : *4 feet*
Pentamètre / *Pentameter* : *5 feet*
Hexamètre / *Hexameter* : *6 feet*
Heptamètre / *Heptameter* : *7 feet*
Octamètre / *Octameter* : *8 feet*
Nonamètre / *Nonameter* : *9 feet*
Décamètre / *Decameter* : *10 feet*

vers libres n.m. / *free verse*

Le vers libre est un vers libéré des contraintes de la rime et du mètre. En poésie classique, le poème en vers libres présentait une structure alternée de rimes masculines et féminines (voir les *Fables* de La Fontaine) qui n'est plus de mise aujourd'hui. Baudelaire aurait été l'un des premiers à mettre en œuvre ce choix de la non-structure dans deux poèmes en prose, suivi par Rimbaud (1854-1891) dans « Marine » et « Mouvement », puis par Appollinaire, Claudel et d'autres encore.

➤ Arthur Rimbaud, « Marine », *Illuminations* (1886)
Les chars d'argent et de cuivre
Les proues d'acier et d'argent
Battent l'écume,
Soulèvent les souches des ronces
Les courants de la lande,
Et les ornières immenses du reflux,

Filent circulairement vers l'est,
Vers les piliers de la forêt,
Vers les fûts de la jetée,
Dont l'angle est heurté par des
tourbillons de lumière.

➤ Langston Hughes (1902-1967), « As I Grew Older »
It was a long time ago.
I have almost forgotten my dream.
But it was there then,
In front of me,
Bright like a sun—
My dream.
And then the wall rose,
Rose slowly,
Slowly,
Between me and my dream.
Rose until it touched the sky—
The wall.
Shadow.
I am black.
I lie down in the shadow.
No longer the light of my dream before me,
Above me.
Only the thick wall.
Only the shadow.

villanelle n.f. / *villanelle* [ˌvɪləˈnel]

Du latin *villanus*, le paysan, la villanelle a une origine rustique évidente et manifeste la nostalgie des gens de la ville pour la vie supposée simple de la campagne et le rêve de l'innocence perdue que décrit Montaigne (*Essais*).

➤ Montaigne, *Essais*, I, 54
La poésie populaire et purement naturelle, a des naïvetés et grâces, par où elle se compare à la principale beauté de la poésie parfaite selon l'art : comme il se void és villanelles de Gascongne et aux chansons, qu'on nous rapporte des nations qui n'ont cognoissance d'aucune science, ny mesme d'escriture.

Mais c'est en Angleterre qu'elle a survécu le plus longtemps, et l'inclusion d'une villanelle par Joyce dans *A Portrait of the Artist as a Young Man* lui a valu de conserver au XXe siècle encore ses lettres de noblesse.

➤ James Joyce, *A Portrait of the Artist as a Young Man* (1916), chap. 5, premières strophes
Are you not weary of ardent ways,
Lure of the fallen seraphim?
Tell no more of enchanted days.

*Your eyes have set man's heart ablaze
And you have had your will of him.
Are you not weary of ardent ways?
Above the flame the smoke of praise
Goes up from ocean rim to rim.
Tell no more of enchanted days.*

⇨ **bucolique** / *bucolic*, **pastorale** / *pastoral*

vorticisme n.m. / *vorticism* [ˈvɔːtɪˌsɪzəm]

Le vorticisme fut fondé par Lewis Percy Windham en 1912-13. Souhaitant dépasser le « futurisme italien », il tenta d'initier un mouvement futuriste anglais qui ébranlerait l'académisme régnant alors dans la peinture anglaise. Mettant au premier plan les composantes brutes de la civilisation industrielle, cette écriture picturale manifeste l'influence du cubisme et sa revue *Blast* témoigne d'une certaine violence de représentation. Le mouvement ne vécut que peu de temps et il est considéré comme précurseur du modernisme.

vraisemblance n.f. / *verisimilitude*

La vraisemblance entre au service de l'effet de réel en ceci qu'elle provoque l'adhésion du spectateur ou du lecteur face à ce qui lui est montré : actions, personnages et lieux sont alors perçus comme de bonnes imitations de la réalité et non pas comme des éléments d'une réalité vraie ou surnaturelle. Il existe des degrés dans la vraisemblance qui la font se rapprocher plus ou moins de la réalité.

Z

zeugme n.m. / *zeugma* [ˈzjuːgmə]

En grammaire, le zeugma permet l'énumération en autorisant l'ellipse du terme commun à plusieurs constructions parallèles. Exemple : La mère acheta un chapeau, la fille une jupe et le fils un pull.

Il permet aussi de rattacher à une structure plusieurs segments qui ne sont pas toujours sur le même plan, créant ainsi un effet comique ou ironique. Exemple : Elle entra avec plaisir et sa grand-mère.

Le prozeugme concerne la solidarité syntaxique qui autorise l'économie verbale en cas de répétition. Exemple : *Pride kills humility, hatred love, cruelty tenderness.*

Le diazeugme met en place un seul sujet suivi de plusieurs verbes. Exemple : il entra, s'assit et prit un verre.

Il peut aussi concerner un verbe suivi de deux compléments. Exemple : *he knocked the ball through the window and two spectators off their chairs. He grabbed his hat from the rack by the stairs and a kiss from the lips of his wife.*

Index lexical anglais-français

Terme anglais	Traduction et entrée principale (en gras)
abcedarian poem	*in* **abécédaire**
absolute metaphor	métaphore absolue *in* **métaphore**
acatalectic	acatalectique *in* **catalectique**
accentual verse	**accentués, vers ~**
accentual-syllabic verse	*in* **accentués, vers ~**
acephalous line	**acéphale, vers ~**
acrostic	**acrostiche**
actant	**actant, rôle actanciel**
aesthetics	**esthétique**
alexandrine	**alexandrin**
alias	**nom de guerre ou de plume**
allegory	**allégorie**
alliteration	**allitération**
allusion	**allusion**
ambiguity	**ambiguïté**
amphigouri or amphigory	**amphigouri ou amfigouri**
amplification	**amplification**
anacoluthon, -ia	**anacoluthe**
anacreontic	**anacréontique**
anacrusis	**anacrouse**
anadiplosis	**anadiplose**
anagnorisis	anagnorèse *in* **reconnaissance**
anagram	**anagramme**
analepsis	**analepse**
analogy	**analogie**
anamorphosis	**anamorphose**
anapaest	**anapeste**
anaphora or anaphor	**anaphore**
anastrophe	**anastrophe**
antagonist	**antagoniste**
antagonists	opposants *in* **conflit**
antanaclasis	**antanaclase**
anthroponymy	anthroponymie *in* **onomastique**
anticlimax	chute, retombée *in* **bathos** ; culminant, point ~, ou crise
antihero	**antihéros**
antimetabole	**antimétabole ou antimétathèse**
antimetathesis	**antimétabole ou antimétathèse**
antiphrasis	**antiphrase**
antistrophe	**antistrophe**
antithesis	**antithèse**
antonomasia	**antonomase**
antonymy	**antonymie**
aphaeresis	**aphérèse**
aphorism	**aphorisme**
apocope	**apocope**
apologue	**apologue**
aporia	**aporie**
apostrophe	**apostrophe**
archetype	**archétype**
aside	**aparté**
assonance	**assonance**
asyndeton	**asyndète**
aubade	**aubade**
author	**auteur**
autobiographical novel	**autobiographie**
autobiography	**autobiographie**

Index lexical anglais-français

autodiegetic	autodiégétique *in* **narrateur**
bacchius	bacchius
backstage (wings)	dégagement
ballade or ballad	ballade
bard	barde
baroque	baroque
bathos (bathetic)	bathos ; chute *in* **culminant, point ~, ou crise**
battles of wit	batailles de mots *in* **pièce-bien-faite**
blank verse	blanc, vers ~ ; vers blancs
body art	*in* **happening,**
brachylogy	brachylogie
Broadside ballad	*in* **ballade**
broken rhyme	brisure de la rime
bucolic	bucolique
buffoonery	bouffonnerie *in* **facétie**
burlesque	burlesque
cacophony	cacophonie
cadence	cadence
caesura	césure
calligramme	calligramme
canon	canon
canto	chant
caricature	caricature
carnivalisation	carnavalisation
carpe diem	carpe diem ; *in* **goliardique, poésie ~**
catachresis	catachrèse
catalectic	catalectique
catalexis	catalectique
catalogue verse	catalogue
cataphora	cataphore
catastrophe	catastrophe
catharsis	catharsis
cento	cento
Chant Royal	chant
character	personnage
characterization	*in* **personnage**
chiasmus	chiasme
choreia	choreia
choreography	chorégraphie
chorists	choreutes *in* **chœur**
chorus	chœur
cliché	cliché
climax , climactic	culminant, point ~, ou crise ; nœud de l'action
closed couplet	distique
comedy	comédie
comedy of humours	*in* **humeurs, théorie des ~**
comedy of manners	comédie de mœurs *in* **restauration**
comic relief	*in* **comédie**
Commedia dell'Arte	Commedia dell'Arte
commonplace	lieu commun ou topos
comparison	comparaison
complex metaphor	métaphore complexe *in* **métaphore**
compulsory scene	*in* **pièce-bien-faite**
concatenation	concaténation *in* **anadiplose**
conceit	concetto ou concepto ; *in* **métaphysique, poésie ~**
conflict	conflit
connotation	connotation
container	*in* **métaphore**
coryphaeus	coryphée ; *in* **chœur**
cosmic irony	ironie cosmique *in* **ironie**

Index lexical anglais-français

critical distance	distanciation
cue	réplique
dactyl	**dactyle**
dadaism	**dadaïsme**
dead metaphor	métaphore morte *in* **métaphore**
decasyllable	**décasyllabe**
deconstruction	déconstruction
décor	décor
deixis	*deixis*, déictique
delayed epithet	*in* **hyperbate**
demotic	démotique
denial	dénégation
denotation	dénotation
dénouement	dénouement
deus ex machina	***deus ex machina***
diacope	diacope ; *in* épizeuxis, répétition
diacritic	diacritique
diaeresis	diérèse
dialectic	dialectique
dialogic form	dialogisme
diamb	diambe
diaphora	diaphore
diary	journal
diatribe	diatribe
dibrach	dibrach
didascalies	didascalie
diegesis	diégèse ; discours narrativisé
différance	*différance*
digression	digression
diiamb	diambe
dilogy	dilogie
dimeter	dimètre ; *in* mètre
dipody	dipodie
direct satire	satire directe *in* **satire**
direct speech	discours ou style direct ; style direct, indirect, indirect libre
discourse	discours
dispondee	dispondée
dissociation of sensibility	**dissociation de la sensibilité**
dissyllable	dissyllabe
distich	distique
dithyramb	**dithyrambe**
ditrochee	ditrochée
dizain	**dizain**
dochmiac	**dochmius, dochmiaque**
double acrostic	double acrostiche *in* **acrostiche**
drama	**drame**
dramatic irony	ironie dramatique *in* **drame**; *in* **ironie**
dramatic monologue	monologue dramatique *in* **drame**
dramatic situation	situation dramatique *in* **situation**
dramatic	dramatique *in* **drame**
dramatis personae	***dramatis personae***
dramatization	dramatisation *in* **drame**
dramaturgy	dramaturgie *in* **drame**
DWEM Canon	*in* **canon**
dysphemism	dysphémisme
dystopia	dystopie
echo	écho
eclogue	églogue
effet de réel	**effet de réel**
ekphrasis or ecphrasis	ekphrasis

Index lexical anglais-français

Electra complex	Électre, complexe d'~
elegiac distich	distique élégiaque
elegiac	élégie, élégiaque
elegy	élégie, élégiaque
elision	élision
ellipsis, -ses	ellipse
elocutio	*elocutio*
emblem	emblème
emblem-books	*in* emblème
empathy	empathie
emphasis	emphase
enallage	énallage
encomium , -iums or -ia	éloge, panégyrique
end-stopped line	*in* enjambement
enjamb(e)ment	enjambement
enjambment	contre-rejet
enthymeme	enthymème
envoy or envoi	envoi
epanadiplosis	épanadiplose
epanalepsis.	épanalepse
epanaphora	épanaphore
epanorthosis	épanorthose
epic	épopée
epicene	épicène
epideictic	épidictique
epigram	épigramme
epigraph	épigraphe ; exergue
epilogue	épilogue
epimythium	épimythium
epinicion	épinicion ; *in* éloge, panégyrique
epiphany	épiphanie
epiphora	épiphore
episode	épisode
episodes	épisodes *in* parodos
epistle	épître
epistolary	épistolaire
epistrophe	épistrophe ; épiphore
epitaph	épitaphe
epitrite	épitrite
epizeuxis	epizeuxis, répétition
epod(e)	épode
epos	épos
epyllion	épyllion
essay	essai
essayists	essayistes *in* essai
eulogy	éloge, panégyrique
euphemism	euphémisme
euphony	euphonie
euphuism	euphuïsme
exemplum	exemplum
exposition	exposition
extended metaphor	métaphore étendue *in* métaphore
external analepsis	analepse externe *in* analepse
extradiegetic	extradiégétique *in* narrateur
fable	fable
fabliau	fabliau
facetiae	facétie
fairy tale	fées, conte de ~
fantasy	fantaisie
fantasy novel	*in* fantaisie
farce , farcical	farce

Index lexical anglais-français

fate	fatalité
Faust or Faustus	Faust, mythe de ~
feminine caesura	césure féminine *in* féminine, rime ~
feminine ending	*in* féminine, rime ~
feminine rhyme	féminine, rime ~
ficelle	ficelle
fiction	fiction
fictional	romanesque
figurative language	figuratif
figure of speech	figure de style, trope
final twist	pointe
first-person narrator	*in* narrateur
fixed form	forme fixe *in* haïku
flashback	flashback
flaw	faille
flow	flot *in* courant de conscience
focalization	focalisation
focalizer	*in* focalisation
foil	faire-valoir
folk literature	littérature populaire *in* fées, conte de ~
folklore	folklore
foot	pied
form	forme
fourteener	*in* heptamètre
fourth wall	quatrième mur
free indirect speech	discours ou style indirect libre ; style direct, indirect, indirect libre
free verse	vers libres ; *in* blanc, vers ~
function	fonction
Gender criticism	*in* genre
genre	genre
georgic	géorgique(s)
gesture	geste *in* gestus
gestus	gestus
gist	*in* gestus
gnome	gnome
gnomic aorist	aoriste gnomique *in* gnome
gnomic verse	poésie gnomique *in* gnome
gnomon	gnome
goliardic verse	goliardique, poésie ~
gongorism	gongorisme
gothic novel	gothique, roman ~
greater ionic	grand ionien *in* ionien, vers ~
grotesque	grotesque
haiku	haïku
hamartia	faille ; hamartia ; *in* fatalité; *in* hubris
happening	*happening*
harangue	harangue
Harlequin's coat	manteau d'Arlequin
Harlequinade	arlequinade *in* pantalon
Helicon	Hélicon
helper	adjuvant ; *in* actant, rôle actantiel
hemistich	hémistiche
hemistichomythia	hémistichomythie *in* hémistiche
hendecasyllable	hendécasyllabe
hendiadys	hendiadys
heptameter	heptamètre ; *in* mètre
hermeneutics	herméneutique
hero	héros
heroic verse	héroïque, vers ~
heroin	héroïne *in* héros

Index lexical anglais-français

heterodiegetic	hétérodiégétique *in* **narrateur**
hexameter	hexamètre ; *in* **mètre**
hiatus	hiatus
high comedy	*in* **comédie**
historical novel	historique, roman ~
homeoteleuton	homéotéleute
homodiegetic	homodiégétique *in* **narrateur**
horacian satire	satire horacienne *in* **satire**; *in* **juvénalienne, satire ~**
horseplay	jeux de mains *in* **farce**
hubris	hubris
humour	humour
husbandry	*in* **géorgique(s)**
hymn	hymne
hypallage	hypallage
hyperbaton	hyperbate
hyperbole	hyperbole
hypercatalectic	hypercatalectique
hypermetrical	hypermétrique *in* **hypercatalectique**
hypophora	hypophore
hypotaxis	hypotaxe
hysteron proteron	hystéron protéron
iamb	iambe
iambic pentameter	pentamètre iambique *in* **iambe**
ibid.	*loco citato* (*loc. cit.*) ou *ibidem*
icon	icône
Iconologia	*in* **emblème**
ictus	ictus
idiolect	idiolecte
idyll or idyl	idylle
image	image
imagery	images
imagism	imagisme
imbroglio	imbroglio
imitation	imitation
implication	implication
implicit metaphor	métaphore implicite *in* **métaphore**
implied reader	lecteur implicite *in* **lecteur**
in absentia	*in absentia, in praesentia*
in medias res	*in medias res*
incantation	incantation
increment	incrément, répétition incrémentielle
incremental repetition	incrément, répétition incrémentielle
indeterminacy	indétermination
indirect satire	satire indirecte *in* **satire**
indirect speech	**discours ou style indirect ;** discours narrativisé ; style direct, indirect, indirect libre
informed reader	lecteur « informé » *in* **lecteur**
initial caesura	césure initiale *in* **césure**
in praesentia	*in absentia, in praesentia*
inspiration	inspiration
intentional fallacy	intention de l'auteur
interactive novel	interactif, roman ~
interior monolog(ue)	intérieur, monologue ~; monologue intérieur
interlude	intermède
internal analepsis	analepse interne *in* **analepse**
intertextuality	intertextualité
intradiegetic	intradiégétique *in* **narrateur**
invective	invective
ionic	ionien, vers ~

Index lexical anglais-français

irony	**ironie**
isochrony	**isochronisme**
isotopy	**isotopie**
jargon	**jargon**
jeremiad	**jérémiade**
journal	**journal**
juvenalian satire	satire juvénalienne ; **juvénalienne, satire ~ ;** *in* **satire**
kabuki	**kabuki**
kafkaesque	**kafkaesque**
key novel	**livre à clef**
kinesthetic	**kinesthésique**
kinetic poem	*in* **kinesthésique**
kitsch	**kitsch**
Künstlerroman	**Künstler roman**
kyrielle	**kyrielle**
lai	**lai**
lament	**lamentation**
lampoon	satire acerbe *in* **invective**
langue et parole : language	**langue et parole**
lay	**lai**
legend	**légende**
leitmotif or leitmotiv or leitmotive	**leitmotiv**
Lenten	carême *in* **carnavalisation**
leonine verse	**léonine, poésie ~**
lesser ionic	petit ionien *in* **ionien, vers ~**
lexical field	**lexical, champ ~**
libretto	**livret**
lieu commun	**lieu commun ou topos**
light	**léger**
limerick	**limerick ;** *in* **dimètre ;** *in* **macaronique, poésie ~**
limited narrator	*in* **narrateur**
line	**réplique**
lipogram	**lipogramme**
litany	**litanie**
literal	**littéral**
literal language	langage littéral *in* **figuratif**
literariness	**littérarité**
literary genetics	**génétique littéraire**
litotes	**litote ;** *in* **euphémisme**
live metaphor	métaphore active *in* **métaphore**
local colour	**locale, couleur ~**
loco citato (loc. cit.)	***loco citato* (loc. cit.) ou ibidem**
logocentrism	**logocentrisme**
logomachy	**logomachie**
logopoeia	**logopoeia**
logorrhea	**logorrhée**
low comedy	*in* **comédie ;** *in* **farce**
lucilian satire	satire lucilienne *in* **satire**
lullaby	**lullaby**
lure	**leurre**
lyric or lyrical	**lyrique**
macabre	**macabre**
macaronic verse	**macaronique, poésie ~**
machiavellian	**machiavélique**
madrigal	**madrigal**
magic realism	**magique, réalisme ~**
malapropism	**mal à propos**
mannerism	**maniérisme**
marinism	**marinisme**

Index lexical anglais-français

marivaudage	marivaudage
marxist criticism	marxiste, critique ~
masculine caesura	césure masculine *in* **masculine, rime** ~
masculine rhyme	masculine, rime ~
masque	masque
maxim	maxime
measure	mesure
medial caesura	césure médiane *in* **césure**
meiosis	méiose ; *in* **litote**
melic poetry	mélique, poésie ~
melodrama	mélodrame
memoir-novel	mémoires
menippean satire	satire ménipée *in* **ménippée, satire** ~ ; *in* **satire**
mesode	mésode
mesostich	mésostiche *in* **acrostiche**
metadiegetic	métadiégétique *in* **narrateur**
metafiction	métafiction
metalanguage	métalangage
metalepsis	métalepse
metanoia	métanoïa
metaphor	métaphore
metaphysical poetry	métaphysique, poésie ~
metatextuality	métatextualité
metatheatre	métathéâtre
meter	mètre
metonymy	métonymie
metrics	métrique *in* **mètre** ; *in* **prosodie**
mime	mime
mimesis	mimésis
minstrel	ménestrel
miracle play	miracle
mise en abyme	mise en abyme
mise-en-scène	mise en scène
mixed metaphor	métaphore mixte *in* **métaphore** ; *in* **catachrèse**
mnemonic	mnémonique *in* **pied**
mock-heroic	héroï-comique
modernism	modernisme
modernity	modernité
monodrama	monodrame
monologue	monologue
monometer	monomètre ; *in* **mètre**
monorhyme	monorime
monostich	monostique
mora, -ae	mora
moral	moralité *in* **fable**
morality play	moralité
mosaic rhyme	mosaïque, rime ~
motet	motet
motif	motif
motto	motto
muse	muse
musical comedy	musicale, comédie ~
mystery play	mystère
myth	mythe
mythopoeia	mythopoeïa
narratee	narrataire
narration	récit ; narration
narrative	narration
narrative poetry	poésie narrative *in* **poésie**
narratology	narratologie
narrator	narrateur

naturalism	naturalisme
negation	négation
Nemesis	Némésis ; *in* fatalité
neologism	néologisme
new criticism	nouvelle critique
nihilism	nihilisme
noh	nô
nom de plume	nom de guerre ou de plume
nouveau roman	nouveau roman
nouvelle vague	nouvelle vague
novel	roman
novel of adventure	roman d'aventures *in* roman
novel of ideas	roman d'idées *in* roman
novel of sensation	roman à sensation *in* roman
novel of sensibility	roman sentimental *in* roman
novelistic	romanesque
novella	*in* nouvelle
nursery rhymes	*in* dipodie
object	objet *in* actant, rôle actanciel ; *in* métaphore
objective correlative	objectif, corrélat ~
objectivism	objectivisme
objurgation	objurgation
octameter	octamètre *in* mètre
octave	octet *in* pétrarquiste
octosyllabic verse	octosyllabe
ode	ode
Œdipus complex	Œdipe, complexe d'~ ; *in* Électre, complexe d'~
offstage	hors-scène
omniscient narrator	omniscient, narrateur ~ ; *in* narrateur
onomastics	onomastique
onomatopoeia	onomatopée
ontology	ontologie
opera	opéra
opéra-comique	opéra-comique *in* opéra
operetta	opérette
opponent	opposant ; *in* actant, rôle actanciel
opposite prompt side	jardin, côté ~
oral tradition	orale, tradition ~
oratorio	oratorio
organic	organique, forme ~
orismology	orismologie
ottava rima	ottava rima
oxymoron	oxymore
oxytone	oxytone
paeon	péon *in* épitrite
pageant	pageant
palilogy	palilogie
palindrome	palindrome
pamphlet	pamphlet
panegyric	panégyrique ; éloge, panégyrique
pantaloon	pantalon
pantomime	pantomime
parabasis	parabase
parable	parabole
parade	parade
paradigm	paradigme
paradox	paradoxe
paralipsis	praeteritio ou prétérition
parallel , -ism	parallélisme
paralogical metaphor	métaphore absolue *in* métaphore

Index lexical anglais-français

paraphrase	paraphrase
pararhyme	partielle, rime ~
parataxis	parataxe
parodos	parodos
parody	parodie
paronomasia	paronomase
part	rôle
pastiche	pastiche
pastoral	pastorale
pathetic fallacy	*in* pathétique
pathos	pathétique ; *in* bathos
pattern poem	pictural, poème ~
pentameter	pentamètre ; *in* mètre
performance	performance
performative	performatif
performing the body	*in* happening
peripetia	péripétie
peripheral elements	paratexte
periphrasis	périphrase
persona	persona
personification	personnification
petrarchan	pétrarquiste
phantasmagoria	phantasmagorie
phatic	phatique
philology	philologie
picaresque novel	picaresque, roman ~
picture	pictural, poème ~
picturesque	pittoresque
pindaric ode	ode pindarique *in* épode
playwright	dramaturge *in* drame
pleonasm	pléonasme
plot	action dramatique ; intrigue
poet laureate	poète lauréat *in* caricature
poetry	poésie
poiesis	*in* praxis
point of view	point de vue ; focalisation
polyphony	polyphonie
polyrhythmic poem	poème polyrythmique *in* polyphonie
polysyndeton	polysyndète
portrait	portrait
postcolonial criticism	postcoloniale, critique ~
praeteritio	praeteritio ou prétérition
pragmatics	pragmatique
praxis	praxis
preterition	praeteritio ou prétérition
problem play	problème, pièce à ~
procatalepsis	procatalepse
prolepsis	prolepse
prologue	prologue
prompt side	côté cour *in* jardin, côté ~
prose	prose
prose poem	poème en prose
prosody	prosodie ; métrique *in* mètre
prosopography	prosopographie
prosopopoeia	prosopopée
protagonist	protagoniste ; *in* conflit
pro-word / grammatical substitute	proformes *in* cataphore
proxemics	proxémique
pseudonym	pseudonyme
psychodrama	psychodrame
psychological criticism	psychologique, critique ~

Index lexical anglais-français

pulp fiction	gare, littérature de ~
pun	plaisanterie ; *in* **comédie**
quatrain	quatrain
quidproquo	quiproquo
quintain	quintil
quintet	quintil
reader	lecteur
reader-response theory	réception, théorie de la ~ ; *in* **lecteur**
realism	réalisme
reality effect	effet de réel
receiver	destinataire ; *in* **actant, rôle actantiel**
recognition	reconnaissance
redundancy	redondance
reference	référence
referent	référent *in* **référence**
refrain	refrain
regional novel	régional, roman ~
register	registre
reliable narrator	*in* **narrateur**
renaissance	renaissance
repetition	répétition
resolution	résolution
Restoration comedy	*in* **restauration**
restoration period	restauration
reversal	renversement
revue	revue
rhetoric , -al	rhétorique
rhetorical question	question rhétorique
rhyme	rime
rhyme royal	rime royale *in* **rime**
rhythm	rythme
ridicule	ridicule
roll	*in* **rôle**
roman à clef	roman à clef
romance	romance ; idylle *in* **églogue**
Romanesque	*in* **romanesque**
romantic comedy	comédie romantique *in* **comédie**
romanticism	romantisme
root metaphor	métaphore culturelle *in* **métaphore**
run-on lines	enjambement
rustle of language	effet de réel
sarcasm	sarcasme
satire	satire
scansion	scansion
scene	scène
scenery	décor
scenography	scénographie
scesis onomaton	scesis onomaton
science fiction	science-fiction
second-person narrator	*in* **narrateur**
seize the day	carpe diem
sender	destinateur ; *in* **actant, rôle actantiel**
sending	transmission *in* **métaphore**
sentence	sentence, sentencieux
sententia	adage, aphorisme, proverbe *in* **sentence**
sententious	sentence, sentencieux
sentimental comedy	comédie sentimentale *in* **restauration**
sequel	suite
sequence	séquence
sestet	sizain ; *in* **pétrarquiste**
sestina	sestina ou sextine

Index lexical anglais-français

set	décor
setting	situation, cadre
short story	nouvelle
simile	similitude, comparaison ; comparaison
situational irony	ironie situationnelle *in* **ironie**
sketch	saynète
slapstick comedy	*in* **farce** ; *in* **pantalon**
sociological criticism	sociologique, critique ~
socratic irony	ironie socratique
soliloquy	soliloque ; *in* **monologue**
song of deeds	chanson de geste(s)
sonnet	sonnet
sophistry	sophisme
spenserian stanza	strophe spensérienne
split rhyme	brisure de la rime
spondee	spondée
spoonerism	*in* **anagramme**
stage left	côté court *in* **jardin, côté** ~
stage right	**jardin, côté** ~
stanza	stances ; strophe
stereotype	stéréotype
stichomythia	stichomythie
stream of consciousness	courant de conscience ; *in* **intérieur, monologue** ~
style	style
stylistics	stylistique
subject	sujet *in* **actant, rôle actanciel**
sublime	sublime
supernatural	fantastique ; merveilleux
superreader	architecteur *in* **lecteur**
surrealism	surréalisme
suspense	suspense
syllepsis	syllepse
syllogism	syllogisme
symbolism	symbolisme
synecdoche	synecdoque
syneresis	synérèse
synesthesia	synesthésie
tableau	tableau
tautology	tautologie
telestich	téléstiche *in* **acrostiche**
tenor	*in* **métaphore**
tercet	tercet
terminal caesura	césure finale *in* **césure**
terza rima	terza rima
tetrameter	tétramètre *in* **mètre**
text	texte
theatricality	théâtralité
theme	thème
theory of humours	humeurs, théorie des ~
theory of reception	réception, théorie de la ~
theory	*in* **praxis**
thesis play	pièce à thèse *in* **pièce-bien-faite**
thought	pensée
thriller	roman noir, roman policier *in* **roman** ; *in* **suspense**
tirade	tirade
tmesis, -ses	tmèse
tone	ton
toponymy	toponymie *in* **onomastique**
topos	topique

Index lexical anglais-français

tragedy	tragédie
tragic flaw	faille tragique *in* **hamartia**
tragicomedy	**tragi-comédie**
trimeter	trimètre *in* **mètre**
trochee	**trochée**
trope	**trope ; figure de style, trope**
type	**caractère**
understatement	méiose *in* **litote** ; **euphémisme**
unity	**unité**
unreliable narrator	*in* **narrateur**
utopia	**utopie**
varronian satire	satire varronienne *in* **satire**
vaudeville	**vaudeville**
vehicle	**véhicule** ; image *in* **métaphore**
verb	**verbe**
verbal irony	ironie verbale *in* **ironie; verbale, ironie ~**
verbal wit	humour *in* **comédie**
verisimilitude	**vraisemblance** ; *in* **effet de réel**
verse	**poésie**
versification	**versification**
villanelle	**villanelle**
vorticism	**vorticisme**
well-made play	**pièce-bien-faite**
Western Canon	*in* **canon**
willing suspension of disbelief	*in* **effet de réel**
wit	*in* **humour**
witticism	**jeu d'esprit**
zeugma	**zeugme**

Index des sous-entrées françaises

Ces sous-entrées sont explicitées dans les entrées principales, mises en caractère gras.

Sous-entrées	Entrées principales
ab ovo	*in medias res*
Amphigouri	**brachylogie**
analogue	**analogie**
aoriste gnomique	**gnome**
aphérèse	**élision**
apocope	**élision**
Arlequinade	**pantalon**
asyndète	**brachylogie; ellipse**
césure féminine	**féminine, rime ~**
césure	**masculine, rime ~**
chœur	**dithyrambe**
complexe d'Œdipe	**Électre, complexe d'~**
complexe d'Électre	**Électre, complexe d'~**
côté cour	**jardin, côté ~**
côté jardin	**jardin, côté ~**
diégétiques	**narrateur**
disjonction	**figure de style, trope**
dramaturge	**didascalie**
économie rurale	**géorgique(s)**
episteme	**praxis**
épithalamion	**épidictique**
épithalamium	**éloge, panégyrique**
épos	**épyllion**
exodos	**parodos**
fonction référentielle	**référence**
forme organique	**organique, forme ~**
grand ionien	**ionien, vers ~**
homoioteleuton	**figure de style, trope**
Horace	**satire**
hyperonyme	**brachylogie**
ibidem	**loco citato (loc. cit.) ou ibidem**
isocolon	**figure de style, trope**
Juvénal	**juvénalienne, satire ~**
lieux spéciaux	**lieu commun ou topos**
maniérisme	**marinisme**
métaphore absolue	**métaphore**
métaphore active	**métaphore**
métaphore complexe	**métaphore**
métaphore culturelle	**métaphore**
métaphore	**implication**
mimésis	**imitation**
monode	**mélique, poésie ~**
monologue dramatique	**drame**
mot d'esprit	**humour**

Index des sous-entrées françaises

motifs	thème
ode pindarique	épode
Oulipo	rhétorique
panégyrique	épidictique
pantalonnade	pantalon
pantomime	mime
paroemion	figure de style, trope
paromoiosis	figure de style, trope
pentamètre iambique	iambe
péon	épitrite
Perse	satire
petit ionien	ionien, vers ~
pièces à thèse	pièce-bien-faite
poème cinétique	kinesthésique
poème pictural	pictural, poème ~
poème polyrythmique	polyphonie
poésie mélique	mélique, poésie ~
poésie narrative	poésie
poiétique	praxis
prologue	parodos
prothalamium	éloge, panégyrique
refrain	kyrielle
répétition incrémentielle	incrément, répétition incrémentielle
rime féminine	féminine, rime ~
rime masculine	masculine, rime ~
rime partielle	partielle, rime ~
roman à sensations	roman
roman d'aventures	roman
roman d'idées	roman
roman noir	roman
roman policier	suspense
roman sentimental	roman
satire directe	satire
satire horacienne	juvénalienne, satire ~
satire juvénalienne	juvénalienne, satire ~
scène à faire	pièce-bien-faite
situation dramatique	situation
sonnet	pétrarquiste
sorite	enthymème
stasima	parodos
théorique	praxis
topos	lieu commun ou *topos*
Varron	satire
vers ionien	ionien, vers ~
vraisemblance	effet de réel
zeugme	brachylogie, ellipse

Liste des auteurs et des œuvres cités

Les œuvres picturales et musicales sont signalées par une astérique.

A
Adam. « Cadre théorique d'une typologie séquentielle »
Addison. article in *The Spectator* n° 412
Adorno. *Autour de la théorie esthétique*
Anacréon. *Anacreontea*
Anonyme. *Carmina Burana*
Anonyme. « Hélas ! Olivier Bachelin »
Anonyme. *Kanadehon Chushingura* ou *La Vengeance des 47 Samouraïs*
Anonyme. *La Chanson de Roland*
Anonyme. *La Danse macabre du cimetière des innocents**
Anonyme. *La Farce de Maître Pathelin*
Anonyme. *La Folie Tristan*
Anonyme. *La Vie de Lazarillo de Torme(s)*
Anonyme. *Le Pèlerinage de Charlemagne à Jérusalem*
Anonyme. *Le Roman d'Alexandre* ou *Alexandre le Grand*
Anonyme. « Rendez-moi mes Boucles ; À Messieurs de l'Assemblée Nationale »
Anonyme. « The Great Boobee »
Anonyme. « There was an olf man from Nantucket »
Apollinaire. « Adieu ! » (*Lettres à Lou*) ; « Poème à Lou »
Archer. « One Man's Meat... », *The Collected Short Stories*
Aristote. *Éthique à Nicomaque* ; *La Poétique*
Atwood. *The Handmaid's Tale*

B
Bacon. *Of the Vicissitude of Things*
Bakhtine. « Du discours romanesque », *Esthétique et Théorie du Roman* ; *Problèmes de la poétique de Dostoïevski*
Barthes. « L'effet de réel » ; *L'Analyse structurale des récits* ; *L'Aventure sémiologique* ; *Le Plaisir du texte*
Batumiké. « Martyrs »
Baudelaire. « Chambre double », « Le confiteor de l'Artiste », *Le Spleen de Paris* ; « L'Albatros », *Les Fleurs du Mal* ; « Le poème du haschisch », *Les Paradis artificiels*
Beckett. *En attendant Godot*
Beckford. *Vathek*
Belleau. « Si tu veux que je meure »
Ben Jelloun. *L'Enfant de sable* ; *La Nuit sacrée*
Benvéniste. *Problèmes de linguistique générale*, I, II
Berlioz. *La Damnation de Faust**
Bizet. *Carmen**
Blake. *An Island in the Moon*
Boileau. « Le Lutrin » ; *Épître II* ; *Satires*
Borges. *The Garden of Forking Paths*
Bosch. *La Nef des Fous**
Bradbury. *Martian Chronicles*
Brecht. *Mère Courage et ses enfants*
Breton. *Manifestes du Surréalisme*
Brooke. « The Dead »
Brückner. *Les Voleurs de Beauté*
Burns. « Lament for Culloden », *The Golden Treasury* ; « O, my love is like a red, red rose »
Burton. *The Anatomy of Melancholy*
Byron. *Don Juan*

C
Cabet. *Voyage en Icarie*
Carroll. *Alice in Wonderland*, *Through the Looking Glass*
Champfleury. *Le Réalisme*
Chaucer. « The Nun's Priest's Tale », *The Canterbury Tales*
Chénier. « Iambes » ; « Néère », *Poésies antiques*
Chrystal. *The Cambridge Encyclopedia of the English Language*
Cicéron. *Les Topiques*
Coleridge. « A Lesson For a Boy » ; *The Rime of the Ancient Mariner* ; *Biographia leteraria* ; « Epigram »
Corneille. *Le Cid*
Cowley. *Anacreontics*
Cowper. « The Task »
Crashaw. « Steps to the Temple »
Cuddon. *The Penguin Dictionary of Literary Terms and Literary Theory*

D
Daniel. « Lo Ferm Voler »
de Laclos. *Les Liaisons dangereuses*
de Machaut. *Le Lay des Dames*
de Nerval. « Épitaphe »
Defoe. *Moll Flanders*

Liste des auteurs et des œuvres citées

Derrida. *Marges* ; *Différance* ; « Le passage des frontières »
Dickens. *The Pickwick Papers*
Diderot. *Pensées philosophiques*
Donne. *Elegy IX* : « The Autumnal »
Dostoïevski. *Crime et Châtiment*
Doyle. *A Study in Scarlet*
Dryden. *MacFlecknoe*
Du Maurier. *A Legend of Camelot, Pictures and Poems*
Dubé. *Un simple soldat*
Dubois. *Dictionnaire de Linguistique et des Sciences du Langage*
Dujardin. *Les lauriers sont coupés*
Dürer. *L'Apocalypse**

E
Éliade. *Le Mythe de l'Éternel Retour*
Eliot. *The Metaphysical Poets* ; *The Waste Land* ; « Hamlet and His Problems », *The Sacred Wood: Essays on Poetry and Criticism*

F
Flaubert. *Madame Bovary*
Frame. *Permanent Violet*
Frank. *Le Journal d'Anne Frank*
Franklin. *Déclaration d'Indépendance du 4 juillet 1776*
Frost. « Mending Wall »

G
Gay. « Monday, or, The Squabble », *The Shepherd's Week*
Genette. *Figures III* ; *Palimpsestes*
Giraudoux. *Électre*
Greimas. *La Sémantique structurale*
Grimmelshausen. *Aventures de Simplicius Simplicissimus*
Guedj. *Le Théorème du Perroquet*

H
Hawthorne. *Twice-Told Tales*
Hemingway. *A Farewell to Arms*
Herbert. « The Church Floore »
Herrick. « To the Virgins, to Make Much of Time ».
Holbein. *Les Ambassadeurs**
Homère. *Iliade*
Hopkins. « To Christ our Lord », *The Windhover*
Horace. « Épodes », *Odes*.
Hughes. « As I Grew Older » ; « Mayday on Holderness », *Lupercal*

Hugo. *Les Châtiments* ; « Booz endormi », *La Légende des Siècles;* « Préface », in *Cromwell*

I - J
Irving. *The Legend of Sleepy Hollow*
Jakobson. *Essais de linguistique générale*
James (H.). *The Embassadors*
James (W.). *Principles of Psychology*
Jankelevitch. *L'Ironie*
Jarry. *Ubu Roi*
Jauss. *L'Herméneutique du Sujet*
Jérémie. *Livres prophétiques* de l'Ancien Testament
Joyce. *Stephen Hero* ; *A Portrait of the Artist as a Young Man* ; *Ulysses*

K
Kandinsky. *Résonance multicolore**
Keats. « Ode to a Nightingale » ; « La Belle Dame sans Merci »
Kerbrat-Orecchioni. *Problématique de l'isotopie*
Key. « The Star-Spangled Banner »

L
La Bruyère. *Caractères*
La Fontaine. « La jeune Veuve », « Le Renard et la Cigogne », « Les Animaux malades de la peste »
La Rochefoucauld. *Maximes*
Lakoff et Johnson. *Metaphors We Live By*
Lakoff. *Women, Fire and Dangerous Things*
Le Houx. *Les Chants Biberons*
Lear. *Book of Nonsense*
Leconte de Lisle. « Jane », *Chansons écossaises*
LeSage. *Gil Blas*
Lessing. *Laocoon, or, On the Limits of Painting and Poetry*
Lily. *Euphues, or The Anatomy of Wyt*
Longinus. *On the Sublime*
Loucif. *À la recherche du Canon Perdu*

M
Marbeuf. « Les cheveux d'Amaranthe »
Marlowe. *Hero and Leander* ; *Tragical History of Dr Faustus*
Mérimée. *Carmen*
Milton. *Paradise Lost*
Mitchell. *Picture Theory*
Mme de Sévigné. *Lettres*
Molière. *Le Malade imaginaire, Le Bourgeois gentilhomme, Dom Juan* ; *Les Précieuses ridicules*
Montaigne. *Essais*

Liste des auteurs et des œuvres citées

Montesquieu. *Les Lettres persanes*
Myrdhin. *Pierres sonnantes*

N - O
Nietzsche. *Ecce Homo*
Orwell. *1984 ; Animal Farm*
Owen. « Strange Meeting »

P
Palimpsestes 13, Le Cliché en traduction
Parker. « The Drama, a Hymn of Hate », in « The Hate Verses » ; « Song for an April Dusk »
Pascal. *Pensées*
Payne. « Kyrielle »
Perec. *La Disparition*
Platon. *Phèdre*
Poe. « Hymn » ; « The Raven », « The Philosophy of Composition », in *Graham's Magazine*
Poirot-Delpech. « Chers défavorisés »
Ponge. « Le Papillon », *Le Parti-pris des choses*
Pope. *Essay on Criticism* ; *Peri Bathous or the Art of Sinking in Poetry*; *The Rape of the Lock: An Heroi-Comical Poem in Five Canto's*
Poppink. *Saturnalia and the Feast of Fools*
Pound. « In a Station of the Metro » ; *How to Read* ; *Altaforte*
Prévert. « Chanson d'amour », *Paroles.*
Propp. *La Morphologie du Conte*

Q
Quales. *Book of Emblemes*
Queneau. *Exercices de Style*

R
Racine. *Andromaque, Athalie, Les Plaideurs* ; *Phèdre*
Ransom. *The New Criticism*
Richardson. *Pamela*
Rimbaud. « Le Forgeron », *Poésies* ; « Marine », « Mouvement », *Illuminations*
Romains. *Knock*
Romanski. *D'ailleurs mon sujet*
Ronsard. « Sonnet à Marie » ; *Discours des Misères de ce Temps* ; *Quatre Premiers Livres d'Odes* ; *Sonnets pour Hélène*
Roosevelt. *Discours du 7 décembre 1941* ; *Discours lors de l'attaque de Pearl Harbor*
Rostand. *Cyrano de Bergerac*
Rowling. *Harry Potter and the Sorcerer's Stone, Harry Potter and the Chamber of Secrets, Harry Potter and the Prisoner of Azkaban, Harry Potter and the Goblet of Fire, Harry Potter and the Order of the Phoenix.*
Ruskin. « Of the Pathetic Fallacy », *Modern Painters*

S
Said. *Culture and Imperialism*
Sand. *Lettre de George Sand à Champfleury (30 juin 1954)*
Sarraute. *Tropismes* ; *Vous les entendez ?*
Scève. « Délie »
Schéhadé. *Le Nageur d'un seul amour*
Shakespeare. *Cymbeline* ; *Hamlet* ; *Julius Caesar* ; *A Midsummer Night's Dream* ; *Henry V* ; *Macbeth* ; *The Tempest* ; *Othello* ; *Romeo and Juliet* ; *Sonnet XX* et *Sonnet LIV*
Shelley. « On the Medusa of Leonardo da Vinci, In the Florentine Gallery » ; *The Indian Serenade* ; « Ode of the West Wind »
Sheridan. *The Rivals*
Smith. « To Anacreon in Heaven »
Sophocle. *Œdipe Roi*
Spenser. *Epithalamion* ; *The Faerie Queene*
Sterne. *Tristram Shandy*
Swift. « A Gentle Echo on Woman » ; *Gulliver's Travels* ; *To Dr Sheridan*

T
Théognis de Mégare. *Sentences*
Théophraste d'Érèse. *Le Petit Livre des Caractères*
Thomson. « Summer », *The Seasons*
Thoreau. *Walden and Civil Disobedience*
Thurber. *The Peacelike Mongoose* ; *Fables of Our Time* ; *The Thurber Carnival*
Todorov. « Les catégories du récit littéraire », in *Communications* ; *Poétique de la Prose* ; *Synecdoques*
Tolkien. *The Lord of the Rings*
Tolstoï. *Guerre et Paix*
Townsend. *The Secret Diary of Adrian Mole Aged 13¾*
« Twinkle, Twinkle, Little Star »

V
Varron. *Satires ménippées*
Verlaine. « Ballade, En rêve, Au docteur Louis Jullien » ; *La Bonne Chanson*
Vigny. « La Maison du Berger », *Poèmes philosophiques*
Villon. « Ballade des dames du temps jadis »
Virgile. *Géorgiques*
Voltaire. *Satires, Sottisier*

Liste des auteurs et des œuvres citées

Vonnegut. *Galapagos* ; *Slaughterhouse-5*

W

Walpole. *The Castle of Otranto*
Weisgerber. *Le réalisme magique : roman. peinture et cinéma.*
Wells. *A Modern Utopia ; The Wheels of Chance*
Wharton. *The Age of Innocence*
Whitman. « Salut au Monde » ; « When Lilacs Last in the Dooryard Bloom'd », *Leaves of Grass*, 1 et 2 ; « The Dalliance of Eagles »
Whitney. *Foolish Promotion**
Wilde. *The Picture of Dorian Gray*
Williams. *A Streetcar Named Desire*
Wordsworth. « The Rainbow »
Wyatt. « Farewell Love and all thy laws for ever »

Y - Z

Yeats. « Byzantium », *The Winding Stair and Other Poems*
Young. *Circle of Deception*
Zola. *Thérèse Raquin*
Zukofsky. *Poetry* ; *An Objectivist Anthology*

Bibliographie générale

ABASTADO, Claude, *Introduction au surréalisme*. Paris : Bordas, 1993.
ABRAMS, M.H., *A Glossary of Literary Terms*. 4ᵉ éd. New York : Holt, Rinehart and Winston, 1981 [1941].
—, *The Mirror and the Lamp*, 1953.
ADAM, J.-M., *Éléments de linguistique textuelle*. Liège : Madarga, 1990.
—, *Le style dans la langue. Une reconception de la stylistique*. Lausanne : Delachaux et Niestlé, 1997.
ADORNO, T.W., *Théorie esthétique*. Paris : Klincksieck, 1989 [1974].
—, *Autour de la théorie esthétique : Paralipomena. Introduction première* (traduction française). Paris : Klincksieck, 1976.
ALBOUY, P., *Mythes et mythologies dans la littérature française*. Paris : Colin, 1946.
ALQUIÉ, F., *La philosophie du surréalisme*. Paris : Flammarion, 1955.
AMON, E. & Y. BOMATI, *Vocabulaire du commentaire de texte*. Paris : Larousse, 1993.
AQUIEN, M. & G. MOLINIÉ, *Dictionnaire de rhétorique et de poétique*. Paris : Librairie Générale Française (Le Livre de poche), 1999.
ARISTOTE, *La poétique*. Paris : Seuil, « Poétique », 1980 [c. ~344].
ARRIVE, M. & J.-C. COQUET, *Sémiotique en jeu*. Paris-Amsterdam : Hadès-Benjamins, 1987.
AUDOUIN, P., *Les surréalistes*. Paris : Seuil, 1973.
AUSTIN, J.L., *Quand dire, c'est faire*. Paris : Seuil, 1970.
BACHELARD, G., *La poétique de l'espace*. Paris : PUF, « Quadrige », 2001 [1957].
BAKHTINE, M., *Problèmes de la poétique de Dostoïevski*. Paris : Seuil, 1970.
—, *Esthétique et théorie du roman* (traduction française). Paris : Gallimard, 1978 [édition russe : 1975].
—, *Le marxisme et la philosophie du langage*. Paris : Minuit, 1977.
BALLY, C., *Traité de stylistique française* (2 vol.). Genève, Paris : Georg et Klincksieck, [1909] 1951.
—, *Le langage et la vie*. Genève : Droz, [1913] 1965.
BARTHES, R., *Le degré zéro de l'écriture*. Paris : Seuil, 1972 [1953].
—, *Mythologies*. Paris : Seuil, 1970 [1957].
—, *Essais critiques*. Paris : Seuil, 1984 [1964].
—, « Introduction à l'analyse structurale des récits », in *Poétique du récit*. Paris : Seuil, 1977 [*Communications*, 8, 1966].
—, *Le système de la mode*. Paris : Seuil, 1983 [1967].
—, *Le bruissement de la langue*. Paris : Seuil, 1984 [1968].
—, *S/Z*. Paris : Seuil [1970].
—, *Le plaisir du texte*. Paris : Seuil, 1973.
—, KAYSER, W., BOOTH, W.C., & Ph. HAMON, *Poétique du récit*. Paris : Seuil, 1977.
—, *L'obvie et l'obtus. Essais critiques III*. Paris : Seuil, 1992 [1982].
—, *L'aventure sémiologique*. Paris : Seuil, 1985.
—, *The Semiotic Challenge*. Oxford : Basil Blackwell, 1988.
BARTOLI-ANGLARD, V., *Le surréalisme*. Paris : Nathan, 1989.
BÉHAR, H., *Le théâtre Dada et surréaliste*. Paris : Gallimard, « Idées », 1979.
BENOIST, L., *Signes, symboles et mythes*. Paris : PUF, 1975.
BENVENISTE, É., *Problèmes de linguistique générale*. Paris : Gallimard, 1966 (tome 1), 1970 (tome 2).
BERRENDONNER, A., « De l'ironie », in *Éléments de pragmatique linguistique*. Paris : Éditions de Minuit, 1982.
BLANCHOT, M., *Le livre à venir*. Paris : Gallimard, 1959.
BONNET, M., *André Breton : naissance de l'aventure surréaliste*. Paris : Corti, 1975.
BOOTH, W.C., « Distance et point de vue ». *Poétique du récit*. Paris : Seuil, 1977 [*Essays in Criticism*, XI, 1961. *Poétique*, 4, 1970].
—, *Rhetoric of Irony*. Chicago : University of Chicago Press, 1974.

Bibliographie générale

BOUDON, P., *Une interface discursive : l'ironie*. Limoges : PULIM, 1997.
BOURDIEU, P., *Ce que parler veut dire. L'économie des échanges linguistiques*. Paris : Fayard, 1982.
—, *Les règles de l'art. Genèse et structure du champ littéraire*. Paris : Seuil, 1992.
BRADFORD, R., *Stylistics*. Londres : Routledge, 1997.
BRES, J., *La narrativité*. Louvain-la-Neuve : Duculot, 1994.
BRETON, A., *Manifestes du surréalisme*. Paris : Jean-Jacques Pauvert, 1962.
BRUNEL, P., *Dictionnaire des mythes littéraires*. Monaco : Éditions du Rocher, 1994.
—, *Le mythe d'Électre*. Paris : Champion, 1995.
CAILLOIS, R., *L'homme et le sacré*. Paris : Gallimard, 1961.
—, *Cohérences aventureuses : esthétique généralisée, Au cœur du fantastique, La dissymétrie*. Paris : Gallimard, 1976 [1962].
CARLIER, C. & N. GRITON-ROTTERDAM, *Des mythes aux mythologies*. Paris : Ellipses, 1994.
CARROUGES, M., *André Breton et les idées fondamentales du surréalisme*. Paris : Gallimard, 1950.
CASSIRER, E., *Langage et mythe*. Paris : Minuit, 1973.
CAWS, M.A., *Surrealism and the Literary Imagination*. The Hague : Mouton, 1966.
CHARLES, M., *Rhétorique de la lecture*. Paris : Seuil, 1977.
COHEN, J., *Structure du langage poétique*. Paris : Flammarion, 1966.
—, « Théorie de la figure ». *Poétique du récit*. Paris : Seuil, 1977 [*Communications*, 16, 1970].
COMBE, D., *Poésie et récit. Une rhétorique des genres*. Paris : José Corti, 1989.
COMPAGNON, A., *La seconde main, ou Le travail de la citation*. Paris : Seuil, 1979.
—, *Les cinq paradoxes de la modernité*. Paris : Seuil, 1990.
CONTAT, M., *L'auteur et le manuscrit*. Paris : PUF, 1991.
COSTE, D., « Trois conceptions du lecteur et leur contribution à une théorie du texte littéraire », in *Poétique*, n° 43, septembre 1980.
COURTES, J., *Le conte populaire : Poétique et mythologie*. Paris : PUF, 1986.
—, *Analyse sémiotique du discours*. Paris : Hachette, 1991.
—, *La sémiotique narrative et discursive*. Paris : Hachette, 1993.
CRESSOT, M., *Le style et ses techniques*. Paris : PUF, 1988.
CUDDON, J.A., *The Penguin Dictionary of Literary Terms and Literary Theory*. 4e éd. Londres : Penguin, 1999 [1976].
DABEZIES, A., *Visages de Faust au XXe siècle. Littérature, idéologie et mythe*. Paris : PUF, 1967.
DANON-BOILEAU, L., *Produire le fictif : linguistique et écriture romanesque*. Paris : Klincksieck, 1982.
DE BEAUMARCHAIS, J.-P.; COUTY, D. & REY, A., *Dictionnaire des littératures de langue française*. Paris : Bordas, 1984.
DEBRAY, R., *Cours de médiologie générale*. Paris : Gallimard, 1991.
DECOTTIGNIES, J., « De la réception ironique communément dénommée critique littéraire », in *Revue des sciences humaines*, n° 189. Lille : Presses Universitaires de Lille, 1983.
—, *Écritures ironiques*. Lille : Presses Universitaires de Lille, 1988.
DELCROIX, M. & HALLYN, F. (éd.). *Méthodes du texte. Introduction aux études littéraires*. Paris/Gembloux : Duculot, 1987.
DERRIDA, J., *La dissémination*. Paris : Seuil, 1972.
—, *Marges de la philosophie*. Paris : Minuit, 1972.
—, *L'écriture et la différence*. Paris : Seuil, 1979 [1967].
Dictionary of Contemporary English. Harlow. Longman, 2003 [1978].
The Oxford Dictionary of English Etymology. C.T. ONIONS (ed.). Oxford : University Press, 1985 [1966].
Dictionnaire de citations françaises. Paris : Dictionnaires Le Robert, 1995.
Dictionnaire de linguistique et des sciences du langage. Sous la direction de Jean DUBOIS. Paris : Larousse, 1994.
DOMENACH, J.-M., *Approches de la modernité*. Paris : Ellipses/École polytechnique, 1986.

DON, B., « Bibliographie de l'herméneutique littéraire », in *L'Herméneutique, texte, lecture, réception*, Texte 3. Toronto : TEXTE, Trinity College, 1984.
DOUAY-SOUBLIN, F., « Les figures de rhétorique : actualité, reconstruction, remploi », in *Langue française* n° 101, février 1994.
DUBOIS, J. et al., *Rhétorique générale*. Paris : Larousse, 1970.
DUCROT, O., *Structuralisme en linguistique*. Paris, 1973.
—, & TODOROV, T., *Dictionnaire encyclopédique des sciences du langage*. Paris : Seuil, 1972.
—, *Dire et ne pas dire. Principes de sémantique linguistique*. Paris : Herman, 1980 [1972].
—, et al., *Les mots du discours*. Paris : Minuit, 1980.
—, & SCHAEFFER J.-M., *Nouveau dictionnaire encyclopédique des sciences du langage*. Paris : Seuil, 1995.
DUMEZIL, G., *Les dieux des Indo-Européens*. Paris : PUF, 1952.
—, *Mythe et épopée* (3 vol.). Paris : Gallimard, 1968-1973.
DUPRIEZ, B., *Gradus. Les procédés littéraires* (dictionnaire). Paris : 10/18, 1984.
DURAND, G., *Les structures anthropologiques de l'imaginaire*. Paris : Bordas, 1969.
—, *Introduction à la mythologie. Mythes et sociétés*. Paris : Albin Michel, 1996.
ECO, U., *L'œuvre ouverte*. Paris : Seuil, 1965 [1962].
—, *Sémiotique et philosophie du langage*. Paris : PUF, 1988.
ÉLIADE, M., *Le mythe de l'éternel retour*. Paris : Gallimard, 1969 [1949].
—, *Initiation, rites et sociétés secrètes*. Paris : Gallimard, 1959.
—, *Aspects du mythe*. Paris : Gallimard, 1963.
EMPSON, W., « Assertions dans les mots ». *Poétique du récit*. Paris : Seuil, 1977 [*The Structure of Complex Words*, 1950. *Poétique*, 6, 1971].
FISH, S., « Why No One's Afraid of Wolfgang Iser », in *Diacritics : A Review of Contemporary Criticism*, vol. XI, n° 1, printemps 1981.
—, *Is There a Text in This Class? The Authority of Interpretive Communities*. Cambridge : Harvard University Press, 1980, 394 p.
FONTANIER, P., *Les figures du discours*. Paris : Flammarion, 1977.
FOUCAULT, M., *Les mots et les choses. Une archéologie des sciences humaines*. Paris : Gallimard, 1990 [1966].
—, « Qu'est-ce qu'un auteur ? », in *Dits et Écrits*. Paris : Gallimard, 1994 [1969].
—, *Histoire de la sexualité*. Paris : Poche, 1974.
FRIED, M., *La place du spectateur. Esthétique et origine de la peinture moderne*. Paris : Gallimard, 1990.
FROMILHAGUE, C., *Les figures de style*. Paris : Nathan, 1995.
—, & A. SANCIER, *Introduction à l'analyse stylistique*. Paris : Bordas, 1991.
—, & —, *Analyses stylistiques*. Paris : Nathan, 1999.
FRYE, N., « Archetypal Criticism : Theory of Myths » in *Anatomy of Criticism*. Princeton : Princeton University Press, 1973.
FUCHS C. et al., *La génèse du texte : les modèles linguistiques*. Paris : CNRS, 1982.
GADAMER, H.-G., *Warheit und Methode*. Tübingen : J.C.B. Mohr, 1960, 1973 (3e éd.).
—, *L'actualité du beau*. Aix-en-Provence : Linea, 1992.
GALLIX, F., *Dictionnaire raisonné bilingue de l'analyse littéraire*. Paris : Éditions du Temps, 2000.
GARDES-TAMINE, J., *La stylistique*. Paris : Armand Colin, 2001.
GAUTHIER, X., *Surréalisme et sexualité*. Paris : Gallimard, « Idées », 1971.
GÉLY-GHEDIRA, V. (éd.), *Mythe et récit poétique*. Clermont-Ferrand : Université Blaise-Pascal, 1998.
GENETTE, G., *Figures*. Paris : Seuil, 1966.
—, *Figures II*. Paris : Seuil, 1969.
—, *Figures III*. Paris : Seuil, 1972.
—, *Palimpsestes. La littérature au second degré*. Paris : Seuil, 1982.
—, *Fiction et diction*. Paris : Seuil, 1991.
GERSHMAN, H., *The Surrealist Revolution in France; A Bibliography of the Surrealist Revolution in France*. Ann Arbor : University of Michigan Press, 1969.
GIRARD, R., *La violence et le sacré*. Paris, 1972.

Bibliographie générale

GRACQ, J., *En lisant en écrivant*. Paris : José Corti, 1981.
GRASSIN, J.-M. (éd.), *Mythes, Images, Représentations*. Paris; Limoges : Didier-Érudition; Trames, 1981.
GREIMAS, A. J., *Sémantique structurale*. Paris : Larousse, 1965.
—, *On Meaning*. Minneapolis : University of Minneapolis Press, 1987.
—, & COURTÉS J. (éd.), *Sémiotique, dictionnaire raisonné de la théorie du langage*. I, II. Paris : Hachette, 1979, 1986.
GRELLET, F., *A Handbook of Literary Terms*. Paris : Hachette, 1996.
GREVISSE, M., *Le bon usage* (13ᵉ éd. par André Goosse). Paris : Duculot, 1997 [1936].
GUIRAUD, P., *Les jeux de mots*. Paris : PUF, 1967.
—, *La stylistique*. Paris : PUF, 1979.
GUIRAUD, P. & KUENTZ, P., *La stylistique, lectures*. Paris : Klincksieck, [1970] 1978.
GUSDORF, G., *Mythe et métaphysique*. Paris : Flammarion, 1953.
HABERMAS, J., *Théorie de l'agir communicationnel*. Paris : Fayard, 2 vol. 1987 [1981].
HALLIDAY, M.A.K. & HASAN, R., *Cohesion in English*. Burnt Mill : Longman, 1976.
HAMON, P., « Pour un statut sémiologique du personnage ». *Poétique du récit*. Paris : Seuil, 1977 [*Littérature*, 6, 1972].
—, *Introduction à l'analyse du descriptif*. Paris : Hachette Éducation, 1981.
—, *L'ironie littéraire. Essai sur les formes de l'écriture oblique*. Paris : Hachette Livre, 1996.
HARTMAN, G., « La voix de la navette ou le langage considéré du point de vue de la littérature ». *Poétique du récit*. Paris : Seuil, 1977 [*Beyond Formalism*, 1970. *Poétique*, 28, 1976].
—, *Deconstruction and Criticism*. Londres : Routledge and Kegan, 1979.
HÉNAULT, A., *Les enjeux de la sémiotique*. Paris : PUF, 1993.
HERSCHBERG PIERROT, A., *Stylistique de la prose*. Paris : Belin, 2000.
HOLUB, R., *Reception Theory. A Critical Introduction*. New York : Methuen, 1984.
HUGUES, M., *L'utopie*. Paris : Nathan, 1999.
HUISMAN, D., *L'esthétique*. Paris : PUF, 1994 [1954].
HUTCHEON, L., *A Poetics of Postmodernism. History, Theory, Fiction*. New York/Londres : Routledge, 1988.
ISER, W., *The Implied Reader. Patterns of Communication in Prose Fiction, from Bunyan to Beckett*. Baltimore/Londres : The John Hopkins University Press, 1974.
—, *L'acte de lecture. Théorie de l'effet esthétique*. Bruxelles : Pierre Mardaga Éditeur, 1985 [1976].
—, *The Act of Reading. A Theory of Aesthetic Response*. Baltimore/Londres : The John Hopkins University Press, 1978.
—, *The Reader in the Text*. Princeton, New Jersey : Princeton University Press, 1980.
JACQUES, F., *L'espace logique de l'interlocution*. Paris : PUF, 1985.
JAKOBSON, R., *Essais de linguistique générale* I (traduction française). Paris : Éditions de Minuit, 1963.
—, *Essais de linguistique générale* II. Paris : Éditions de Minuit, 1973.
—, *Questions de poétique*. Paris : Seuil, 1973.
—, *Huit questions de poétique*. Paris : Seuil, 1977.
JANKÉLÉVITCH, V., *L'ironie*. Paris : Flammarion, 1964.
JARRETY, M., *Lexique des termes littéraires*. Librairie générale française, Le Livre de Poche, 2001.
JAUSS, H.-R., *Literaturgeschichte als Provokation*. Frankfurt-am-Main : Suhrkamp, 1970.
—, *Pour une esthétique de la réception*. Paris : Gallimard, 1978.
— (dir.), *Théories esthétiques après Adorno*. Paris : Actes Sud, 1992.
JOHNSON, M., *The Body in the Mind. The Bodily Basis of Meaning, Imagination, and Reason*. Chicago : University of Chicago Press, 1987.
JOLY, M., *L'image et les signes*. Paris : Seuil, 1994.
JUNG, C.G. & Ch. KERÉNYI, *Introduction à l'essence de la mythologie*. Paris : Payot, 1980 [1941].
KAYSER, W., *The Grotesque in Art and Literature*. Bloomington : Indiana University Press, 1963.

—, « Qui raconte le roman ? ». *Poétique du récit*. Paris : Seuil, 1977 [*Poétique*, 4, 1970].
KERBRAT-ORECCHIONI, C., *L'implicite*. Paris : Armand Colin, 1986.
— et al., *Linguistique et sémiologie*, n° 2, « L'ironie ». Lyon : Presses Universitaires de Lyon, 1978.
KOKELBERG, J., *Les techniques du style*. Paris : Nathan Université, 1993.
KRISTEVA, J., *Semeiotikè. Recherches pour une sémanalyse*. Paris : Points/Seuil, 1978 [1969].
—, *Le texte du roman*. La Haye/Paris : Mouton, 1970.
—, *Histoires d'amour*. Paris : Denoël, 1983.
KRYSINSKI, W., *Carrefours de signes : essais sur le roman moderne*. La Haye/Paris : Mouton, 1981.
LAKOFF, G., *Women, Fire and Dangerous Things. What Categories Reveal about the Mind*. Chicago : University of Chicago Press, 1990 [1987].
— & M. JOHNSON, *Metaphors We Live By*. Chicago : University of Chicago Press, 1980.
LANDHEER, R. (éd.), « Les figures de rhétorique et leur actualité en linguistique », in *Langue Française*, 101, 1994.
LEFÈBVRE, H., *Introduction à la modernité*. Paris : Éditions de Minuit, 1962.
LEITCH, V.B., *Deconstructive Criticism : An Advanced Introduction*. New York : Columbia University Press, 1983.
LEJEUNE, P., *Je est un autre*. Paris : Seuil, 1980.
LEMAIRE, A., *Jacques Lacan*. 4ᵉ éd. Bruxelles : Pierre Mardaga, 1977.
LÉVINAS, E., *Noms propres*. Montpellier : Fata Morgana, 1976.
LEVINSON, S.C., *Pragmatics*. Cambridge : CUP, 1987 [1983].
LEVI-STRAUSS, C., *L'anthropologie structurale*. Paris : Plon, 1958.
—, *Littérature et réalité*. Paris : Seuil, 1982.
LOTMAN, J., *La structure du texte artistique*. Moscou, 1970, Paris : Gallimard, 1973.
LUPASCO, S., *Qu'est-ce qu'une structure?* Paris : Christian Bourgeois, 1967.
LYOTARD, J.-F., *Discours, figure*. Paris : Klincksieck, 1971.
MAINGUENEAU, D., *Genèses du discours*. Bruxelles : Pierre Mardaga, 1984.
—, *Pragmatique pour un discours littéraire*. Paris : Bordas, 1990.
MAN, P. de, *Allegories of Reading : Figural Language in Rousseau, Nietzsche, Rilke, and Proust*. New Haven, Connecticut : Yale University Press, 1979.
MARINO, A., *L'herméneutique de Mircéa Éliade*. Paris : Gallimard, 1981.
MATTHEWS, J.H., *Surrealism and the Novel*. Ann Arbor : University of Michigan, 1966.
MAZALEYRAT, J. & MOLINIÉ, G., *Vocabulaire de stylistique*. Paris : PUF, 1989.
MEAD, M., *Sex and Temperament in Three Primitive Societies*. Paris : Broché, 2001 [1935].
MESCHONNIC, H., *Le langage comme défi*. Saint-Denis : PUV, 1991.
MÉLÉTINSKI, E., « L'étude structurale et typologique du conte ». *Morphologie du conte*. Paris : Seuil, 1970 [1965].
MERLEAU-PONTY, M., *Phénoménologie de la perception*. Paris : Gallimard, 1945.
MOLINIE, G., *Dictionnaire de rhétorique*. Paris : Le Livre de poche, 1992.
MOLINO, J. & GARDES-TAMINE, J., *Introduction à l'analyse de la poésie*. Paris : PUF, 1988, 2 vol.
MONNEYRON, F., *L'androgyne romantique. Du mythe au mythe littéraire*. Grenoble : ELLUG, 1994.
MORIER, H., « Ironie », in *Dictionnaire de poétique et de rhétorique*, 2ᵉ éd. Paris : PUF, 1975.
—, *Dictionnaire de poétique et de rhétorique*. Paris : PUF, 1981.
NADEAU, M., *Histoire du surréalisme*. Paris : Seuil, 1944.
NEVEU, F., *Lexique des notions linguistiques*. Paris : Nathan, 2000.
— (éd.), *Styles*. Paris : Sedes, 2001.
O'DONNELL, P. & DAVIS, R.C. (éd.), *Intertextuality and Contemporary Fiction*. Baltimore/Londres : John Hopkins University Press, 1989.
PASSERON, R., *Encyclopédie du surréalisme*. Paris : Somogy, 1975.
PAVIS, P., *Voix et images de la scène*. Lille : Presses Universitaires de Lille, 1982.
PIAGET, J., *Le structuralisme*. Paris, 1968.
PICON, G., *Journal du surréalisme*. Paris : Flammarion, 1955.
PIEGAY, N., *Introduction à l'intertextualité*. Paris : Dunod, 1996.

Bibliographie générale

PEIRCE, C.S., *Écrits sur le signe*. Paris : Plon, 1976.
PIERRE, J., *Le surréalisme*. Paris : Hayan, 1973.
POULET, G., *La pensée indéterminée*. Paris : PUF, 1985.
PRINCE, G.A., *Grammar of Stories*. LaHaye/Paris : Mouton, 1973.
—, « Introduction à l'étude du narrataire », in *Poétique*, n° 14. Paris : Seuil, 1973.
—, *Narratology : the Form and Functioning of Narrative*. Berlin : Mouton, 1982.
—, « The Narratee Revisited », in *Style*, vol. 19, n° 3, 1985.
—, *A Dictionary of Narratology*. Lincoln/Londres : University of Nebraska Press, 1987.
PROPP, V., *Morphologie du conte*. Paris : Seuil, 1970 [1928].
—, *Morphologie du conte*. Suivi de « Les transformations du conte merveilleux ». Paris : Seuil, 1970 [1965].
—, *Les racines historiques du conte merveilleux*. Paris : Gallimard, 1983.
PROUST, M., *Pastiches et mélanges*. Paris : Gallimard, 1919.
QUENEAU, R., *Exercices de style*. Paris : Gallimard, 1947.
RASTIER, F., *Sens et textualité*. Paris : Hachette, 1989.
REBOUL, A., *Rhétorique et stylistique de la fiction*. Nancy : PUN, 1992.
RICARDOU, J., *Le nouveau roman*. Bourges : Seuil, 1973.
—, *Nouveaux problèmes du roman*. Paris : Seuil, 1978.
RICŒUR, P., *Philosophie de la volonté, le volontaire et l'involontaire*. Paris : Aubier, 1949.
—, *De l'interprétation, Essai sur Freud*. Paris : Seuil, 1965.
—, *Le conflit des interprétations. Essais d'herméneutique*. Paris : Seuil, 1969.
—, *La métaphore vive*. Paris : Seuil, 1975.
—, *Temps et récit* I-III. Paris : Seuil, 1983-1985.
—, *Du texte à l'action. Essais d'herméneutique II*. Paris : Seuil, 1986.
RIFATERRE, M., *Essais de stylistique structurale*. Paris : Flammarion, 1971.
—, « L'illusion référentielle », in *Littérature et Réalité*, 1982 [1978].
—, *La production du texte*. Paris : Seuil, 1979.
RIGOLOT, F., « Le poétique et l'analogique ». *Poétique du récit*. Paris : Seuil, 1977 [*Poétique*, 35, 1978].
RIOT-SARCEY, M., *L'utopie en questions*. Paris : PUV, 2001.
ESCARPIT, R., « Histoire de l'histoire des littératures », in *Histoire des littératures*, III « Encyclopédie de la Pléiade », Paris : Gallimard, 1967.
ROBIEUX, J.-J., *Les figures de style et de rhétorique*. Paris : Dunod, 1998.
ROUSSET, J., *Forme et signification. Essais sur les structures littéraires de Corneille à Claudel*. Paris : Librairie José Corti, 1962.
—, « La question du narrataire », in *Problèmes actuels de la lecture*. Paris : Clancier-Guénaud, 1982.
RUYER, R., *L'utopie et les utopies*. Paris : PUF, 1950.
SANGER, K., *The Language of Fiction*. Londres : Routledge, 1998.
SARANE A., *Le surréalisme et le rêve*. Paris : Gallimard, 1974.
SARTRE, J.-P., *L'être et le néant*. Paris : Gallimard, 1943.
—, *Qu'est-ce que la littérature ?* Paris : Gallimard, 1948.
SCHAEFFER, J.-M., *Qu'est-ce qu'un genre littéraire?* Paris : Seuil, 1989.
SCHMELING, M., *Métathéâtre et intertexte. Aspects du théâtre dans le théâtre*. Paris : Lettres modernes, 1982.
SCHNEIDER, M., *La littérature fantastique en France*. Paris : Fayard, 1964.
SEARLE, J.R., *Les actes de langage. Essai de philosophie du langage*. Paris : Herman, 1972 [1969].
—, « The logical status of fictional discourse ». *New Literary History*, vol. VI, n° 2, 1975.
—, *Sens et expression. Étude de théorie des actes de langage*. Paris : Minuit, 1982 [1979].
SEBBAG, G., *Le surréalisme : il y a un homme coupé en deux par la fenêtre*. Paris : Nathan, 1994.
SERVIER, J., *Histoire de l'utopie*. Paris : Gallimard, [1957] 1991.
SHUSTERMAN, R., *L'art à l'état vif. La pensée pragmatique et l'esthétique populaire*. Paris : Minuit, 1992 [1986].
SPITZER, L., *Études de style*. Paris : Gallimard, [1970] 1996.

Bibliographie générale

SHUSTERMAN, R., *L'art à l'état vif. La pensée pragmatique et l'esthétique populaire*. Paris : Minuit, 1992 [1986].
SPITZER, L., *Études de style*. Paris : Gallimard, [1970] 1996.
STURGESS, P.J.M., *Narrativity - Theory and Practice*. Oxford : Clarendon Press, 1992.
SUHAMY, H., *Les figures de style*. Paris : PUF, « Que sais-je ? », n° 1889, 1981.
SYMONS, A., *The Symbolist Movement in Literature*. Londres : W. Heinemann, 1899.
THEIS, R.; SIEPE, H.T. (éd.), *Le plaisir de l'intertexte : formes et fonctions de l'intertextualité*. Bern : Lang, 1986.
THERON, M., *Réussir le commentaire stylistique*. Paris : Ellipses, 1992.
TISON-BRAUN, M., *Dada et le surréalisme : textes théoriques sur la poésie*. Paris : Bordas, 1973.
TODOROV, T. (éd. et trad.), *Théorie de la littérature. Textes des formalistes russes*. Paris : Seuil, 1965.
—, « Les anomalies sémantiques » in *Langage*, mars, 1966.
—, *Littérature et signification*. Paris : Larousse, 1967.
—, *Introduction à la littérature fantastique*. Paris : Seuil, 1970.
—, *Poétique de la prose*. Paris : Seuil, 1971.
—, « Synecdoques ». *Sémantique de la poésie*. Paris : Seuil, 1979 [*Communications*, 16, 1970].
—, « La lecture comme construction », in *Poétique*, n° 24, 1975.
—, *Théories du symbole*. Paris : Seuil, 1977.
—, EMPSON, W., COHEN, J., HARTMAN, G. & F. RIGOLOT, *Sémantique de la poésie*. Paris : Seuil, 1979.
—, *Mickhaïl Bakhtine et le principe dialogique* suivi de *Écrits du Cercle de Bakhtine*. Paris : Seuil, 1981.
—, *Critique de la critique. Un roman d'apprentissage*. Paris : Seuil, 1984.
TROUSSON, R., *Voyages aux pays de nulle part. Histoire littéraire de la pensée utopique*. Bruxelles : Édition de l'ULB, 1980.
VALENTI, J., « Lecture, processus et situation cognitive », in *Recherches sémiotiques*, 2000.
WARNING, R., « Pour une pragmatique du discours fictionnel », *Poétique*, n° 39, 1979.
WELLS, J.C., *Pronunciation Dictionary*. Harlow : Longman, 1993 [1990].
WOOLF, V., *A room of One's Own*. Paris : Broché, 1988.
Yale French Studies (Surrealism issue), n° 31, 1964.
ZUMTHOR, P., « Intertextualité et mouvance ». *Littérature* 41, 8-16, 1981.
—, *La lettre et la voix. De la « littérature » médiévale*. Paris : Seuil, 1987.

Sommaire

Préface : 3

Glossaire bilingue : 5

Index lexical anglais-français : 179

Index des sous-entrées françaises : 193

Liste des auteurs et des œuvres cités : 195

Bibliographie générale : 199

Dépôt légal : Août 2004